국립중앙도서관 출판시도서목록(CIP)

고대 이스라엘 2000년의 역사 / 전호태, 장연희 지음.
서울 : 소와당, 2009
  p. ;   cm

참고문헌과 색인 수록
ISBN 978-89-960638-9-6 03230 : ₩22000

이스라엘사-史

919.4-KDC4
956.94-DDC21   CIP2009000137

고대 이스라엘
2000년의 역사

전호태 · 장연희 지음

소와당

책을 열며

어떤 것이든 제자리에 그대로 있지는 않는다. 생명도 무생명도 그 내부의 구조와 외부의 조건이 끊임없이 바뀐다. 큰 자에게는 작은 자가 보이지 않고, 작은 것에게는 큰 것의 전모가 인식되지 않을 뿐이다. 하나님에게 신앙을 고백하기 전부터 우리는 움직이는 존재였고, 예수의 십자가와 부활을 살아 있는 하나님의 역사로 인정한 뒤에도 우리의 모습은 계속 바뀌어왔다. 세포의 노화와 재생이 쉬지 않고 이루어지듯이 우리의 사고와 영혼의 상태도 쇠퇴와 갱신을 반복하였다. '신앙'이라고 불리는 하나님과 한 인격과의 관계도 한 뼘 거리만큼 더 멀어지는가 하면, 두 걸음 거리만큼 가까워지는 일이 거듭되었다.

이 책에 담긴 글은 세상에서 인문학도로 훈련받은 한 평범한 그리스도인 부부의 신앙고백이다. 신앙고백 전부터 읽기를 거듭했던 성경과 신학 서적, 역사서에 대한 지식과 이해를 자신의 신앙생활 경험과 버무려 글로 정리해본 결과이다. 어떤 이는 이 글 속에서 인문과학이나 자연과학 각 분야에 대한 필자들의 어설프고 불확실한 지식의 조각들을 찾아내며 안타까워할 것이고, 또 다른 이는 개인 경험과 신앙에 편중된 역사적, 종교적 해석의 편린들을 짚어내며 아쉬워할 것이다. 전문성과도 거리가 있고, 소박한 신앙고백에서도 벗어나 있다는 느낌을 받는 이도 있을 것이다. 아마도 이것이 필자들이 현재 서 있는 자리를 보여주는 표지석이 아닐까 생각된다.

남편인 전호태가 대학에서 안식년 겸 연구년을 허용받아 미국 U.C.버클리

Berkeley 대학에 적을 두고 머무는 동안 우리 부부는 버클리에 있는 한 한인교회에 출석하였다. 교회로부터 방문학자들을 중심으로 구성된 한 구역을 1년간 섬기도록 요청을 받고 신앙 상태와 세상 경험, 삶의 초점이 너무나 다양한 구역 가족들과 어떻게 교제를 나눌 것인지를 함께 고민하며 기도하다가 하나님의 응답을 받게 되었다. 우리 가정은 사람들이 성경을 읽어나가면서 이스라엘 역사도 함께 이해함으로써 신앙의 눈으로 역사를 보는 시각을 지니는 데에 도움이 되는 글을 써서 매주 구역 가족들에게 나누어주기로 하고 실행에 옮기기 시작하였다. 글쓰기는 전호태가 주로 담당하고, 글에 대한 평가와 토론·수정은 장연희가 하였으며 글 배달은 부부가 함께 하기로 하였다. 2002년 9월부터 시작된 이 일은 34주 동안 계속되었고, 2003년 4월에 마치게 되었다.

애초에 글쓰기는 40회로 예정하였지만, 예수 그리스도의 사역을 중심으로 한 신약성경 시대의 역사 6회분은 집필에 들어가지 못했다. 예수 그리스도의 출현과 함께 하나님 역사의 손길이 이스라엘이라는 한 민족의 경계에서 완전히 벗어나면서 갑자기 글쓰기가 힘들어졌기 때문이었다. 이스라엘 역사라는 글의 한 초점이 흐려지면서 '경계와 구분이 없는 신앙과 구원'을 이해하고 정리하는 작업을 글 읽는 이 모두의 몫으로 돌려야겠다는 생각이 들자 글쓰기는 더 이상 진척되지 않았다. 아마 때가 되면 하나님이 중단된 글쓰기를 계속할 수 있게 하시리라 생각된다.

이 책에는 이스라엘 역사와 직간접적으로 관련된 34편의 글이 소개된다. 내용상 각 꼭지는 독립되어 있으면서 서로 이어지도록 쓰였다. 성경을 기본 텍스트로 삼아 쓰였으므로 각 편에서 다루는 주제와 시기가 이스라엘 역사의 전개 과정과 시공간적인 균형을 이루지는 않는다. 남북 분열 뒤의 이스라엘과 유다 역사가 비교적 짧게 정리된 것도 이 때문이다. 성경에 등장하는 선지자들의 활동은 가능한 한 남북 왕국의 역사 속에 녹여서 언급하였다. 예언 활동 자체는 신학적 선언이기도 하지만, 역사적 행위이기도 하므로 이스라엘이 처한 역사적 상황 속에서 살펴볼 필요가 있는 까닭이다. 묵시문학적 흐름과 관련한 성경 속 저작들과 관련된 언급은 가능한 한 자제하였다. 이 분야에 대한 필자의 이해도 부족하고 자연스럽게 글로 풀어나가기가 어렵고도 조심스러운 부분이 많았기 때문이다. 역시 별도의 시간과 터가 필요한 영역이라 생각된다.

친구의 거친 글을 읽은 뒤 도움말을 주는 데에 그치지 않고 책으로 묶어내도록 격려해준 원주 생명교회 김승환 목사, 일산 두레교회 김회권 목사, 추천서를 써주신 이만열 장로님, 깔끔한 책으로 다듬어 내기에 힘쓴 소와당 류형식 사장께 고마운 마음을 전한다.

2009년 1월
전호태·장연희

덧붙이는 글

누구나 경험하듯이 이 글쓰기에도 한 차례 고비가 있었다. 2002년 가을 시작된 매주 40~50매 분량의 글쓰기가 세 달 이상 지속된 데다가 한 해를 마무리하는 시간이 가까워져 이런저런 일들이 겹쳐오기 시작하자 책상 앞에 앉아 있기가 조금씩 힘들어져갔다. 문득 서울에서 전호태의 아버님이 깊은 병에 걸리셨다는 소식이 전해졌고, 우리 부부는 아버님이 아직 신앙의 세계에 들어오시지 못했다는 사실을 새삼 깨닫게 되었다. 아침 저녁으로 부부가 함께 아버님이 하나님으로부터 '신앙'이라는 선물을 받으시고 건강도 함께 되찾으시기를 기도하였다. 글쓰기에도 이 일을 두고 기도하는 심정이 간절히 담기게 되었다.

2003년 여름 결국 아버님은 하나님께 신앙고백을 하시고 천국으로 인도함을 받으셨다. 남편과 함께 보낸 50여 년을 되돌아보시던 어머님도 아버님을 뒤쫓아 가셨다. 두 분이 모두 천국으로 가셨음을 하나님께 감사하면서도 우리 부부는 허전하고 쓸쓸한 마음을 달래기 어려웠다. 2007년에는 장연희의 아버님도 병석에서 세례를 받으신 뒤 천국으로 삶의 자리를 옮기셨다. 이제 우리 부부에게는 곁에서 뵐 수 있는 어머님 한 분밖에 없다. 아무쪼록 오래도록 곁에 모시고 싶다. 이 책을 평생 이웃과 나누기를 좋아하신 양가의 아버님과 어머님, 전영봉님, 여재남님, 장한익님, 전무순님께 바친다.

차례

책을 열며   4
덧붙이는 글   7

1 엑소더스 — 새 민족의 탄생   11
아람 사람 아브람   12
가나안의 사람들   21
이삭이 판 우물   27
샘과 광야, 생명과 죽음의 땅 팔레스타인   38
야곱의 방랑   45
요셉이 이룬 이집트 드림의 명암   55
나일 강변의 노예 히브리인   63
해방의 길잡이 모세   70
엑소더스 — 지루한 투쟁과 갑작스런 해방   76

2 신국에서 왕국으로   97
시나이 광야에서 — 노예의 죽음, 자유인의 탄생   98
새 민족의 탄생   113
약속의 땅에 도사린 위험   122
모자이크 국가 이스라엘   132
기로에 선 이스라엘 지파 동맹   143
신국에서 왕국으로   155
초석 놓기의 어려움 — 사울의 야망과 좌절   164

3 이스라엘 왕국의 분열, 멸망, 유배 — 175

통일을 위한 피 흘림 — 통일 왕국의 창건자 다윗 — 176
황금시대의 그늘 — 솔로몬 통치의 명과 암 — 188
분열·이산·상실의 시대1 — 분열, 2류 국가 이스라엘과 유다의 등장 — 199
분열·이산·상실의 시대2 — 거듭되는 위기와 혼란 — 209
분열·이산·상실의 시대3 — 역사를 통한 심판 — 219
유다의 방황과 사투 — 235
분열의 끝 — 남왕국 유다의 멸망과 유배 — 247

4 디아스포라와 메시아 운동 — 261

시대와 불화한 사람들1 — 새 하늘과 새 땅의 조건, 심판 — 262
시대와 불화한 사람들2 — 죽은 나라와 새 백성을 위한 눈물의 외침 — 274
정화된 소수의 귀향 — 286
유다 율법 공동체의 출현 — 298
디아스포라 민족의 탄생 — 308
헬레니즘의 물결과 순교의 행렬 — 315
로마의 속주 유대 — 325
메시아 운동의 새로운 지평 — 광야에서 외치는 자의 소리 — 339

부록 — 역사 이전의 기억들   347
천지창조   348
타락이 가져온 재앙, 진화   352
버려진 바벨탑   355

도판 목록   360
참고 문헌   366
찾아보기   369

엑소더스

—

새 민족의 탄생

아람 사람 아브람

1 — 나그네 삶의 선택

'너는 너의 본토 친척 아비 집을 떠나 내가 네게 지시할 땅으로 가라.' 01

　75세의 아람 사람 아브람에게 떨어진 하나님의 명령이다. 그로부터 시작된 아브람의 나그네 생활은 죽을 때까지 계속된다. 고대사회에서 본토, 친척, 아비를 떠나면 모든 것이 무無로 돌아간다. 고대 중근동뿐 아니라 대부분의 고대사회에서 한 개인, 한 가족의 삶은 고립적이고 배타적인 촌락 공동체 안에서 펼쳐진다. 소속 씨족이나 촌락을 떠나면 그 집단은 새롭게 만나는 씨족이나 촌락의 수호신을 받아들이지 않는 한 저들의 신을 위한 약탈, 혹은 희생의 제물이 될 뿐이다. 소수의 나그네 집단에게는 미래의 번영뿐 아니라 현재의 안전조차 허용되지 않는다. 고대사회의 나그네 가족에게는 그때그때 살아 있음을 확인하며 감사하는 삶만이 허용된다.

　교회에서 자주 듣게 되는 말, 주일학교 어린이들이 가장 먼저 배우는 찬양 가사 가운데 등장하는 '믿음의 조상 아브라함' 이라는 구절의 역사적·실존적 의미

★ 이 책의 글들은 대부분의 경우, 성경의 각 책이나 책 안의 몇몇 장들을 기본 텍스트로 삼아 쓰였다. 특별한 언급이 없을 경우, 성경의 각 책과 장들은 대한성서공회 발행 『한글판 개역성경전서』 1996년판 및 『국한문간이 관주 성경전서』 1964년판을 바탕으로 한 것이다. 이 편의 기본 텍스트는 창세기11:10~25:10이다. 이하 각 편의 첫 머리에서는 성경 속의 책명 및 장, 절만 언급하기로 한다.
01　창세기12:1.

는 듣는 이에 따라서는 그에게 매우 무겁게 다가올 수 있다. 아브람은 하나님의 명령을 어떻게 받아들였을까. 과연 어떤 마음 상태에서 하란을 떠날 수 있었을까. 하란을 떠남으로써 시작될 삶에 대해 어떤 전망을 가지고 있었을까.

아브람이 떠난 땅 하란은 번성하던 도시였다.[02] 비록 자신의 몫을 가지고, 조카 롯의 가족들과 함께 떠났지만, 안정된 삶, 자리 잡은 생활을 뒤로 한 채 친척, 아비를 다시 만날 기약 없는 '막연한' 떠남이 시작된 것이다. 아브람이 만난 하나님은 문명 도시 하란의 사람들이 믿던 도시의 번영을 약속하는 신, 무역의 이윤을 지켜주는 신, 이방 군대의 침입과 약탈을 막아주는 신이 아니었다. 그 모습을 새겨 몸에 지니고, 집안에 모시고, 신전에서 만날 수 있는 친근하고 가깝게 어떤 대화도 나눌 수 있는 수많은 신들의 하나가 아니었다. 이름조차 알 수 없고, 모습조차 볼 수 없으며, 믿는 자에게 다른 신과의 만남을 허용하지도 않고, 다른 신의 존재를 인정하지도 않는 단 하나의 신이었다. 그 신은 거의 무조건적인 순종을 전제로 구하기조차 어려운 축복을 약속하였다. 적적하면서도 편안한 삶을 누리던 아람의 한 족장에게 '네가 있는 곳에서 떠나라'고 명령했지만, 그 대가로 '복의 근원'이 되리라는 막연한 약속을 덧붙일 뿐이었다. 주위의 그 누구도 믿으려고도 만나려고도 하지 않던 문명 세계 바깥에 머물러 있어야 할 듯한 신이 아브람의 미래를 예약해버리신 것이다.

아브람은 메소포타미아의 지배자로 떠오르던 아람인의 세계에서 떨어져 나

---

02 하란은 기원전 18세기에는 이미 중근동의 무역 중계지로 크게 번성하던 상업도시였다. 아나톨리아, 메소포타미아, 팔레스타나, 이집트를 오가던 대상들이 반드시 거쳐야 하는 곳으로 중근동 교역의 접점에 형성된 도시이다. 이 도시는 늦어도 기원전 2500년경에는 건설되기 시작하였다.

03 아람은 기원전 3000년경부터 역사에 이름을 드러내지만, 시리아 북부에서 활동의 흔적을 나타내는 것은 기원전 2400년경에 이르러서이다. 이후 시간이 흐르면서 유프라테스 강 상류 및 시리아 일대는 '아람의 땅'으로 여겨지게 된다. 성경에서 언급되는 하맛, 소바, 다메섹(다마스커스)는 아람족이 세운 왕국의 중심 도시들이자 왕국의 이름이기도 하다.

그림 1
시리아 안티오키아 일대

왔다.⁰³ 그림 1 문명에서 광야로, 안전지대에서 위험지역으로 나온 모험가이자 개척자이다. 하란을 기점으로 메소포타미아와 아나톨리아, 페르시아, 팔레스타인, 이집트를 잇던 수많은 무역로를 개척하는 과정에서 도시를 벗어나 광야와 습지를 건넌 아람인은 많았을 것이다. 위험을 벗어나지 못하고 죽거나 다친 아람인도 있었을 것이며, 어려움을 이겨내고 새로운 상업로의 개척에 성공하여 막대한 부를 쌓은 아람인도 있었을 것이다. 그러나 이들은 하나같이 국제도시 하란을 중심으로 한 아람인의 세계로 돌아오려고 했고, 아람인의 세계 안에서 살려고 했던 자들이다. 아들 아브람, 손자 롯, 며느리 사라를 데리고 갈대아 우르를 떠나 가나안으로 가려고 했던 데라가 하란에 머무르고 만 것도 더 이상의 모험적 개척을 두려워

지도 1
고대 중근동지역

● 도시 ▲ 산

했기 때문인지도 모른다.[04] 하나님의 명령이 있었음에도 하란에 주저앉은 것일 수 있다. 하나님은 이제 그 아들 아브람에게 아람인의 세계 바깥으로 떠날 것을

[04] 칼대아는 남부 메소포타미아를 가리키는데, 이 이름을 정착시킨 아람인의 갈래 가운데 하나인 칼대아인이 역사상에 모습을 드러낸 것은 기원전 11세기 이후라고 한다. 그러나 이러한 사실이 아브라함의 부족이 갈대아 우르에서 나왔다는 성경의 전승에 의문을 던지는 적극적인 근거가 되기는 어렵다. 역사적 기록, 혹은 종교적 문헌을 정리하거나 다른 언어로 번역하는 과정에서 당대의 지명이 차용되는 경우는 흔히 있는 일이기 때문이다. '갈대아'라는 용어도 성경을 아람어로 옮겨 쓰는 과정에서 기존 지역명과 대체되었거나, 고대 문명 도시의 상징이기도 했던 '우르'와 아브라함과의 관계를 강조하기 위해 성경 기자에 의해 더해졌을 가능성이 높다. '우르'라는 지명은 북부 메소포타미아, 특히 하란 근처에서도 다수 확인된다. 하란 북쪽에 위치한 고대도시 우르파에는 이슬람교도들 사이에서 아브라함이 태어났다고 전하는 동굴이 있어 성지로 보존되고 있다.

엑소더스 — 새 민족의 탄생

그림 2
야웨 하나님의 말씀을 듣는 아브라함, 성경 삽화, 13세기

명령하셨는지도 모른다. 아브람은 그 명령에 순종한 자이다. 그림 2

고대 중근동 사회에서 하란을 떠나 팔레스티나, 곧 당시의 가나안으로 들어가는 길은 기원전 20세기 이전부터 무역로로 개척된 상태였지만 곳곳에 크고 작은 위험이 도사린 그리 안전하지 못한 길이었다. 유프라테스 강 너머, 그 서쪽의 땅은 아직은 아람인의 세계 바깥이었다. 자기 족속의 영향력이 미치지 못하는 땅에 들어서면 그때부터 안전은 여행자 자신의 몫이었다. 이미 자신이 살던 도시의 수호신을 신으로 여기지 않는 상태에서 하란을 떠났으므로 나그네 길의 시작부터 아브람과 그 일행의 보호자는 야웨 하나님뿐이었다.[05] 그야말로 하나님과 동행하는 삶이 시작된 것이다.

2 — 현재 속의 미래

아람 사람 아브람이 하란을 떠날 때에 중근동의 지혜자들은 문명의 발전이 사람에게 도대체 무엇을 줄 수 있는지를 부정적으로 되묻고 있었다. 이집트와 메소포타미아는 이미 적어도 2,000여 년에 걸친 문명의 난숙을 경험한 뒤였다.[06] 바벨의 혼란도 사람 중심 문명의 한계를 보여준 사건이지만, 수많은 무리로 나뉘어 흩어진 뒤의 사람들도 시날과 같은 또 다른 터들을 만나 자리 잡게 되면 다시 새로운 바벨탑을 쌓고는 하였다.[07] 탑을 쌓거나, 쌓는 과정에 권력이 모이고 부가 쌓였으며, 도시가 확장되고 자연이 훼손되었다. 그림 3 문명이 발전하고 기계가 정교해지는 동안, 사람의 형상과 자연 만물의 속성이 뒤섞인 신 아닌 신神이 수없이 탄생하였고 이 신들 역시 나름의 사회와 질서를 만들고, 문명적 발전을 이루어 나갔다.

사람과 신은 각각의 만족을 위하여 서로에게 요구하기도 하고, 서로를 속이기도 하고, 심지어 상대를 제거하기도 하였다. 각각의 이익과 만족을 위해 사람은 신들 사이의 싸움을 유도하였고, 신들은 사람 사이에 전쟁과 불화가 있게 하였다.[08] 열매가 익으면서 어느 한 부분이 썩어들기 시작하듯이 도시가 개척되는 그 순간부터 사람과 사람, 신과 신, 사람과 신 사이에는 갈등과 불만, 불화와 증오가 싹트고는 하였다. 아브람은 이러한 세계로부터 떠나도록 명령받았고, 현실이 주는 안정과 미래의 불확실성 사이에서 아람의 한 족장은 사람이 보기에는 불확실

---

05 '스스로 존재하는 자(영어의 be)' 야웨는 포로기 이후의 유대인들에 의해 알파벳으로는 모음을 생략한 'YHWH'로 표기되어 원래의 발음을 알 수 없게 되었다. 16세기 이래 이 표기를 여호와로 읽어왔는데, 1868년 발견된 모압왕 메사의 석비에 새겨진 글귀를 통해 원음에 가장 가까운 발음은 '야웨' 임이 확인되었다. 이 글에서는 『공동번역 성서』가 택한 이 견해를 좇아 '야웨'로 표기한다.
06 이집트 제1왕조의 출현은 늦어도 기원전 3100년까지 거슬러 올라가며, 메소포타미아에서 수메르 시대는 기원전 2900년경부터 시작된다. 고고학적 발굴의 진행과 성과 여부에 따라 두 고대 문명 지대에서 도시의 출현은 현재까지 확인된 것보다 시기가 더 거슬러 올라갈 가능성도 있다.
07 창세기11:2에 등장하는 시날 평지는 보통 하부 메소포타미아, 곧 바빌론을 포함한 유프라테스 강 중하류 평야 지대를 가리키는 것으로 이해되고 있다.
08 잘 알려졌듯이 전설 속의 트로이전쟁 역시 여신들 사이의 '아름다움' 다툼에 트로이의 왕자 파리스가 끼어들면서 씨앗이 싹튼다.

그림 3-1
● 피라미트, 이집트 기자, 기원전 18세기경

한 미래를 선택한 것이다.

　문명으로부터 '야만'으로 나온 아브람에게 하나님은 새 땅으로 가서 새로운 민족의 아버지가 되라고 하셨다. 그러나 하나님이 말씀하신 새 땅 '가나안'은 멸망받아야 할 민족, 그들의 퇴폐한 풍습으로 더러워진 바벨적 문명의 중심지 가운데 하나였다. 세속적 의미에서는 젖과 꿀이 흐르는 땅이었지만, 거룩한 의미에서는 퇴폐하고 야만적인 신앙의 현장이었다. 현재적 의미에서 가나안은 새 땅일 수 없었다. 주인이 바뀌고 새로워지지 않는 한 미래에도 그러기 어려운 땅이었다.

그림 3-2
● ● 무너지는 바벨탑, 네덜란드 화파, 17세기

아람 사람 아브람은 현재를 지배하는 바벨적 문명 지대의 한가운데에서 미래에 실현될 창조주 하나님만을 신으로 아는 새 민족의 이상적인 신정 공동체를 보아야 했다. 새로운 가나안, 새로운 신앙 공동체를 위해 75세의 이 아람 족장은 죽을

19

엑소더스 — 새 민족의 탄생

때까지 가나안의 나그네로 살도록 하나님으로부터 요구받은 것이다.

기원전 1500년경의 중근동은 사람이 세운 신성 권력의 한계를 절감하고 있었다. 지배자들은 신의 이름을 빌린 대리자, 신의 핏줄, 혹은 신의 현신現身임을 주장하며 권력을 행사하였지만, 극히 배타적이거나 계층적 속성을 강하게 지닐 수밖에 없었던 까닭에 공동체 전체 차원에서는 새로운 갈등과 불화의 요인으로 기능할 뿐이었다. 이집트에서는 사람의 수에 버금가는 많은 신들이 출현하여 각기 자신의 몫을 주장하였다. '몫'을 확보하지 못하거나, 그에 만족하지 못하는 신들 사이에 끊임없이 편 가르기가 진행되고 전쟁이 벌어졌으며 사상자가 발생하였다. 사람들은 상대 신의 죽음을 기뻐하고, 그 신의 재생을 막기 위한 의식을 치렀으며, 의식에 필요한 희생과 비용을 마련하기 위해 이웃과 전쟁을 벌이고 이웃에 대한 약탈을 감행하였다.

아브람은 그러한 세계에서 빠져나왔지만, 그가 광야의 위험을 넘어서 도달한 새로운 땅 역시 그와 크게 다르지 않은 세계였다. 아브람에게 필요한 것은 새롭게 열린 시야, 현재에서 미래를 읽어내는 눈, 미래의 실현을 전제로 한 하나님의 현재의 약속을 받아들이는 믿음이었다. 하란을 떠나는 순간부터 나그네로서의 삶을 마치는 그때까지, 아브람에서 아브라함으로 새 이름을 받고 이삭을 희생으로 바치기 위한 모리아 산으로의 여행을 경험하며 사라의 죽음을 받아들이고 본인의 죽음을 기다리는 그 순간까지도 히브리 사람 아브라함은 하나님으로부터 이 믿음을 위한 훈련을 받고 있었다.

가나안의 사람들

팔레스티나는 예나 지금이나 유럽과 아시아, 아프리카를 잇는 지정학적 중요성으로 말미암아 주목받는 땅이다. 이스라엘과 블레셋(필레셋, 필리스테) 사람들이 새 주민으로 등장하기 전 이 땅의 이름은 가나안이다.[09] 가나안 사람들이 살던 땅인 까닭이다. 그러나 이 땅의 주민은 가나안이나 이스라엘 사람만이 아니었다. 민족과 세력들이 오가며 마주치는 길 한가운데 자리 잡은 까닭에 이 땅의 주인은 수시로 바뀌었으며, 한 시기에도 이 땅에는 여러 민족이 얽혀 살았다. 아람 사람 아브람과 그 조카 롯 일행이 이 땅으로 흘러들어 왔듯이 가나안 사람들 외에 여부스, 히위, 브리스, 기르가스, 헷(히타이트), 아모리 사람들이 앞서거니 뒤서거니 하면서 가나안으로 들어왔다. 새 민족이나 무리가 흘러들 때마다 기존 주민과 새 이주민 사이에 전쟁이 일어나고, 앞서 살던 사람들이 쫓겨나거나, 들어와 살려는 사람들이 쫓겨났으며, 혹은 동맹과 타협 끝에 두 민족 사이의 공존으로 전쟁이 마무리되기도 하였다.

성경 속의 '가나안 일곱 종족'이란 이집트에서 빠져나온 히브리인들이 가나안 정복 전쟁을 시작할 당시 가나안 땅에서 정치, 사회적 주도권을 행사하던 종족

★ 이 편은 고대 가나안 사회의 역사·문화 전반에 대한 일반적 이해를 바탕으로 서술.
09 팔레스티나, 혹은 팔레스타인이라는 현재의 지명은 바르-코크바를 지도자로 한 유대인 반란이 로마에 의해 진압된 135년 이후, 로마황제 하드리아누스가 이 지역의 이름을 시리아-팔레스티나로 변경하면서부터 쓰였다.

그림 4
이집트 파라오의 포로가 된 바다 민족의 후예 블레셋 병사들,
이집트 카르나크, 람세스 3세 신전 벽 부조, 기원전 12세기

들을 말한다. 일곱 종족 외에도 가나안의 계곡이나 산지에 고립적으로 살아가던, 이름이 채 알려지지 않은 종족들도 다수 있었다. 팔레스타인 사람들은 히브리인의 가나안 정복 전쟁이 시작되기 전 그리스 남부와 아나톨리아 해안 지대, 에게 해에 점점이 흩어진 섬들에서 나와 에게 해를 건넌 뒤 아나톨리아와 이집트를 포함한 지중해 동부와 남부 해안 지대에 이르러 약탈적 정복 전쟁을 진행했던 '바다 민족' 가운데 한 갈래의 후예들이다. 기원전 13세기를 전후하여 이집트에 대한 정복과 약탈에 실패한 이들 그리스계 민족의 일부가 가나안 남쪽 해안평야 지역에 정착하는데 이들이 곧 성경에 '블레셋 사람'으로 등장하는 민족이다.[10] **그림 4**

아람 사람들의 발길이 닿기 시작할 당시 가나안 주민들 가운데에는 여전히

청동기를 사용하는 민족이 있는가 하면, 이미 철을 제련하여 무기와 농기구로 만들어 쓰는 종족들도 있었다. 철기를 경험하지 못한 히브리인들에게 철제 무기와 청동 전차로 무장한 가나안 사람들은 대적할 엄두가 나지 않는 강력한 적이었다. 가나안 일곱 종족의 하나인 헷족은 역사상 철제 무기로 무장한 첫 민족의 후예이다. 이들의 조상은 아나톨리아를 무대로 히타이트라는 대제국을 건설하여 가나안과 상부 메소포타미아까지 미쳤던 이집트의 영향력을 제거하고 중근동의 강자로 떠오르기도 했다.[11] 아모리족은 한때 상부 메소포타미아 및 시리아, 요르단 전역에서 지배권을 행사했던 민족이며, 새롭게 가나안 남부 해안평야의 지배자로 등장한 블레셋족은 강력한 철기로 무장한 채 상당한 기간 동안 이집트 제국의 안위를 위협했던 에게 해 출신 바다 민족의 후예들이다.

민족 구성이 다양한 만큼 가나안 주민들의 신앙 대상도 다양했다. 성경에 등장하는 바알, 아스다롯을 비롯하여 다곤, 밀곰 등의 이름을 지닌 신들이 가나안에 살던 민족들의 일상을 지배하고 있었다. 그림 5 이들 신의 실체는 자연 세계의 특별한 현상인 경우가 많았으며, 그 형상은 사람의 형상을 변형시킨 것이거나 사람과 짐승 형상을 합성시킨 것이었다. 최고의 신 바알은 그리스로 들어가 제우스로, 로

---

10 이집트를 다시 부흥시키고 강국의 반열에 올려놓은 것으로 평가받는 19왕조의 람세스 2세는 '바다 민족'의 침입을 물리친 것으로도 잘 알려진 인물이다. 이집트 침입에 실패한 바다 민족 블레셋, 체케르, 쉐켈레쉬, 데니엔, 웨세쉬 등은 다시 여러 갈래로 나뉘어 동부 지중해 연안 곳곳에 정착한다.(김성, 『김성 교수의 성서고고학 이야기』, 동방미디어, 2002) 가나안 해안평야에 정착했던 '블레셋' 사람들은 통일 이스라엘에 복속되었다가 아시리아, 바빌론, 페르시아의 지배를 받는 등의 변화를 겪으면서 민족 혼혈을 계속 겪는다. 이들은 현재의 팔레스타인 사람들의 조상으로 여겨지는 여러 민족 가운데 한 갈래에 속한다.

11 히브리인들에 의한 가나안 정복 전쟁이 진행될 무렵인 기원전 13세기 후반, 히타이트 제국은 '바다 민족'들의 침입에 시달리면서 쇠망의 길을 걷고 있었다.(비르기트 브란다우·하르트무트 쉬케르트 지음, 장혜경 옮김, 조철수 감수, 『히타이트』, 중앙M&B, 2002) 가나안은 히타이트 제국의 변방에 해당하였으므로 가나안의 헷족은 제국 성립 이전부터 이곳으로 흘러들었거나, 제국 시기에 여러 가지 이유로 이곳으로 이주했던 헷 사람들의 후손일 것이다.

그림 5
● 풍요의 신
●● 풍요의 여신,
시리아 일원 출토, 베를린 페르가몬 박물관

마에서는 주피터로 이름을 바꾸는 신으로 자신의 존재를 천둥과 번개로 나타냈다. 여신 아스다롯은 후에 아르테미스, 다이애나 및 아프로디테, 비너스로 속성을 분리, 변형시키는 한편 새로운 이름을 지니게 되는 신이다.[12]

이들 신은 사람이 짓는 농사의 풍흉에 영향을 미치는 신으로 믿어졌으며 사시사철 사람들과 다양한 방식으로 접촉하기를 원했다. 이들은 풍년을 약속하는 대신 때로, 혹은 정기적으로 사람을 희생으로 바칠 것을 요구했다. 자신을 찾는 자들로 하여금 소리 지르고 자해하게 하기도 했다. 농사가 시작되는 시기에는 주민들에게 신전으로 찾아와 신을 대신하는 사제들과 성관계를 맺어 신의 능력을 받도록 강제하기도 하였다. 때문에 가나안에서는 신을 섬긴다는 명목으로 신성한 결혼 이외의 성관계가 당당히 행해질 수 있었다. 자신의 자녀를 불사르는 일이 신앙심 깊고 신성한 행위, 공동체의 안녕과 미래를 보장하는 헌신으로 인식되었다.

지중해성 기후 지역인 가나안에서 겨울의 우기雨期에 이루어지는 농사의 성패는 다음 건기乾期의 생존 여부와 직결되어 있었다. 우기에 비가 내리지 않거나, 강수량이 부족하면 건기의 강한 햇살 속에서 곡식과 과일나무, 풀과 가축뿐 아니라 사람도 갈증에 시달릴 수밖에 없는 곳이다. 바알과 다곤, 밀곰이 천둥과 번개와 하늘의 온갖 자연현상으로 자신을 드러내고 비를 내리지 않거나, 아스다롯이 땅에 결실력을 부여하지 않으면 공동체의 유지는 더 이상 보장될 수 없다는 믿음과 두려움이 가나안의 주민들을 사로잡고 있었다.

가나안을 비롯한 중근동 지중해성 기후 지역에서 우기의 농사가 끝나면 건기

---

12 여신 아스다롯은 가나안에서는 풍요의 여신이자 바알의 배우자인 '아쉬토렛'으로, 바빌론에서는 월신月神 신Sin의 딸이자 하늘신 아누의 배우자 이슈타르로, 페니키아의 시돈에서는 별의 신, 블레셋 사람들에게는 전쟁의 신으로 믿어졌다. 하늘여신, 혹은 하늘왕후로도 불렸다.(예레미야7:18) 바알은 바람과 비, 우뢰의 신이자 다산의 신이었다. 블레셋 사람들의 주신 다곤은 바알의 아버지로 여겨졌다.

의 전쟁이 시작되었다. 건기는 왕들의 계절이었다. 요르단 계곡 동부의 요충과 요충을 잇는 '왕의 대로大路'나 지중해 해안선을 따라 형성된 '해변 길'로 군대가 이동하였다. 건기에는 성곽도시를 함락시키고 물자를 약탈하며 주민들을 포로로 잡아가기 위한 전쟁이 가나안과 주변 지역 곳곳에서 시작되었다.[13] 우기의 농사를 통하여 충분한 물자를 비축한 도시와 국가는 외부로부터의 공격을 견뎌냈을 뿐 아니라 이웃 지역의 정복에 나설 수도 있었다. 건기의 전쟁을 버텨낼 능력을 잃은 성곽도시에서는 마지막 수단의 하나로 왕의 아들을 도시나 왕국의 수호신에게 희생으로 바쳤다. 그마저도 효과를 보지 못하고 함락의 비운을 맞게 되면 성은 불타 폐허가 되고 살아남은 자들은 적에게 붙잡혀 가 노예로 생을 마칠 수밖에 없었다. 수호하던 도시를 잃은 신들은 버려지고 잊히거나, 정복한 도시국가 수호신의 지배를 받는 하위 신으로 스스로를 자리매김함으로써 간신히 신으로서의 지위와 생명을 보장받고는 하였다.

    신의 자리도, 도시의 운명도, 주민의 안전도 수시로 위협받고 사라지며 새로운 존재들로 대체되는 것이 가나안에서의 삶이었다. 그런 까닭에 가나안에서 우기와 건기를 지배하는 신의 지위는 더욱 높아갔고 주민의 삶은 더욱더 신에 종속되는 동시에 순간의 안전과 즐거움에 매몰되었다. 순간이 지배하고, 신의 지배력이 절대화되는 땅 가나안에 아람 사람 아브람과 그 일행이 발을 내딛게 된 것이다.

---

13 가나안의 주요 도시들은 이집트의 문서에 '호루스의 길'로도 표기되는 '해변 길'을 따라 형성되었으며, 트란스요르단의 주요 성읍들은 '왕의 대로'를 따라 발달하였다. 이 길들은 평상시에는 국제 교역로로, 전시에는 군대 이동로로 이용되었다.

이삭이 판 우물

1 — 두 번의 이별

이삭은 아브라함의 두 번째 아들이다. 약속의 땅 가나안에 들어선 지 10년이 지나도록 아브라함에게는 하나님 약속의 징표라고 할 수 있는 아들이 태어나지 않았다. 하늘의 별처럼 헤아릴 수 없이 많은 자손을 주어 큰 민족을 이루게 하겠다고 하나님께서 약속하셨지만 나그네 생활 10년째인 85세에 이르러서도 아내 사라에게는 잉태의 조짐이 보이지 않았다. 아브라함은 그 사이에 조카 롯을 구하기 위한 동방 네 왕과의 전쟁에서 승리하여 가나안의 새로운 세력으로서의 입지를 확고히 한 상태였다. 그렇지만 자손을 두지 못한 히브리인 아브라함에게 미래는 보이지 않는 내일에 불과했다. 하나님의 약속은 과연 어떤 방식으로 실현될 것인가.

사라는 아람족의 관습대로 자신의 몸종인 이집트 여자 하갈을 씨받이로 삼기로 결심하였다.[14] 하갈이 아브라함과 잠자리를 함께하여 아이를 가지게 됨으로써 사라의 해석과 그에 동조한 아브라함의 행동은 열매를 보게 되었다. 아브라함 부부는 자신들에 대한 하나님의 약속이 드디어 실현되기 시작한 것으로 보고 기뻐하였다. 그들은 뒤늦게 깨달은 하나님의 의도를 미처 알지 못하고 흘려보낸 지난 10년을 아쉬워했는지도 모른다. 이들 나그네 부부가 이런 생각에 빠져 있는

★ 이 편의 기본 텍스트는 창세기16:1~35:29.
14 기원전 2000년대 전반 상부 메소포타미아와 시리아 일대 주민들 사이에서는 몸종이 남편과 관계하여 낳은 자녀는 그 여주인이 낳은 자녀로 받아들여졌다.

바로 그 순간 하나님은 하나님의 약속을 사람의 방식, 세상의 관습에 기대어 실현시키려 한 아브라함 부부의 어리석음을 하갈과 사라, 아브라함 자신이 직접 깨닫게 하신다. 족장의 후계자를 낳게 된 몸종 하갈의 방자함으로 말미암아 몸과 마음을 하나로 하여도 버티기 어려운 나그네 가족 안에 균열이 일어나게 된 것이다.

이삭은 배다른 형 이스마엘이 이미 청소년이 된 때에 아브라함의 진정한 후계자로 예정된 존재로 태어났다. 이삭의 출생으로 말미암아 이스마엘은 아브라함 가족의 일원으로 살아가기 어렵게 되었고, 이 상황은 곧 현실로 바뀌었다. 하갈과 이스마엘은 며칠도 견디기 어려운 소량의 물과 양식만 지닌 채 거대한 불모지, 죽음의 황금빛으로 가득한 광야로 발길을 내딛게 되었다. 아브라함은 사람이 중심이 된 하나님 약속 실현 행위가 낳은 아픈 결말을 맛보게 되었다.[15] 후에 '사막 민족'의 아버지가 되는 이스마엘을 떠나보냄으로써 아브라함은 첫아들을 잃었고 이삭은 형을 잃었다.[16] 비록 아버지의 귀여움을 독차지하였으나 현실적으로 배움의 모범이 되고, 같은 세대 핏줄로서 의지가 될 수 있었던 형 이스마엘을 잃은 이삭은 외톨이가 되었다. 타고난 성격에 더하여 가족의 분열까지 겪자 이삭은 더욱더 조용한 사람이 되었다.

하나님이 약속 실현의 씨앗을 아람인 족장 아브라함에게 허락하신 것은 아브라함의 나이 99세 때이다. 가나안에서의 떠돌이 생활 25년 만인 나이 100세에 히브리인 아브라함은 진정한 후계자 이삭을 얻게 되었다. 아브라함은 엘람과 그 동

---

15 기원전 2000년대에 상부 메소포타미아 일대에서 통용되던 관습에 따르면 뒤늦게 정처가 아들을 낳았다고 해서 정처 이외의 여자를 통해 얻은 후계자와 그 어미를 내쳐서는 안 된다.(존 브라이트 지음, 김윤주 옮김, 『이스라엘 역사』上, 분도출판사, 1978) 아브라함은 자기 종족의 관습에 의존하여 하나님의 약속을 실현시키려 했다가 오히려 그 관습을 어기는 자기모순을 범하게 된 것이다.
16 이슬람의 경전 코란에서도 잘 드러나듯이 아랍인들은 아브라함에서 이스마엘로 이어지는 조상계보 인식을 지니고 있다.

맹국들의 군대를 물리쳐 가나안 도시국가들의 해방과 자립을 가능하게 했던 인물이었다. 그러나 나이 100세에 이르러서도 이 아람인 족장의 가나안에서의 현실적 지위는 히브리인으로 일컫는 나그네일 뿐이었다. 여전히 아브라함은 가나안 땅 한 뼘도 자신의 소유로 삼지 못한 채 떠도는 자들의 족장, 일당백의 용사들 약간을 종으로 거느린 채 가나안에서는 거의 알려지지 않은 자신의 '신'만을 섬기는 외래인 지도자 이상도 이하도 아니었다. 이삭은 이러한 아버지가 거느린 작은 무리의 새 족장으로 예정된 자였다.

이스마엘이 떠남으로써 형제와의 이별을 경험했던 이삭은 모리아 산으로의 여행을 통해 아버지와의 분리를 겪는다. 하나님 약속의 열매를 제물로 삼은 모리아 산에서의 번제를 실행하기 위해 아브라함은 이삭과 함께 자신의 장막을 떠난다. '번제할 어린 양'은 어디에 있느냐를 묻는 아들 이삭에게 하나님께서 '친히' 준비하시리라고 답하면서 아브라함은 산을 오른다.[17] 그림 6 희생에 쓰일 어린 양이 되어 번제단으로 선택된 바위 위에 누운 후계자 이삭, 그 몸에 칼을 대려는 아브라함. 두 사람의 눈길은 어디서 어떻게 만났을까.[18] 하나님이 준비하신 숫양이 이삭을 대신하여 나뭇단 위에 올려지고 제물로 불살라졌지만, 그 시간 이삭은 어디에 있었으며 무슨 생각을 하였을까. 그림 7

---

17 창세기22:7~8. '야웨께서 준비하심'을 뜻하는 '야웨 이레'라는 아브라함의 답변은 구약시대의 이스라엘 사람들뿐 아니라 신약시대 크리스천들의 신앙고백과 일상생활에서도 특별히 중요한 의미를 지니게 된다.
18 신약시대에 들어서면서 '어린 양' 예수의 십자가 고난이 지니는 구속사적 의미와 겹쳐진 이 장면은 많은 크리스천, 비크리스천 예술가들에게 종교적, 철학적 영감을 불러일으켰다. 구약시대를 그려낸 회화 작품 가운데 가장 자주 선택된 장면일 것이다.

그림 6
어깨에 양을 멘 병사, 이라크 자말 출토, 기원전 8세기, 베를린 페르가몬 박물관

그림 7
이삭을 희생 제물로 바치려는 아브라함, 유화, 살바토르 로사, 17세기, 런던 내셔널갤러리

2 — 생명을 선물하는 삶

이삭은 들에서의 묵상을 즐기는 조용하고 생각이 많은 사람이었다. 어머니 사라가 127세로 죽어 아브라함이 헤브론의 헷 족속에게서 사들인 가나안 최초의 소유지 막벨라 굴에 장사된 뒤 이삭의 묵상은 더욱더 길고 깊어졌다. 어머니 사라는 나그네 집단의 삶을 지켜나가기 위해 두 번이나 타인의 아내 되기를 요구받고 이를 받아들여야 했다. 또한 하나님 약속의 실현을 위한 방편의 하나로 아내의 자리를 일시 여종에게 맡겼다가 모욕과 상실감 속에 살기도 했다. 자신이 존재하게 됨으로 말미암아 죽음의 땅으로 내몰렸던 형 이스마엘의 과거와 현재. 자신조차 모리아 산 번제단 바위 위에 결박된 몸으로 올려져 아버지 아브라함의 칼날을 기다리도록 만들었던 하나님의 역사 방식. 이삭은 끊임없이 삶과 역사의 본질에 대해 묻고 답하려 했고, 하나님과 대화하려 했다.

75세에 시작된 나그네 생활 100년, 아람인의 한 족장에서 '떠돌이' 히브리인으로 불리는 첫 사람이 된 아버지 아브라함이 죽어 막벨라 굴에 장사되었다. 나그네 집단의 현재와 미래는 후계자 이삭의 권리이자 의무가 되었다. 하나님의 언약, 그에 대한 순종으로 말미암아 이삭과 그의 집단은 창대하고 왕성해졌다. 오래지 않아 이삭은 이미 가나안에 터를 잡고 있던 사람들조차 놀라워할 정도의 거부巨富가 되었다. 이제 가나안 사람들은 이 히브리인 집단이 떠돌아다니기를 멈추고 그들의 땅 한 구석에 눌러앉은 뒤 세력을 넓혀나감으로써 자신들의 삶과 터전을 위협하게 될 것을 걱정하게 되었다. 이주자의 정착과 세력 확장을 위한 정복 전쟁은 가나안 사람들 자신이 이미 그전의 거주자들에게 경험시켰던 가나안에서의 반복적, 현재적 역사이기도 했다.

전쟁은 이해의 충돌에서 비롯되며 승자의 살육과 약탈로 마무리되지만 시대와 지역에 따라 나름의 일정한 규칙, 절차, 관례를 바탕으로 시작되었다. 상대국 사신에 대한 모독으로 전쟁을 유도하기도 하고, 적국 사신의 무례함을 빌미로 전쟁을 선언하기도 한다. 가나안의 나그네 이삭의 집단에 대한 거주자들의 도전은 '우물' 관리권 분쟁을 빌미로 삼아 시도되었다.

예나 지금이나 중근동 지역에서 우물의 소유와 관리는 가족, 집단, 마을의 생존과 직결되어 있다. 가나안은 우기 외에는 지상에서 물을 발견하기 어려운 기후 지역이었다. 이곳 주민들에게 지하수 관리의 한 방식이라고 할 수 있는 우물, 혹은 지하 샘의 굴착, 발견, 유지는 커다란 비용과 인력을 들여 이루어지는 생존 사업이었다. 농작물에 물을 공급하고, 가축에게 물을 먹이는 데에 필요한 정도는 논외로 하더라도 주민의 식수를 확보하기 위한 차원에서라도 우물의 유지와 관리는 필수적이었다. 우물의 소유권을 둘러싼 분쟁이 곧바로 종족이나 마을, 도시국가 사이의 살육전으로, 다시 본격적인 전쟁으로 발전하는 사례는 가나안을 포함한 중근동 어디에서나 쉽게 찾을 수 있다.[19] 그림 8

새 족장 이삭이 특별한 움직임을 보이지 않았는데도 히브리인 집단이 그의 지도 아래에서 급속히 부를 증진시키고 세력이 커지자, 이것을 우려한 가나안 사람들은 이삭에게 그 소유권이 승계되었음이 확실한, 아브라함 때에 그 종들이 팠던 모든 우물을 흙으로 메워 쓸 수 없게 만든다. 자신들과 히브리인 집단의 공존을 거부한 것이다. 재산상의 손실을 떠나 생존의 기본 조건을 제거당한 이삭 집단에게 가나안 사람들은 자신들의 땅에서 떠나도록 요구한다.

고대사회뿐 아니라 근래에 이르기까지 동맹의 파기는 상대국에게 전쟁 선언

---

19 물 분쟁은 오늘날에도 중근동 국가들 사이의 갈등을 유발하고, 첨예한 대립을 가져오게 하는 주요인의 하나가 되고 있다. 유프라테스 강, 요르단 강, 나일 강이 통과하는 나라들 사이의 이해관계 조정 여부는 언제나 중근동 국제 관계의 현안 가운데 하나이다. 유프라테스 강 상류에 다목적댐을 건설하려는 터키에 대해 시리아와 이라크가 '댐 폭파'를 시사하고, 수단이 나일 강 상류에 댐을 세우겠다고 하자 이집트가 전쟁 불사를 선언하면서까지 이를 저지하려 했던 사건은 이 지역에서의 물 분쟁의 심각성을 단적으로 드러내는 좋은 사례들이다. 요르단 강도 시리아, 요르단, 이스라엘에 의해 농업용수 공급 및 수력발전에 이용되면서 물 분쟁의 대상이 되고 있다.

그림 8
● 시나이의 오아시스 마라
●● 시나이의 우물

으로 이해되는 경우가 많다. 특히 고대사회에서 국가 사이의 동맹은 흔히 '신들의 동맹'으로 불릴 정도로 당사자들이 믿는 수호신의 이름을 걸고 맺어졌다.[20] 비록 그러한 의식을 거치지 않았다 하더라도 가나안 왕 아비멜렉과 이삭의 아버지 아브라함 사이에 맺어진 관계는 엘람 동맹군의 격파로 가나안 방어벽으로서의 아브라함 군대의 능력이 확인된 뒤 이루어진 일종의 공수동맹이었다. 2대에 걸쳐 유지되던 붙박이와 떠돌이 사이의 동맹이 군사적 도움을 받았던 측이 상대의 생존 근거를 파괴하는 방식으로 파기된 것이다. 당시의 관습으로 볼 때 뒤이어 벌어질 상황은 두 집단 사이의 전쟁이었다.

그러나 히브리인 족장 이삭은 자기 집단의 이익을 지키기 위한 전쟁 대신 자기 몫을 포기하는 길을 선택하였다. 땀 흘려 가꾼 아비멜렉 영역 안의 비옥한 밭과 초지를 포기하고 아버지 아브라함 때에 일시 거주했던 보다 거친 땅 그랄로 물러난 것이다. 그랄 골짜기에서 이삭의 종들이 발견한 샘 근원을 둘러싸고 다시 그랄 목자들과의 다툼이 일어나자, 이 역시 이삭은 포기한다. 세 번째의 우물 파기마저 다툼이 일자 족장 이삭은 이를 그랄 목자들에게 양보하고, 종들에게 다른 곳에서 네 번째 우물을 파라고 명령한다.

새로 판 우물을 포기할 때마다 이삭의 재산은 크게 줄었을 것이다. 집단의 생존과 안전을 보장해야 하는 지도자로서의 능력에 대한 신뢰도도 뚝뚝 떨어졌을 것이 틀림없다. 세 번째 판 우물마저 포기하기로 했을 때, 이삭 집단의 결속력은 위험스러울 정도로 크게 흔들렸을지 모른다. 수많은 양과 소, 엄청나게 늘어난 식솔들을 거느린 집단이 자신들을 위한 생명수 공급원을 확보하지 않은 채, 골짜기

---

20 중국 은대殷代의 갑골문에서는 '전쟁'에 나설 것인지를 신에게 묻기 위해 뼈로 점을 쳤음을 알게 하는 사례가 자주 발견된다. 고대사회에서 군대 지휘부의 깃발에 수호신을 나타내는 문양이 표현되거나, 전쟁에 나선 군대가 수호신의 신체身體로 여겨지는 물건을 사제와 함께 동행시키는 관례도 전쟁을 '수호신들 사이의 다툼'으로 받아들였기 때문이다.

를 옮겨다닌다면 이들이 맞게 될 운명은 불 보듯이 뻔하지 않은가. 오랜 나그네 생활을 거친 이삭이 가나안에서 '우물 포기'가 어떤 의미를 지녔는지 몰랐을까. 자타가 인정하는 소수 정예의 군사력을 유지하던 나그네 집단의 족장이 자기 군대의 전쟁 수행 능력을 파악하지 못하고 있었을까. 그럼에도 히브리인 족장 이삭이 세 번이나 우물을 포기한 이유는 무엇일까.

성경에 의하면 어쩌면 마지막이 될지도 몰랐을 네 번째 우물 파기에 성공하였을 때, 그랄의 목자들은 더 이상 이삭과 다투지 않았다고 한다. 끝없는 양보, 생명을 담보로 한 양보가 이제 끝난 것이다. 더 이상 우물을 둘러싼 다툼이 일어나지 않자 이삭은 다음과 같은 선언을 한다. '이제는 야웨께서 우리의 장소를 넓게 하셨으니 이 땅에서 우리가 번성하리로다.'[21]

이삭은 비옥한 해안평야 언저리에 얽혀살던 삶, 가나안 평야 지대 사람들의 영역 안에서의 풍요로운 삶에 매달리는 대신 거칠고 마른 땅에서의 궁핍하고 목마른 삶으로 점차 장막을 옮겨간다. 더 이상 우물 다툼이 필요 없을 정도로 메마른 땅에 이르기까지 장막 옮기기를 계속한다. 그럼에도 족장 이삭의 마지막 우물 파기 뒤의 선언은 '이제는… 번성하리로다' 이다.

이삭의 선언은 일종의 신앙고백이자 자신의 선택에 대한 신학적 해석이다. 실제 광야 언저리의 삶 터, 불모의 땅으로 들어가는 입구로 여겨지던 브엘세바까지 밀려난 이삭을 하나님은 축복하고 있으며, 종들은 그 땅에서도 우물을 판다. 땅 위는 죽은 듯이 보이나, 땅속은 살아 있는 곳, 하나님은 이삭으로 하여금 브엘세바 역시 산 자의 터가 될 수 있음을 알려주신 것이다. 이삭을 광야 언저리까지, 삶의 가장자리까지 밀려나도록 만든 평야 도시의 왕 아비멜렉이 이삭과의 재동맹을 위해 자신이 직접 브엘세바까지 찾아온 것도 눈앞에 펼쳐진 이와 같은 상황,

[21] 창세기26:22.

해석할 수 없는 역설적 현실이 당황스럽고 두려웠기 때문이 아닐까.

아비멜렉의 눈에는 우물 싸움이 평야 지대에서 시작된 히브리인들의 패배와 몰락의 여정으로 읽혀졌을 것이다. 반면 이삭의 입장에서는 보이는 동맹에서 보이지 않는 동맹, 깨질 약속에서 깨지지 않는 약속으로의 이행 과정이었다. 밀어낸 자가 밀려난 자에게 재동맹을 청하고, 전쟁으로 상대를 멸절시키려던 자가 자신들과의 전쟁을 피하여 떠난 자들을 찾아가 상대의 힘과 가능성을 인정하고 자신들을 해치지 말 것을 약속받으려는 역설적 상황이 '생명' 조차 양보하던 자 이삭의 눈앞에 펼쳐진 것이다. 아비멜렉의 고백처럼 이삭은 가나안 사람에게는 이방신에 불과하던 '야웨' 께 복받은 자였다. 이해할 수 없는 또 하나의 현실이 가나안 족속의 왕 아비멜렉 앞에 펼쳐졌고, 그 현실을 만들어낸 주인공 이삭의 신앙고백이 '참' 임을 이방 족속의 왕 아비멜렉조차 받아들일 수밖에 없게 된 것이다. 재동맹을 받아들이고 가나안 사람들을 평안히 보낸 그날, 족장 이삭은 종들로부터 또 하나의 소식을 받았다. '우리가 물을 얻었나이다.'[22]

---

22 창세기26:32.

샘과 광야,
생명과 죽음의 땅
팔레스타인

팔레스타인은 자연환경과 인문환경 모두에서 삶과 죽음이 극단적으로 마주치는 땅이다. 팔레스타인 사람들의 자살 폭탄 공격과 그에 대한 이스라엘 측의 대규모 보복 공격이 오가는 와중에도 두 민족의 공존을 위한 생활교육 프로그램 또한 곳곳에서 끈질기게 시도되는 땅. 광야로 불리는 불모지의 확장이 쉼 없이 진행되지만 사막을 푸른 땅으로 바꾸려는 초지화草地化 계획, 관개수로의 설치가 지속적으로 추진되는 땅. 바위와 자갈로 뒤덮인 산기슭과 푸른 기운으로 가득한 계곡지대가 교차하는 땅. 레바논 산지로부터 맑은 물이 흘러드는 살아 있는 호수와 유황과 역청 구덩이, 소금 바위로 둘러싸인 죽음의 바다가 한 물줄기로 이어지는 땅.[23] 지금의 팔레스타인이자, 과거의 가나안이다. 그림 9

　마치 긴 고구마처럼 생긴 팔레스타인은 넓지 않은 면적에도 불구하고 다양한 기후, 환경조건을 지닌 지역이다.[24] 레바논 산지의 영향을 받는 북부에는 부분적으로 레바논 숲과 초지, 요르단 계곡 지대가 형성되어 있으며, 지중해 해안 지역

★ 이 편은 팔레스타인의 지리, 기후, 환경조건 전반에 대한 일반적 이해를 바탕으로 서술.
23　고원지대에 자리 잡은 긴네렛 바다, 혹은 갈릴리 호수는 레바논 산맥의 눈 녹은 물을 받아들여 남쪽으로 흘려보낸다. 때문에 갈릴리의 물은 늘 맑아서 호수 속 물고기의 움직임까지 파악할 수 있다. 반면, 해수면보다 낮은 곳에 형성된 사해死海, 혹은 염해鹽海는 흘러 내려오는 요르단 강 물을 받아들일 뿐 바다로 흘려보내지 못한다. 증발만 이루어지는 사해의 물은 염분과 광물질의 농도가 높아져 수초나 물고기가 살 수 없다. 두 호수의 이러한 차이점은 크리스천들에게 신앙의 본질, 신앙에 기초한 삶과 관련하여 시사적인 의미를 지니는 것으로 받아들여지고 있다.

지도 2
고대 팔레스타인

그림 9
사해

에는 좁고 긴 평야 지대도 있다. 그런가 하면, 중남부에는 메마른 산간지대와 광야로 불리는 넓은 불모지와 사막이 펼쳐져 있고, 유황을 내뿜는 거대한 저지대도 나타난다. 생명이 유지되기 어려운 거친 산간과 불모지가 죽음의 황금빛으로 덮여 있다면, 그 사이로 간간이 나타나는 초지와 계곡, 샘과 우물, 관개수로에서 생명의 푸른빛이 반짝이는 곳이다.

고대 중근동 사회에서 가나안은 오랜 역사의 흔적을 담고 있는 문명 지대의 하나이다. 지정학적 위치상 문명의 점이지대漸移地帶에 속한 곳이어서 민족 사이의 충돌과 혼합, 반복된 건축과 파괴의 흔적이 뚜렷이 남아 있는 지역이기도 하

---

24 넓은 의미의 팔레스타인은 현재의 이스라엘 지역과 레바논, 시리아 서부, 트랜스요르단(요르단 강 동안) 전역을 포함하는 개념이다. 이 글에서의 팔레스타인은 요르단 강 서안에서 지중해에 이르는 지역, 곧 좁은 의미의 팔레스타인이다.

다. 지중해로부터, 이집트로부터, 메소포타미아와 아라비아, 아나톨리아(소아시아)로부터 오는 민족이동과 세력 확장의 물결이 끊임없이 넘실대고 자주 뒤덮고 지나가던 곳이다. 이 땅을 스쳐 지나가는 민족이 있는가 하면, 이 땅에 들어와 주저앉는 민족도 있다. 이미 살고 있는 민족을 멸절시키거나 쫓아내면서 이 땅의 새 주인으로 자리 잡으려는 민족이 있는가 하면, 이전부터 살면서 주인으로서의 권리를 잃지 않으려 애쓴 민족도 있다. 정기적으로, 혹은 어쩌다 한 번씩 약탈품, 전리품을 얻고자 이 땅을 넘보던 민족이 있는가 하면, 이 땅에 살면서 이 땅이 지닌 지리적 이점을 잘 살려 주변으로 세력을 뻗어나가려던 민족도 있다. 수많은 민족의 발길이 닿으면서 이 땅은 말할 수 없이 복잡한 역사의 흔적을 안게 되었고, 문명의 성쇠가 거듭되면서 팔레스타인의 자연환경은 더없이 악화되었다.

기원전 9000~기원전 8000년경의 팔레스타인은 푸른 계곡과 산간, 숲과 평야가 잘 어우러진 생명의 땅이었다. 사해 주변 지역을 포함한 요르단 계곡을 중심으로 문명의 발전이 이루어졌고, 그 결과 등장한 다수의 도시국가들은 비교적 오랜 기간 요르단이 주는 생명력을 향유하며 독자의 영역을 유지할 수 있었다. 그러나 인구의 증가, 도시의 확장, 숲과 평야의 잠식, 식량 부족, 도시국가별 세력 확장의 시도와 도시국가 사이의 충돌, 전쟁의 확대와 지속 등을 거치면서 팔레스타인 주민들은 주변 환경의 오염과 황폐화, 자연 자원의 약탈과 고갈 등을 경험하게 되었다. 기원전 1500~기원전 1000년경에 이르면 팔레스타인 전역을 서식지로 하던 사자들은 서식지를 거의 잃고 야생 먹이도 구하기 어렵게 되어 '가축'을 약탈하는 모험을 감행하기에 이르게 된다. 이스라엘의 판관 삼손이 죽인 사자도 도시와 촌락의 증가로 말미암아 서식지를 잃어가던 숲과 초지의 원주인 가운데 하나였다.[25] 그림 10

문명 지역의 확장으로 자연 지대의 축소가 진행되는 가운데 기후와 지형의 변화도 함께 일어났다. 사해 주변의 계곡 지대는 지각 작용의 영향으로 황폐한 죽음의 땅이 되었다. 화려하고 세련된 도시 문화로 명성을 날리던 사해 남쪽 지역의 도

그림 10
● 죽어가는 사자, 이라크 니네베, 기원전 7세기, 런던 대영박물관
●● 사자 사냥, 이라크 칼라(님루드), 아슈르나시르팔 2세 시대(재위 기원전 883년~기원전 859년), 런던 대영박물관

시국가들은 하루아침에 유황과 역청의 세례를 받으며 갈라진 땅속으로 빠져들어 갔다.[26] 오늘날 네게브 사막으로 불리는 유대의 남쪽 지역은 빠른 속도로 사막화 되었고, 유대 산간 지역은 우기가 아니면 푸른빛을 볼 수 없는 땅으로 바뀌어갔다. 울창한 숲이 사라진 곳은 초지가 되었고, 초지는 광야로 바뀌었다. 건기가 길어질 때마다, 우기에 충분한 비가 내리지 않는 해가 거듭될 때마다, 숲과 초지는 줄어들고 거친 땅과 마른 산지는 넓어져갔다. 전쟁이 한두 차례 지나가면서 기존의 도시와 촌락이 멸망하여 흙더미로 바뀌었다. 그 위나 혹은 그 주변에 새로운 도시와 촌락이 형성될 때마다 팔레스타인의 푸르름은 옅어지고, 황토 빛은 짙어졌다. 그림 11

팔레스타인의 가장 오랜 문명 도시 제리코(여리고)는 최소한 10차례 이상 도시 전체가 불타 멸망했고 20여 차례에 걸쳐 도시 건축이 다시 시도되었던 곳이다.[27] 해안 지역의 아스돗 역시 10여 차례 도시의 함락과 파괴를 경험한 곳이다. 이들 유적을 파내려가면서 역사를 거슬러 올라가다보면 후대에는 팔레스타인에서 사라져버린 짐승의 뼈와 나무의 자취, 오랜 시간 사람의 도시와 공존했던 생명 세계의 흔적이 점점 더 넓고 풍부하게 그 모습을 드러내고는 한다. '텔 Tel'로 불리는 수많은 도시 유적의 흔적들은 지금은 거대한 흙더미에 불과하지만, 한때 푸른 숲과 초지가 있던 곳이며, 도시와 촌락이 형성되어 문명을 구가하던 땅이다. 수

---

25 통일 이스라엘 왕국을 출범시킨 다윗이 목동 시절 물맷돌 던지기 연습을 부지런히 했던 것도 '양'을 노리는 사자를 물리치기 위해서였다.(사무엘상17:34) 이로 보아 기원전 10세기 전반에도 팔레스타인에는 사자가 서식하고 있었음을 짐작할 수 있다.
26 갈릴리 호수에서 사해로 이어지는 요르단 계곡 지대는 지층이 불안정한 단층지대이다. 성경 연구자들은 사해 남단 주변의 낮은 평야 지대가 갑작스러운 지진과 가스폭발 등으로 말미암아 유황과 먼지의 세례를 받은 뒤 사해에서 흘러든 물로 덮여버렸을 가능성을 제기한다. 19세기 이래의 계속된 고고학적 탐사 결과 사해 동편에서 사해로 흘러드는 와디(마른강)들 주변에는 신석기시대부터 다수의 촌락, 도시들이 세워졌음이 확인되었다.
27 제리코의 나투프 신석기 주거 유적은 기원전 8000년경에는 형성되었다고 한다.(『이스라엘 역사』) 도시 주변에 종려나무가 많이 자라 '종려나무의 도시'로도 불리는 곳이다.

엑소더스 — 새 민족의 탄생

그림 11
요르단 주변 지역

 십 미터에서 100~150미터를 넘어서는 텔의 높이는 문명적 발전의 흔적이자 파괴와 약탈, 멸망의 자취이다. 때로는 50년, 100년 동안 버려진 채 있다가 도시와 성곽이 다시 세워지기도 하고, 불타버린 뒤 10~20년 만에 촌락이 재건되기도 하지만 수천 년의 역사가 아예 흙 속에 묻혀버리고 마는 경우도 생겨난다. 팔레스타인이나 소아시아, 메소포타미아의 수많은 텔들은 인간 중심 문명, 자연 파괴적 문명의 한계를 드러내는 또 다른 바벨탑인지도 모른다.

야곱의 방랑

1 — 장막 안의 요리사

잃었다고 생각했던 아들 요셉 덕에 나는 내가 거느리고 있던 히브리인 일족과 함께 가나안과 시리아, 이집트를 엄습했던 오랜 가뭄에서 살아남을 수 있었다. 가나안에서의 삶을 포기하고 이집트로 삶 터를 옮기고 말았지만 아들들이 요셉을 만나지 못했다면 나의 일족은 가나안의 마른 먼지 속에서 차례차례 굶고 목말라 죽었을지도 모른다. 죽은 줄 알았던 요셉이 살아 이집트의 총리가 되어 있을 줄 누가 알았겠는가. 파라오 앞에서 내 삶을 회고하며 되뇌었듯이 내 조상의 나그네 길 세월에는 미치지 못하나 130년에 걸친 나그네로서의 내 삶은 참으로 '험악한' 것이었는데, 이제야 내가 꿈의 땅 이집트에서 안식을 취하는가.

세상에 나오기 전부터 나는 내 주변의 것들과 다투고, 다른 이보다 먼저 많이 얻으려고 애썼다. 어머니의 몸 밖으로도 먼저 나오려고 했지만 쌍둥이형의 힘에 밀려 손으로 그의 발목을 잡은 채 두 번째로 태어날 수밖에 없었다. 형 에서는 이름처럼 붉고 털이 많은 야생마 같은 사람이었다. 그는 들에서 살다시피 하였으며 수시로 짐승을 사냥하여 그 고기를 아버지 이삭이 드실 수 있도록 요리하여 드렸다. 그의 거친 삶이 때로는 부럽기도 하였지만, 나는 어머니 리브가와 함께 장막 안에 있는 것이 좋았다. 어머니로부터 할아버지 아브라함, 아버지 이삭의 인생 역

★ 이 편의 기본 텍스트는 창세기25:19~49:33.

정에 대해, 또는 두 분의 삶과 함께하신 하나님의 역사 방식에 대한 이야기를 듣는 것이 좋았다. 나는 두 분의 삶, 앞으로 내가 꾸려갈 삶에 대해 곰곰이 생각하면서 때로는 어머니를 도와 빵을 굽기도 하고, 죽을 쑤기도 하였다.

어느 날 내가 양친에게 드릴 빵을 굽고 팥죽을 쑨 뒤, 잠시 쉬고 있을 때 들판을 쏘다니던 형이 돌아와 당장 먹을 것을 내놓으라고 소리를 지르지 않는가. 급하면 앞뒤를 가리지 않는 불같은 성격의 소유자임을 잘 알면서도 그날 나는 형에게 곧바로 먹을 것을 주지 않았다. 언제까지나 그러고 싶지는 않았다. 장자라는 것 때문에 아버지의 사랑에 익숙하고, 아버지의 신뢰를 당연한 것으로 여기는 형에게서 그 명분을 뺏고 싶었다. 뛰어난 용사이자 사냥꾼으로서의 자질을 갖춘 형인데 장자의 명분이 없더라도 잘살 것 아닌가. 나는 형에게 팥죽 한 그릇과 장자의 명분을 바꾸자고 제안했다. 눈앞에서 모락모락 김을 내는 팥죽 그릇을 보면서 형은 쾌히 승낙했다. 나는 장자의 명분을 가지게 된 것이 너무 기뻐 팥죽뿐 아니라 새로 구운 빵까지 형에게 주었다. 형은 허겁지겁 빵과 팥죽을 먹고는 아무 일 없었다는 듯이 다시 들판으로 나가버렸다. 나는 가슴 가득 차오르는 기쁨을 누르기 어려웠다. '하나님, 잘 보셨지요. 지금부터는 제가 이 집의 장자입니다. 잊지 마세요.'[28]

2 ─ 복받은 자의 망명

내가 형으로부터 장자의 명분을 샀다는 이야기를 아버지도 어머니로부터 들었음이 틀림없는데도 아버지 이삭은 아무 말씀도 하지 않으셨다. 그러더니 문득 장자를 축복하겠다고 하면서 형에게 짐승을 사냥하여 그 고기를 요리하여 가져오라고

---

28 고대 근동에서 장자는 다른 자녀에 비해 유산 상속에서 우월한 지위를 누렸으므로 장자권은 실제 매매의 대상이 되기도 하였다. 물론 이런 종류의 매매는 증인과 문서를 동반해야 했다. 야곱과 에서의 경우, 장자권 매매 과정을 공증받은 것으로 보이지는 않는다. '장자권' 매매 여부에 대한 야곱과 에서의 해석이 다를 수밖에 없었던 것도 이 때문이라고 하겠다.

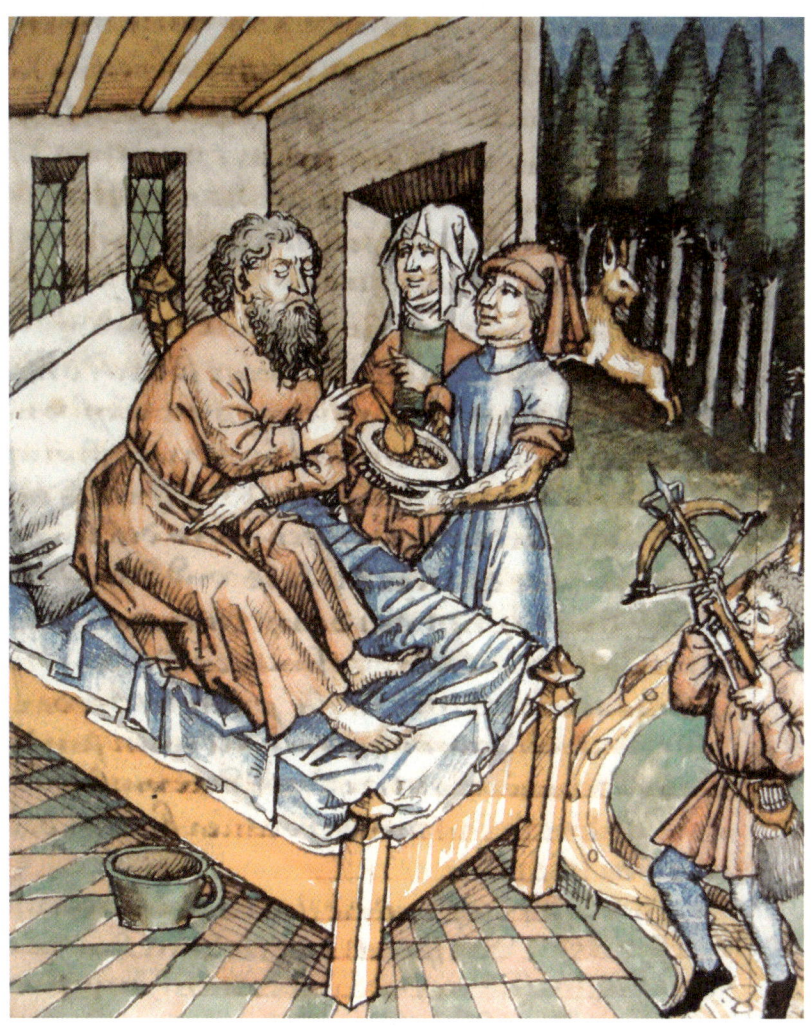

그림 12
이삭의 축복, 성경 삽화, 15세기

말씀하셨다. 아버지는 내가 팥죽 값으로 사들인 장자권을 인정하지 않으셨던 것이다. 어머니의 지혜를 빌려 나는 털이 북슬북슬한 형 에서처럼 모습을 바꾸었다. 어머니가 산양 고기처럼 요리한 염소 고기를 아버지께 드려 드시게 하고 염소 가

죽을 두 팔에 두른 채 아버지 앞에 나아가 장자의 축복을 듬뿍 받았다. 형이 사냥한 짐승을 요리하여 아버지의 장막 앞에 나타난 것은 아버지의 장자 축복이 모두 끝난 뒤였다. 그림 12

아버지께서 장자의 축복은 한 번뿐이라며 형에게 형과 형의 후손들은 장자를 섬기는 자로서의 삶을 살게 될 것이라고 말씀하시자,[29] 형은 분을 참지 못하고 자신의 장막 안에 들어가 '아버지가 돌아가시면 이놈의 자식을 반드시 죽이고 만다!'며 벼르고 벼르는 것이었다.[30] 보통 때 같으면 버럭 소리 지르는 것으로 기분 나쁜 것을 풀어버리고 마는 형이었지만, 이번에는 충격이 컸는지 사냥도 나가지 않고 장막 안에서 나오지도 않는 것이 아닌가. 아버지 역시 나를 축복하시기는 하셨지만, 형에게 할 축복을 속아서 동생에게 했다고 생각하셨기 때문인지 평소 때처럼 장막 안으로 가족을 불러 모으고 이것저것 묻거나 지시하지도 않으셨다. 종들도 집안 분위기가 심상치 않다고 여겨 주인 가족의 장막 근처에서는 소리를 낮추었다.

비록 꿈에도 그리던 장자의 축복을 받은 지 얼마 되지 않은 때였지만, 나는 약간의 음식과 물을 꾸려 나귀에 지우고 브엘세바로부터 1,000리 길 너머 하란에 산다는 외삼촌 라반의 집을 향해 떠날 수밖에 없었다.[31] 명목상 아버지 이삭의 축복 아래 동족과 결혼하기 위한 여행을 떠난 것이지만 형의 분노가 그처럼 크지 않았다면 나는 아버지의 장막을 떠나지 않았을 것이다. 사랑하는 어머니 리브가가 아버지에게 드릴 빵을 직접 굽는 모습을 곁에서 지켜보며 이것저것 내 생각을 말

---

29 고대 중근동 사회에서 족장이나 가부장의 말, 특히 축복이나 저주와 관련된 말은 수호신의 뜻을 대변하는 행위, 일종의 주문呪文처럼 여겨졌으며, 그 자체로 '문서'와 동일한 종교적, 법적 효력을 지닌다고 믿어졌다.
30 창세기28:41.
31 하란은 유프라테스 강 상류 고원지대에 자리 잡고 있던, 아람 사람들의 중심 도시이다. 오늘날 밧단 아람은 하란과 같은 지역으로 이해되고 있다. 야곱은 아람인의 관습에 따라 종족 내 결혼을 위해 할아버지 아브라함의 고향으로 돌아간 셈이다.

하고, 함께 차를 나누며 할아버지 아브라함의 특별한 삶을 되뇌던 그 시간을 다시는 갖지 못하게 될 줄, 그때부터 객지 종살이로 20년의 세월이 그냥 그대로 흘러가 버릴 줄을 생각이나 할 수 있었던가.

외삼촌 라반. 그분은 나쁜 의미에서 상황과 조건에 강한 사람이었다. 내가 외삼촌의 딸들 중에서 아내를 구하여도 곧바로 돌아갈 수 없는 상황에 처했음을 알고, 작은딸이자 내게는 사촌인 라헬에게 한눈에 반했다는 사실을 눈치 채자 7년 봉사를 대가로 결혼을 허락하겠다고 했다. 하란의 관습을 이유로 큰딸 레아를 내게 떠맡기고, 다시 7년 봉사를 요구하는 외삼촌의 단호하면서도 은근한 태도 앞에 나는 굴복할 수밖에 없었다.

14년의 봉사 뒤에도 외삼촌은 내게 계속 자신의 양과 염소를 치도록 하였다. 내게는 이미 라반의 두 딸 외에 두 딸의 몸종이던 두 여자 빌하와 실바까지 아내로 맞아 낳은 아들만 열 명이 넘었다. 그런 내게 외삼촌은 수시로 품삯에 대해 말만 비칠 뿐 새끼 양 한 마리 건네줄 생각도 하지 않았다. 얼룩지지 않은 양이나 염소만 떼 속에 남겨두고는 내가 품삯으로 요구한 얼룩진 것들을 주겠다는 식으로 조카를 우롱하고는 하였다. 내가 브엘세바를 떠난 뒤 벧엘에 이르렀을 때 밤새 하나님께 진지하게 기도하였던 그 심정으로 다시 하나님을 찾을 수밖에 없었다. 나는 외삼촌이 약속한 그 얼룩진 것들이 온전한 털빛의 양과 염소 떼 속에서 생겨나기를 기도했고, 실제 그러한 놈들을 새끼로 얻을 수 있었다. 품삯을 받기로 한 뒤 6년의 세월이 흐르는 동안 끊임없는 기도와 정성스런 돌보기로 말미암아 내 몫의 양과 염소들이 외삼촌의 것보다 건강하고 수도 많아졌다. 이를 지켜보던 외삼촌과 사촌형제들의 낯빛이 달라지기 시작하였다. 나는 속으로 되뇌었다. '이제야말로 떠날 때가 되었구나.'

정기적인 양털 깎기 축제가 시작될 즈음, 나는 가족과 함께 몰래 하란을 떠나기로 결심하였다. 내가 떠나겠다고 선언하면 머리 좋고 꾀 많은 외삼촌이 무슨 일을 벌일지 알 수 없지 않은가. 그러나 몰래 떠난 지 10일, 길르앗 산에 이르러 장막을 치고 안도의 한숨을 내쉴 즈음 외삼촌이 사촌형제들과 함께 문득 내 앞에 모습을 드러냈다. 저들은 곧바로 '가족 수호신'을 내놓으라고 소리쳤다. 신이라니…. 나중에 안 일이지만 하란을 떠날 때 내 사랑하는 아내 라헬이 자기 아버지의 신상 '드라빔'을 몰래 가져온 것이었다. 본래는 결혼과 함께 장인 라반으로부터 받아야 하는 것이지만 나는 원하지도 않았고, 때문에 굳이 거론하지 않고 지나갔던 일이다. 그러나 라헬은 그렇지 않았던 모양이다. 더욱이 자신을 지켜줄 수호신 없이 먼 여행을 떠나는 게 내키지 않았던 모양이다. 하지만 이 때문에 20년만의 귀향이 불가능해질 뻔하지 않았는가.

　하란의 아람 사람들, 곧 외삼촌 라반 일행과 평화의 맹약을 맺고 헤어진 뒤 나는 가족회의를 열고 집에서 이방 신상들을 모두 없앨 것을 명령하였다. 아람 사람들과 야웨 앞에 맹세한 증거인 미스바의 돌무더기를 마음에 새겨둘 것을 요구하였다. 네 아내와 아들들뿐 아니라 남녀 종들에게도 야웨를 향한 믿음을 굳게 지킬 것을 엄히 명하고 또 간곡히 설득하였다. 큰 고비 하나를 넘어선 직후여서인지 아무도 이의를 제기하지 않았다. 이제 하란으로 되돌아갈 일은 없으리라. 미스바의 돌무더기가 있는 한 다시는 그 경계를 넘어 하란으로 돌아갈 수도 없을 것이다.[32] 가족회의를 진행하면서도 오히려 마음을 무겁게 내리누르는 것은 눈앞에 닥쳐온 형 에서와의 만남이었다.

3 — 귀향

비록 3대째 떠돌이 생활을 하고 있지만, 할아버지와 할머니의 무덤이 있는 땅 가나안은 나와 일족에게는 고향이나 다름없었다. 그러나 20년 동안의 망명 아닌 망명 생활 동안 어머니 리브가는 이미 이 세상 사람이 아니었고, 집안의 대소사 처리는 형 에서의 몫이 되어 있었다. 내가 형에게 샀던 장자권, 아버지에게 받은 장자의 축복은 적어도 아버지 이삭의 장막 안에서는 효력을 지니지 못한 상태였다. 형은 종들에게 가나안 골짜기 한 곳에서 아버지 이삭의 재산을 관리하게 하였다. 동시에 그곳을 떠나 염해 동쪽 세일 산에 새로운 장막을 세우고 가나안과 구별되는 또 한 세력을 키워나가고 있었다.[33] 형의 것에 비하면 지난 20년 동안 내가 하란에서 이루어낸 세력과 재산은 그리 자랑할 만한 것이 못 되었다. 20년이 지났지만 혹 형이 내게 장자의 축복을 빼앗긴 것을 잊지 못하고 나를 해하려 한다면 어찌할 것인가. 크지도 않은 양치기 집단이 거친 생활 속에 전사로 단련된 세일 산 산사람의 무리를 당해낼 수 있을 것인가. 누가 보더라도 가능하지 않은 일이었다.

형 에서에게 세 떼의 가축을 선물을 보내고, 아내들과 열한 아들과 온갖 소유를 얍복 강 나루 건너로 보낸 뒤 나는 홀로 남았다. 그날 밤, 나는 20년 전 벧엘에서 했던 것보다 더 절실하게 하나님께 기도했다. 밤새도록 나는 하나님과 씨름했다. 무릎이 저리고 엉덩이가 뻣뻣해지다 못해 마비되는 것같이 느껴지기도 했다. 그렇지만 축복의 말씀을 주시는 그 순간까지 포기하지 않고 하나님을 붙잡았다. 브니엘에 해가 돋을 때 나는 하나님께서 지금까지와 같이 앞으로도 나를 떠나시지 않을 것임을 확신할 수 있었다. 기도에 답하시면서 하나님께서는 내 이름을 야곱에서 '이스라엘'로 바꾸어주셨다.[34] 그림 13

400인의 전사를 거느리고 내 앞에 나타난 형은 더 이상 옛 일을 생각하지 않

---

32 맹세의 돌무더기는 신 앞에서 맺은 약속의 표지이자, 서로 다른 두 세력이나 집단 사이의 경계석이기도 했다.
33 구약시대에 사해는 염해로 불렸다. 에서가 키운 세력은 후에 사해 동남부 일대에 에돔 왕국을 세워 '왕의 대로'를 이용한 아랍과 이집트, 메소포타미아 사이의 무역을 중계하며 크게 번성한다.
34 형의 '발꿈치를 잡고' 태어난 자 야곱이 '하나님(엘)을 붙잡고 늘어져 (축복의) 응답을 받아낸' 자 이스라엘로 재탄생한 것이다. 절대 절명의 순간을 맞자 야곱은 태어날 때부터 지니고 있던 탈취하려는 자, 성취욕에 매달린 자로서의 본능을 버리고 하나님께 매달려 사는 자로 삶의 존재 방식을 바꾸려고 애썼고 결국 하나님으로부터 '이스라엘'이라는 새 인격을 받아냈다.(창세기32:28)

그림 13
압복 강가에서 야곱이 본 환상 속의 하늘사다리, 유화, 프랑스 아비뇽 화파, 16세기

고 있었다. 반갑고 짧은 만남과 헤어짐을 뒤로 하고 나는 숙곳을 거쳐 요르단 강 건너에 있는 히위 사람의 성 세겜에 이르렀다. 그런데, '고개 넘어 고개'라고 추장 세겜이 내 딸 디나를 강간한 뒤, 청혼하는 염치없는 태도를 보였다. 이에 대해 어찌 대응할까 고민하고 있자니까, 이번에는 아들 시므온과 레위가 '할례'를 조건으로 응하겠다는 식의 속임수를 써서 저들이 수술 상처로 고통스러워하는 사이에 칼로 몰살시키는 큰 일을 저지르고 말았다. 만일 다른 성의 히위 사람들뿐 아니라 가나안의 다른 족속들까지 나와 일족을 이방 침략자, 약탈자로 규정하여 이 땅에서 멸절시키려 든다면 어찌할 것인가. 형 에서와의 만남을 잘 마무리 지은 것이 엊그제 일인데, 이제는 가나안 족속들 모두를 적으로 돌려놓을 수도 있는 상황을 맞닥뜨리게 되다니.

나는 길르앗 산 '드라빔' 수색 사건 뒤 열었던 것과 같은 긴급 대가족회의를 다시 소집했다. 무리가 모이자 한 사람도 빠짐없이 즉시 몸과 마음을 정결히 할 것을 요구하였다. 상황의 심각성을 인식했음 때문인지 가족과 함께한 자들 가운데 아직까지 몸에 수호신상을 지녔거나 귀에 고리를 꽂고 다니던 모든 자들이 자신의 그것을 족장인 내 앞에 내놓았다. 나는 이것들을 가나안 사람들이 신수神樹로 여겨 그 앞에서 제사 지내기를 즐겼던 커다란 상수리나무 아래에 묻었다.[35] 그런 다음 곧바로 무리를 이끌고 세겜을 떠나 믿음의 고향 벧엘을 향해 나아갔다.

하나님께서 내 무리의 주변을 두려움으로 감싸신 덕에 세겜에서 벧엘을 향한 긴장된 행진 동안 다른 가나안 족속으로부터 공격받지는 않았다. 어머니 리브가

---

35 고대 중근동 사회뿐 아니라 대부분의 고대사회에서 커다란 나무는 신, 혹은 신의 사자使者가 내려와 머무르는 곳, 신에게 사람의 뜻을 전하는 통로로 여겨졌다. 일부 지역에서는 나무 자체에 신의 기운, 혹은 정령이 깃들여 있다고 믿어졌다. 야곱의 신상 및 장식물 매장 행위는 이방신들의 것은 이방신들에게 돌려줌으로써 자기가 거느린 족속들과 이방신들 사이에 맺어지고, 유지되었던 계약관계가 해지되었음을 알린다는 의미를 지녔다.

의 유모 드보라가 죽고, 막내 베냐민을 어렵게 낳은 직후 사랑하는 아내 라헬이 세상을 떴다. 이어 큰아들 르우벤이 자신의 서모인 빌하와 통간하는 등의 사건이 일어났다. 이런저런 일들을 겪으며 나는 무리를 이끌고 남쪽에 있는 기럇아르바의 마므레를 향해 나아갔다. 거의 30년 만에 만난 아버지 이삭은 듣고 말할 능력도 거의 잃었을 정도로 늙어 있었다. 180세로 아버지 이삭이 죽자 함께 고인을 장사지낸 뒤, 형 에서는 자신은 세일 산에서 뿌리내리고 살 것이니, 가나안에 남겨진 할아버지 때부터의 모든 소유는 내가 맡아서 관리하라고 말하였다. 법적으로도 이미 장자가 아니지만 굳이 장자의 권리를 주장하며 가나안에서의 떠돌이 생활을 계속할 생각은 없다는 것이었다. 그때에야 '하나님께서는 이렇게 내게 장자로서의 상속을 허락하시는구나' 하는 생각이 들었다.

팥죽 한 그릇에 산 장자권. 그로부터 시작된 형, 아버지, 어머니, 나 사이의 갈등과 애증. 형 대신 받은 장자 축복 뒤의 가족의 분열. 20년 동안의 망명 아닌 망명과 외갓집에서의 종살이. 온갖 우여곡절 끝에 이루어진 귀향. 귀향 직후의 세겜 파괴로 가나안 족속들로부터 미움받는 '떠돌이들'이 된 지금, 아버지 이삭의 죽음을 계기로 히브리인의 새 족장이 된 것이다. 이제 나까지 3대째 계속된 방랑이 나를 마지막으로 끝날 것인가. 내 열두 아들 르우벤, 시므온, 레위, 유다, 단, 납달리, 갓, 아셀, 잇사갈, 스불론, 요셉, 베냐민은 가나안을 자신들의 기업으로 나누어 받을 수 있을 것인가. 하나님께서 약속하신 이 땅 가나안의 온갖 족속이 지금부터 나와 내 아들들의 발밑에 엎드리게 될까. 나는 스스로 묻고 답하려고 해보았지만 어쩐지 확신이 서지 않았다. 그렇다면 앞으로도 방랑은 계속되어야만 하는가. 이미 100세를 눈앞에 둔 내가 잇게 된 이 족장의 자리가 앞으로도 계속될 떠도는 삶들을 꾸려나가기 위한 것이라면 가족들은 이것을 어떤 의미로 받아들일까. 하나님께서 지금 이 자리에서 '떠도는 자들의 새 족장'이 된 내게 말씀하시려는 것은 과연 무엇일까.

요셉이 이룬
이집트 드림의 명암明暗

아람 사람 아브람 일행이 가나안으로 흘러 들어오기 수백 년 전부터 가나안 및 아나톨리아, 아라비아 해안 지대의 사람들에게 이집트는 꿈의 땅이었다. 문명의 여명기에는 메소포타미아로부터 이런저런 영향을 받았지만, 고왕조의 대형 피라미드가 세워지기 시작하던 기원전 28~기원전 27세기경부터 이집트는 중근동 문명의 새로운 중심으로 부상하였다. 야곱이 히브리인의 새 족장으로 인정받고 가나안에 터 잡기를 본격화하려고 할 무렵, 문명국 이집트의 역사는 이미 1,000년을 넘어서고 있었다. 너무나 많은 사람들이 이집트에서의 삶을 꿈꾸었으므로 이집트로의 입국 절차는 시간이 흐를수록 까다로워지고 있었다.[36] **그림 14**

요셉은 야곱의 열한 번째 아들이었다. 베냐민이 태어나기 전까지는 라헬이 낳은 유일한 아들이었으므로, 요셉에 대한 야곱의 애정은 각별하였다. 야곱은 형 에서에 대한 아버지 이삭의 특별한 애정으로 상처받았다. 그러나 야곱에게 요셉은 14년에 걸친 봉사와 기다림 끝에 아내로 맞을 수 있었던 라헬이 낳은 아들이었다. 이런 까닭인지 요셉에게 쏠리는 관심과 사랑은 야곱 스스로도 억제하기 어려

★ 이 편의 기본 텍스트는 창세기30:22~50:26.
36 고대사회에서도 국경은 엄연히 존재했고, 국경 통로에는 출입국을 관리하는 검문소도 있었다. 가나안에서 이집트로 들어가려면 위험한 늪지대나 사막 지역을 피해 지중해 해안을 따라 만들어진 공식적인 통로 '해변의 길'을 사용할 수밖에 없었다. 때문에 이집트와 다른 지역 사이의 장거리 교역에 종사하던 대상隊商들은 이 길을 지키는 이집트 국경 수비대의 통제와 점검을 받아야 했다.

그림 14
● 나일 강 유역의 평원
●● 이집트의 풍요, 이집트 테베 출토, 기원전 12세기, 베를린 알테 박물관

왔다. 성실한 목동으로 성장한 형들과 달리 요셉은 아버지의 장막 안에서 아버지의 사랑을 듬뿍 받으면서 지냈다.

야곱의 열두 아들은 신분적으로도, 야곱과의 부부 애정으로도 각각 구별되는 네 명의 어머니가 낳은 자식들이었다.[37] 이들 사이에는 서로에게 형제 관계를 유지하기 위한 지혜로운 말과 행동이 요구되었다. 열 명의 아들은 나눔과 도움이 필요한 목동 생활을 통해 이것을 배울 수 있었지만 요셉은 그렇지 못했다. 열 개의 별이 한 개의 별을 둘러싸는 꿈, 열 개의 짚단이 한 개의 짚단에게 절을 하는 꿈과 같이 앞으로의 형제 관계를 예시하는 꿈을 꿀 때마다 요셉은 그것을 마음에 담고 있기보다는 형들에게 모두 말해버리고는 하였다. 요셉 자신이 결코 원했던 것은 아니지만, 열 명의 형들이 좋은 옷을 입은 철부지 동생을 미워하게 된 것은 당연한 귀결일 수밖에 없었다.

들에서 가축을 치는 형들에게 심부름 갔다가 형들의 손으로 지나가던 상인들에게 노예로 넘겨지는 것도 요셉 자신이 자초한 면이 있다. 요셉은 동방 사람들이 '살고 싶어 하던 땅' 이집트에 노예로 팔리기 위해 들어갔다. 노예시장에 새 상품으로 소개되었던 히브리 소년 요셉은 파라오의 시위 대장이던 보디발 집의 가정노예로 팔렸다. 특별한 계기가 마련되지 않는 한 이집트인의 노예로 일생을 보내게 된 것이다.

귀염둥이 소년이자 꿈 많은 아이에서 갑자기 이방인 노예로 전락한 요셉이 스스로를 얼마 동안 어떻게 가누었는지는 알 수 없다. 그러나 노예로서의 삶을 시작한 지 오래지 않아 주인의 전적인 신뢰를 받는 존재가 된 것은 확실하다. 오랜

---

[37] 레아, 라헬, 레아의 여종 실바, 라헬의 여종 빌하가 낳은 열두 아들은 중근동사를 연구하는 역사학자들에게는 모두 독립된 씨족의 조상으로 이해된다. 물론 이들 씨족들이나 씨족의 조상들 사이에 어떤 혈연, 혹은 비혈연관계가 존재했는지가 성경 이외의 자료로는 추적되지 않는다.

헌신으로써만 허락받을 수 있는 주인 집안의 집사장이 되었기 때문이다. 하나님이 함께하신다는 믿음이 요셉으로 하여금 무모한 탈주를 꿈꾸거나, 미래를 일체 포기한 뒤의 노예적 굴종과 소극적 삶에 머물지 않게 했음이 틀림없다. 노예로서의 삶이 시작되면서 오히려 요셉은 기도하는 사람이 되었으며, 종으로서의 삶을 통하여 청지기, 곧 관리하는 사람으로 자신의 처지를 바꾸어가고 있었던 것이다.

요셉의 신실함이 보디발의 아내에게는 남성적 매력으로 비쳤던 것처럼, 자신의 진지하고 정직한 삶으로 말미암아 요셉은 옥에 갇혀 죽음을 기다리는 사람이 되었다. 또 그 곧고 바른 태도가 요셉으로 하여금 옥 속의 관리자가 되게 만들었으며, 결국 파라오 앞에 선 자가 되게 하였다. 요셉은 끊임없이 상황을 역전시키면서 꿈을 현실이 되게 만들었고 이를 위해 늘 하나님과 대화하였다. 많은 꿈이 형들로부터 버림을 당하고 자신을 노예로 팔리게 만들었지만 요셉은 여전히 꿈꾸기를 계속하였다. 그는 이집트 권력자의 측근으로 다시 섰고, 아무 잘못 없이 옥에 갇혀 죽게 되었지만 옥 속에서 만난 이를 돕는 과정에서 앞을 내다볼 수 있게 되었다.[38] 히브리 소년 '꿈쟁이' 요셉은 이집트의 총리가 되어 자신이 섬기는 국가와 백성이 당할 재난에 대비하였다. 뿐만 아니라 자신의 가족, 하나님의 축복을 약속받은 백성들로 하여금 가나안에서의 동화同化를 피하여 이집트 고센에서의 고립적 삶을 시작할 수 있게 만들었다.

야곱을 족장으로 한 한 무리의 히브리인들이 가나안의 이곳저곳을 방랑할 무렵, 가나안, 시리아를 포함한 메소포타미아 지역은 북방과 동방으로부터 거듭 밀

---

38 파라오의 빵을 굽는 자, 술 맡은 관원장이 꾼 서로 다른 꿈을 해석하게 함으로써 하나님은 요셉으로 하여금 자신이 미래를 내다볼 수 있는 능력을 부여받았음을 깨닫게 하였다. 고대사회에서 '꿈'은 흔히 신의 계시로 여겨졌고, 이런 계시를 읽어내는 능력은 신 내림을 받은 자, 신을 섬기는 사제에게만 주어지는 것으로 믿어졌다. 요셉은 이집트인들로부터, 히브리인의 하나님으로부터 '신 내림을 받은 자'로 여겨졌을 것이다.

려오는 새 물결, 곧 계속적인 민족이동과 오랜 문명 전개로 말미암은 피곤, 그만 그만한 지역 강자들 사이의 끝없는 세력 경쟁이 어우러진 '혼란'을 겪고 있었다. 불안정과 무기력이 사회적, 도덕적, 종교적 타락을 부추기는 상황이 계속되면서 히브리인 무리가 가나안의 혼합주의에 휩쓸려들 가능성도 높아졌다. 요셉은 하나님 백성의 동화를 막기 위해 이집트로 파견된 하나님의 사자였다.

요셉은 보디발 아내의 유혹을 받았기에 감옥에 갇힐 수 있었고, 그 자신 사형수로서 감옥 속의 관리자가 되었기에 사형을 받을 예정이던 파라오의 두 측근을 만날 수 있었다. 늘 꿈을 꾸던 소년이었기에 술 맡은 관원장과 빵 굽는 관원장의 꿈을 해석할 수 있었다. 비록 오랜 시일이 흐른 뒤였지만 꿈꾸는 사람이었던 까닭에 복직된 술 맡은 관원장으로 하여금 하나님이 꾸게 하신 파라오의 꿈을 해석할 수 있는 유일한 사람으로 그를 추천할 수 있게 하였다. 7년 풍년과 7년 가뭄은 태양신의 현신, 곧 현인신現人神을 자처하던 파라오도 대처할 방법을 찾을 수 없는 재앙에 속했다.[39] 한 해의 풍년과 가뭄에 일희일비一喜一悲하는 현실 세계에서는 히브리인 노예에 불과했지만, 농사의 신이나 비와 바람의 신, 태양의 신조차 통제력을 지니지 못하는 창조주의 세계에서 요셉은 하나님의 사람이었다. 파라오는 태양의 신이자, 수천 년을 이어온 이집트 역사를 책임지는 존재였으나 꿈의 땅 이집트 문명의 명운을 하나님과 대화할 수 있는 히브리인 청년 요셉에게 맡길 수밖에 없었던 것이다. 그림 15

야곱의 열 아들은 기근의 고통을 이겨낼 양식을 사기 위해 이집트로 왔다. 그

---

[39] 이집트의 파라오는 '두 땅의 주, 모든 신전의 대제사장, 살아 있는 호루스' 등으로도 불렸다. 이집트 신화에서 호루스는 창조주 라Ra의 아들이자 태양신, 하늘과 땅의 아들인 오시리스의 아들, 살아 있는 오시리스이다. 파라오는 살아서는 호루스이지만, 죽으면 오시리스가 되는 신성한 존재로 믿어졌다. 두 땅이란 상이집트와 하이집트를 말한다.

그림 15
7년 풍년과 7년 가뭄, 모자이크

라나 양식을 구하기 전에 먼저 이집트 총리에게 자신들의 형제 우애를 입증해야 했다. 이들은 총리가 자신들이 노예로 팔아버렸던 꿈쟁이 동생이었음을 알게 되자 보복받을까 두려움에 떨면서도, 동생의 꿈이 곧 미래의 현실이었음을 알 수 있었다. 르우벤과 그 형제들은 자신들이 노예로 팔아버린 응석받이 동생이 바로 그들을 고난에서 구할 구원의 주였음을 확인하였다. 기근에 시달리던 식솔들을 이끌고 이집트로 건너온 히브리인 족장 야곱은 자신의 오랜 방랑이 이집트에서 마무리되고 있으며, 이것이 자신의 무리를 가나안 혼합 문화로부터 구하기 위한 하

그림 16
- 미라의 관, 이집트 테베 출토, 베를린 알테 박물관
- 관의 내부, 이집트 테베 출토, 베를린 알테 박물관

나님의 역사임을 어렴풋이 짐작하고 있었을 것이다.

  요셉은 목축하는 자를 꺼리고, 목축문화를 혐오하는 이집트인의 성향을 잘 알고 있었다. 때문에 자신의 가족들로 하여금 이집트 농경문화의 영향에서 상대적으로 자유로운 곳, 나일 문명의 바람이 상대적으로 약하게 부는 지역, 강 동쪽의 땅 고센을 정착지로 택하도록 인도하였다. 요셉은 파라오의 총리로, 겉보기에는 완전한 이집트인으로 자신의 모습을 바꿀 수밖에 없었다.[40] 그림 16 그러나 하나님이 자신의 현재를 있게 한 이유 가운데 하나가 하나님의 백성들로 하여금 가나안으로부터도, 구원의 땅 고센을 지닌 이집트로부터도 자유로운 민족으로 남게 하고자 하심임을 잘 알고 있었다. 꿈의 땅 이집트는 가나안 이상으로 세속의 짙은 어둠을 지닌 땅임을 요셉은 이미 경험하였던 까닭일 것이다.[41]

---

40 요셉은 이집트의 총리로 임명되면서 파라오의 주선으로 온의 제사장 보디베라의 딸 아스낫과 결혼하였고, 슬하에 두 아들 므낫세와 에브라임을 두고 있었다.(창세기41:44~52) '온'은 태양신 숭배의 중심지였다.
41 이집트 역시 태양신을 비롯하여 온갖 종류의 신들이 지배하는 곳, 자연의 온갖 것이 신이 되어 사람에게 숭배받는 땅, 소수의 귀족들이 다수의 민을 노예화하여 꾸려가는 사회라는 점에서는 메소포타미아나 가나안과 다를 바 없었다.

나일 강변의 노예 히브리인

1 ― 꿈의 땅 이집트로의 이주

야곱의 일족 70여 인이 기근을 피해 이집트로 들어갔듯이 갖가지 이유와 온갖 통로로 이방으로부터 이집트로의 이주가 진행되었다. 메소포타미아 전역에 걸친 사회적 불안이 장기화되면서 이러한 흐름은 더욱 짙어졌던 것으로 보인다. 그러나 이집트는 흘러든 이방인들에게 국가의 부富를 조건 없이 나누려 하지는 않았다. 오히려 이집트의 풍요를 미끼로 국가가 필요로 하는 노동력을 값싸게 대량으로 확보, 활용하려는 경향을 보였다. 그림 17

이방인으로 총리의 지위에 오른 요셉은 장기적인 기근 극복 정책을 집행하는 과정에서 사제 계층을 제외한 전 이집트인을 파라오에 예속된 존재로 전환시킨다. 사람의 모습을 한 최고의 신 파라오가 국가의 소유자라는 인식에서 비롯된 것일 수도 있고, 이로부터 파라오를 국가 자체로 인식하게 되었을 수도 있다. 기근을 맞아 양식과 토지를 바꾸게 한 국가정책과 그 결과는 파라오를 비롯한 사제 계층이 추구하던 신정국가로서의 이집트 상像 정립 과정에 요셉과 같은 이방인들도 참여했음을 짐작하게 한다. 이집트 궁정의 고위직에 올랐던 요셉 자신도 성직자의 도시 '온' 제사장 보디베라의 딸을 아내로 맞았던 미래의 제사장 가운데 한 사람이었다.[42] 이집트인조차 파라오의 노예로 인식되던 땅에서 하물며 이방인의

★ 이 편의 기본 텍스트는 창세기41:1~출애굽기1:14.

그림 17
- 적과 육박전 중인 이집트 전사, 이집트 룩소르 람세스 2세 신전 부조, 기원전 13세기
- 이집트 파라오에게 포로로 잡힌 누비아인들, 이집트 룩소르 람세스 2세 신전 부조, 기원전 13세기

지위는 어떠했겠는가.

2 ─ 파라오의 제국 이집트에서 생활하기

이미 1,500여 년에 걸쳐 국가의 역사가 계속되었고, 20차례에 가까운 왕조의 교체를 경험한 이집트. 파라오의 제국 이집트는 활력을 잃어가고 있었다. 국가 전체가 신들과 신의 사제들에게 짓눌려 질식해가고 있었다. 면세 신전과 신전 소유의 토지, 사제 계층의 확대, 증가가 계속되면서 신이 내린 풍요, 나일의 부는 점점 자주 그 바닥을 드러내고는 하였다. 면세지 및 면세자가 늘면서 국가의 세입은 줄어드는데, 국가 재원이 투입되어야 할 분야나 사안은 오히려 증가하였기 때문이다. 재정의 궁핍은 국가로 하여금 새로운 세원을 찾거나 외부로부터 부를 약탈해 오도록 부추겼다. 이집트 안의 이방인들이 세입의 증가를 추구하는 국가의 첫 번째 희생자 대열에 포함되었다. '국가 노예'로 사역되기 시작한 것이다.

신들과 신의 사제들로부터 오는 무거운 압박에 최초로 저항한 사람은 이집트의 통치자인 파라오 자신에 의해 시도되었다. 이집트 역사에서 아마르나 시대로 불리는 기원전 14세기의 일정 기간은 태양신 아텐을 유일신으로 삼으려는 파라오와 일부 귀족 계층이 주도한 '일신교' 운동, 이른바 이집트 종교개혁의 한 시기였다. 오랜 역사 속에서 이집트의 지배층이 신으로서의 엄격함 대신 인간적인 부드러움을 지닌 존재로 그려지고 형상화되는 첫 시기이다. 그러나 아텐 신 중심의 신앙 운동은 사제 계층과 왕실, 귀족 내 반대자들의 저항을 이겨내지 못하였다. 이집트판 종교개혁의 기운은 봄날의 한순간처럼 스러져버리고 그 자취조차 거의

---

42 온의 다른 이름은 헬리오폴리스, 벤세메스, 아웬이다. 태양의 도시, 신들의 집으로 불린 이 도시는 이집트 18왕조 아메노피스 4세(뒤에 아켄아텐으로 이름을 바꿈)에 의해 유일신으로 선언된 태양신 아텐 제의의 중심지였다.

대부분 지워져버리고 말았다.[43]

　봄날의 자유로운 분위기를 덮은 힘은 신과 사제의 특권을 그대로 두는 대신 국가 재정을 충당하기 위한 수단과 방법을 이방인들 및 이집트 농민의 국가 노예화에서 찾았다. 단순 이주자, 노동자, 기술자, 용병 등의 형태로 이집트에 흘러들었던 이방인들이 국가적 차원의 도로 공사, 축성 작업, 물품 생산노동 등에 최소한의 식사만을 제공받는 조건으로 동원되기 시작한 것이다. 자유민으로, 제한된 기간 동안, 특정한 토목공사 등에만 동원되던 사람들이 언제부터인가 온갖 종류의 국가 노동에, 상시적으로, 노예로 사역되게 되었다. 이와 같은 국가적 동원 대상에서 '히브리'인으로 불리던 야곱 족속만 예외가 될 수는 없었다. 어떤 의미에서는 이집트의 비자유민, 이방인 출신의 하층민들 모두가 히브리인이었기 때문이다.

3 — 히브리 사람의 삶

중근동 지역의 고문서나 금석문에서 자주 확인되는 '하비루, 하삐루, 아삐루'와 아브라함 족속의 별칭이던 '히브리'가 같은 말인지에 대해서는 아직 논란이 마무리되지 않았다. 하비루는 기원전 2000년대의 중근동 지역에서 일정한 직업이나 변변한 재산 곧 땅이나 가축이 없는, 이른바 땅에 뿌리내리지 못한 채 여기저기 떠돌아다니면서 삶을 꾸려나가던 사람들에 대한 일종의 비칭卑稱이었다.[44] 일

43　최고신 아문을 정점으로 하는 '신들의 세계'가 부정된다면 귀족들과 함께 이집트의 지배 계층으로 자리 잡고 있던 사제층의 존재 근거가 없어지게 된다. 이런 까닭에 아텐 신 숭배 운동은 처음부터 기득권층의 거센 저항을 받을 수밖에 없었다. 파라오 아켄아텐(아멘호테프 4세)이 죽자, 그 뒤를 이은 투트 앙크 아멘(투트 앙크 아텐, 투탕카멘) 시대에 아텐 신 숭배 운동의 흔적은 이집트 전국에서 철저히 지워진다. 아마르나 시대에 만들어진 왕실 사람들과 사제, 귀족들 무덤 내부의 상형문자 기록 일부, 혹은 상당 부분이 훼손된 채 발견되는 것도 이 때문이다.
44　원 뜻을 '먼지 많은 자'로 해석하기도 한다. 이로 볼 때 하비루를 한 사회의 주민으로 인정받지 못하고 곤궁하게 살아가던 사람들에 대한 통칭으로 보아도 큰 무리는 없을 듯하다.

그림 18
나귀를 모는 사람들, 이집트 룩소르 람세스 2세 신전 부조, 기원전 13세기

정한 시간이 흐르면서 이 비칭은 하나의 국가, 지역, 민족을 넘어선 계층 이름으로 바뀐다. 아브라함에게 붙여졌던 '히브리인'이라는 호칭은 어떤 형태로든 이 하비루라는 일반화된 명칭과 관련이 있음에 틀림없다. 그림 18

중근동의 하비루들은 다양한 방식으로 가진 것 없고, 뿌리 없는 자신들의 삶을 이어나갔다. 가장 일반적인 형태가 날품팔이 식의 삶이었으며, 흉년이나 심한 기근을 겪는 곳에서는 자신을 노예로 팔아 연명하였다. 용병살이는 막노동보다는 위험했지만 일정한 기간 의식주가 보장되었으므로 선호되었다. 흩어진 삶이 일반적이던 하비루들이 때로는 규모가 작은 성곽도시에서 무리를 이루어 폭동을 일으킨 뒤, 자신들이 살던 곳을 일종의 자유도시로 만드는 경우도 있었다. 그러나 그러한 상황을 맞게 된 도시들의 수명은 길지 못했다. 하비루 자신이 하나의 도시

라도 독자적으로 꾸려갈 능력이 없었기 때문이다. 잠깐 사이에 혼란에 빠진 하비루의 마을이나 도시는 다른 도시의 공격에 쉽게 무너지거나 공동체로서의 기능을 상실한 뒤 버려지고는 했다.

이집트는 기원전 2000년대 중반기에 이르러 혼란에 빠진 메소포타미아 및 아나톨리아 일대에 비해 안정된 사회 상태를 유지하고 있었다.[45] 중근동의 하비루들에게 이집트는 그들의 하루살이 삶이 보장될 수 있는 유일한 땅이었다. 중근동의 하비루들이 수단 방법을 가리지 않고 이집트로 들어가려 한 것은 당연하였다. 오늘날과 같은 엄격한 국경 관리는 이루어지지 않았지만, 고대에도 어떤 지역이나 국가로 들어가는 통로는 몇 갈래 되지 않았다. 때문에 병사나 관리들을 동원한 육로 및 해로로의 출입 통제는 그리 어렵지 않았다. 위험을 무릅쓰고 쪽배의 정박도 어려운 해변으로 상륙하거나 험하거나 척박한 지형 조건을 감내하며 길 아닌 길로 접근하지 않는 한 이집트로의 입국은 국경 검문소의 승인을 받아야 했다.

하비루 가운데 얼마나 되는 숫자가 정상적인 절차를 밟고 이집트로 들어갔는지는 알 수 없다. 합법적 체류자나 그렇지 못한 자나 이들에게 이집트에서의 삶이 가나안이나 메소포타미아에서의 삶보다 나았는지도 알 수 없다. 한 가지 확실한 것은 이들은 이집트에서도 하비루였다는 사실이다. 이집트인과는 구별되는 이방의 사람들로 취급받을 수밖에 없었다는 것이다. 이집트에서도 하비루는 용병, 막노동꾼, 날품팔이, 잡역부로 뿌리 없는 떠돌이 삶을 꾸려나갔으리라.

국가로서의 이집트가 사회 개혁을 추진하지 않은 상태에서 국경인 이집트 강 너머로 진출을 꾀하고, 이집트 자체의 방어력을 강화하고자 했을 때, 이들은 필요

---

[45] 이 시기에는 후리족을 선두로 한 민족이동의 물결이 중근동 전역을 덮다시피 하였다. 인도-아리안계 민족들이 인도, 이란 지역에 들어와 '주민'으로 자리 잡게 되는 것도 기원전 18세기에서 기원전 16세기 사이이다. 기원전 17세기경에는 중근동에 '제국'으로 불릴 수 있는 나라가 존재하지 않았다.

그림 19
하비루들의 노역으로 지어졌을 나일 강 연안의 신전 유적, 이집트 룩소르, 기원전 12세기

한 막대한 인적, 물적 자원을 어디에서 인출하고 공급받았을까. 무거운 세금과 지나친 병역에 시달리는 이집트의 일반 민중에 더 압박을 가하는 것은 국가가 자신의 뿌리를 스스로 캐내는 자살행위임이 명확했다. 그렇다면 가장 싸고 뚜렷하며 후환이 없는 노동력의 공급처를 어디에서 찾을 것인가. 하비루는 이집트가 동원할 수 있는, 국가가 굳이 아끼며 재생시키려 애쓸 필요가 없는, 단순 소모가 가능한 노동력 공급층이었다. 히브리인으로 불리던 고센 땅의 야곱 족속도 이집트로서는 하비루와 전혀 구별할 필요가 없으며 소모에 부담을 느끼지 않는 노동력 집단에 불과했다. 그림 19

해방의 길잡이 모세

이스라엘의 첫 역사는 출애굽, 곧 이집트 탈출이다. 이집트의 국가 노예로 국가가 필요로 하는 토목공사에 동원되던 한 무리의 비자유민, 그들과 뜻을 같이하는 잡다한 혈통의 사람들이 하나가 되어 자신들의 신에게 제의를 올리기 위해서라는 명분을 내세우며 파라오의 지배력으로부터 벗어난 것이다. 이집트 드림Dream을 꿈꾸며 찾아왔던 수많은 자유민들. 이런저런 이유로 이집트에서 삶을 영위할 수밖에 없던 동방 사람들. 저들 가운데 극히 일부는 그 꿈이 현실이 되는 놀라운 경험을 할 수 있었다. 그러나 나머지 절대다수는 힘든 노동이 따르지 않으면 생존이 불가능한 현실 앞에 꿈을 접어야 했다. 오히려 거기에서 한 걸음 더 나아가 아름다운 꿈이 악몽과 같은 현실이 되는 순간과 맞닥뜨리게 된 것이다. 이집트로의 이주 뒤 세대를 거듭한 이민 생활 끝에 야곱 족속이 겪게 되는 국가 노예로서의 삶도 수많은 동방의 이민자들이 겪게 되는 악몽의 일부에 불과했다.

이집트의 세력을 북으로 유프라테스 강 상류 지대까지 확장시킨 제18왕조의 후기에 유일신 아텐 숭배를 강조하던 아마르나 시대가 막을 내린다. 그림 20 아문-라 중심의 다신교 전통에 대한 전례 없는 도전과 이에 대한 반발로 이집트 내부는 혼란에 빠졌다. 이로 말미암아 이집트의 대내외적 영향력은 급속히 약화되고 위

★ 세 편으로 이루어진 '히브리 노예의 해방운동과 이집트 탈출' 편의 첫 장은 모세의 출현과 망명이다. 이 편의 기본 텍스트는 출애굽기1:15~2:25.

그림 20
태양신 아텐의 손길 아래 있는 파라오 아켄아텐과 왕비, 이집트 출토, 기원전 13세기, 베를린 알테 박물관

축되었다. 이러한 역사를 경험한 뒤 성립한 제19왕조의 모토는 강력한 이집트의 재건이었다. 이집트 내 하비루의 국가 노예화가 본격화된 것도 이 시기일 것이다.

힉소스 계열의 제19왕조는 힉소스 시대의 수도였던 아바리스를 재건하고 이곳을 왕조의 수도로 삼았다. 아바리스를 재건하기 위한 토목공사에 동원된 국가 노예 가운데 히브리인들도 있었다. 모세는 국고성 비돔과 라암셋 건축에 동원된 히브리인 노예들과 같은 혈통을 지닌 사람이었다.[46]

제19왕조는 힉소스 통치로부터 이집트를 해방시키고 힉소스 세력의 완전한 제거를 위해 가나안과 유프라테스 강 상류 지역까지 군대를 북진시켰던 제18왕조와는 분위기가 사뭇 달랐다. 모세는 이 19왕조의 한 왕녀의 손길을 받고 자란 히브리인 아이였다. 파라오의 왕실 가족 안에서 왕녀의 위치가 강화되면서 왕자로서의 모세의 지위도 확고해졌다. 힉소스 계열의 왕실 가족 안에서도 더욱더 이 방성이 강한 비이집트인 계열의 왕자로 두각을 나타내기 시작한 것이다.

이집트의 영광을 재현하려 했던 제19왕조 내부의 보이지 않는 고민 가운데 하나는 제18왕조의 성립 과정에서 강력하게 표명되고 대부분의 이집트인에게서 열렬한 지지를 받았던 '이집트 민족주의'의 적절한 관리였다. 더욱이 힉소스계열 왕들의 혈통과 닿아 있고, 옛 힉소스 왕조의 수도를 재건하여 새 왕조의 수도로 삼은 제19왕조의 파라오들로서는 사제 계층이나 귀족층으로부터 최소한 비이집트적이라는 평가는 받지 않도록 노력할 필요가 있었다. 왕실 가족 안의 히브리인 출신 왕자 모세의 존재는 이집트 민족주의를 자극하고 싶지 않았던 왕실 내 다른 가족들로서는 걱정거리 가운데 하나였다.

모세가 자신이 히브리인임을 언제, 어떻게 알게 되었는지는 알기 어렵다. 그러나 성경 속에서 모세는 갈대 바구니 안에 누인 채 나일 강을 떠돌다가 왕녀에게 건져진 뒤 자신의 친어머니를 유모로 삼아 성장한다. 그림 21 어쨌든 왕자 모세뿐 아니라 그의 양어머니이자 정치적 후견인이던 왕녀, 나아가 파라오 왕가의 주요 인물들 상당수가 그가 히브리인임을 알고 있었다. 문제는 히브리인 왕자 모세를 왕가의 일원으로 계속 받아들이고 있을 것인지, 적절한 계기가 마련되면 이집트의 정치, 사회적 중심과는 거리가 있는 곳의 통치자로 내보내면서 자연스럽게 이

---

46 라암셋(람세스의 집)은 새 왕조가 재건한 수도 아바리스의 다른 이름이다. 람세스 2세가 선왕 세토스 1세 때에 시작된 아바리스 재건 사업을 이어받으면서 이 도시에 붙인 별칭이다. 비돔은 고센 지역의 일부라고 할 수 있으며, 라암셋이 자리 잡은 나일 동북 델타 지대는 고센의 북쪽과 닿아 있다. 아바리스 주변 동북 델타의 변경 지대는 성경에서 '소안의 들'(시편78:12)로 일컫는 곳으로 히브리인들이 살던 지역의 일부였다.

그림 21
모세를 건져내는 파라오의 공주와 시녀들, 바티칸 시스틴 성당 장식화, 라파엘로 화파, 16세기

집트 왕가와의 관계를 정리하게 할 것인지였다. 왕녀의 정치적 지위가 결정적인 변수로 남아 있을 뿐이었다.

　성년에 이른 왕자 모세 역시 이 부분에 대하여 고민하였을 것이다. 최고 권력자, 곧 파라오의 자리에 오르거나 그의 주요한 심복으로 받아들여지고 그 자리를 유지하지 않는 한 너무나 쉽게 음모의 희생자가 될 수밖에 없는 왕가의 일원이라는 사실이 모세에게는 절망스러웠는지도 모른다. 이른바 왕가의 계곡에서 발견된 수많은 파라오 및 왕실 가족의 미라 가운데 상당수가 온전한 죽음을 맞지 않았음이 확인되듯이 동서고금을 막론하고 왕가의 구성원들은 삶에 대한 극단적인 선택을 강요받기 쉬운 존재였다.

히브리인 왕자 모세의 최종 선택은 정치적 망명이다. 히브리인 노예를 가혹하게 다루던 한 이집트인 관리를 살해하고 그의 시신을 감추어버린 것이 또 다른 히브리인 노예를 통해 관계 당국에 알려졌기 때문이다. 후견인이던 이집트 왕녀는 세상을 뜨고 왕자 모세의 정치적 지위는 말할 수 없이 불안정해지고 있던 때였다. 권력의 중심이 새 파라오에게로 옮겨가면서 정치적 숙정의 바람이 일기 시작할 즈음 '왕자 모세의 사건'이 일어난 것이다. 노예 담당 관리의 살해는 히브리인 노예의 폭동, 혹은 반란으로 인식될 수 있는 정치적 사건이다. 인격을 부정받는 노예, 말하는 도구로 인식되는 노예를 부리는 사회에서 주인에 대한 노예의 반발은 용납될 수 없었다. 더구나 왕가의 인물이 노예를 위해 그 주인을 상하게 한다는 것은 상상하기도 어려운 일이었다. 모세의 망명은 불가피한 선택이었다.[47]

하루아침에 제국의 왕자에서 지명수배자가 되어버린 모세가 자신의 몸을 숨길 만한 곳을 찾기는 대단히 어려웠다. 제19왕조의 힘은 북으로는 시리아, 남으로는 현재의 수단 지역에 이르고 있었다. 이집트 주변의 문명 지대 군소 도시국가 가운데 모세의 망명을 받아들여 이집트와 충돌하고, 이집트 군대의 침입을 자초하려는 곳은 없었다. 제국의 왕자였던 모세가 몸을 맡길 곳은 외진 곳에서 거친 삶을 꾸려가는 떠도는 무리들의 세계뿐이었다. 모세는 사막을 삶의 터처럼 여기며 살아가던 미디안 사람들 속으로 사라져버렸다.

이집트 궁정에서 모든 것을 누리며 자란 최고 신분의 사람 하나가 순간마다 생존을 위한 선택을 요구받던 사람들, 마른 빵 한 조각, 올리브 열매나 대추야자 한 알도 소중히 여기며 지니고 다니던 사람들의 세계로 들어간 것이다. 마음만 먹

---

[47] 모세의 망명은 상황에 내몰린 측면, 자의적 판단에 의한 측면도 지니지만, 이후 모세의 삶의 여정을 고려하면 히브리인의 하나님 야웨의 의도적 개입이라는 측면도 강하게 지닌다. 이집트 왕자로서 살았던 40년이라는 기간은 120년에 걸친 모세의 생애에서 마지막 40년을 위한 첫 번째, 혹은 1단계 훈련 기간에 해당한다.

으면 이 망명한 이집트 왕자를 붙잡아 보상금을 받고 이집트 관리에게 넘길 수도 있는 사람들이었다. 모세는 이들에게 자신의 몸을 의탁하고 불모의 땅에 흘러든 떠돌이로 살기로 한 것이다.

이집트 왕자로서의 삶을 일단락 짓고, 사막 사람으로서의 삶을 시작함으로써 모세는 모르는 사이에 '엑소더스'를 위한 두 번째 단계의 훈련을 받기 시작하였다. 히브리인 노예들의 대탈출, 해방자 모세를 위한 프롤로그가 두 번째 단계로 접어든 것이다. 모세에게 이집트 왕자로서의 삶은 앞으로 있을 이집트 왕, 혹은 이집트 제국이라는 국가권력과의 협상 능력을 갖추기 위한 준비 과정에 해당했다. 사막 사람으로서의 새 삶은 국가 노예로 살아야 했던 히브리인들의 삶을 이해하고 이집트 탈출 후에 계속될 시나이 광야에서의 방랑이 죽음의 행진이 되지 않게 하기 위한 서곡이었다.

대제국을 꾸려온 경험자들과 단순한 삶을 반복해야 했던 히브리인 사이에 집단의 운명을 건 협상이 순조롭게 진행되기는 '언어의 선택', 그야말로 대화의 시작부터가 어려웠을 것이다. 히브리인 모세는 이집트 궁정의 왕자로 성장함으로써 이집트의 학문과 관념 세계, 왕가의 예법과 정치 외교상의 교섭 방식을 몸에 익힌 사실상 유일한 히브리인이 되었다. 그런 그가 사막 사람으로 살게 됨으로써 이제는 거대한 불모지에서 최소한의 것으로만 살아나갈 수 있는 능력을 하나씩 차례로 경험을 통해 갖출 수 있게 된 것이다.[48] 히브리인 모세는 이집트 궁정에 들어가서 이집트 관리들과 맞닥뜨릴 수도 있게 되었을 뿐 아니라 거대한 불모지에서의 삶을 경험하지 않은 히브리인들을 광야에서 살아남을 수 있게 할 수 있는 단 한 사람의 히브리인이 되어가고 있었던 것이다.

---

[48] 야곱 족속이 도시와 광야 사이의 경계에 서 있던 반半유목민이었던 것과 달리 미디안 사람들은 오늘날의 베두인과 같은 전형적인 유목민으로 광야를 삶 터로 삼았다.

엑소더스
— 지루한 투쟁과 갑작스런 해방

1 — 만남, 소명, 결단

미디안 사람들의 세계로 들어가 미디안 사람이 되어 살던 이집트 왕자 출신의 히브리인 모세에게 어느 날 하나님은 히브리인 노예들의 세계로 들어가라고 말씀하셨다. 미디안 제사장 이드로의 딸 십보라를 아내로 맞아 게르솜을 비롯한 자녀들도 두고 안정된 삶을 꾸려나가던 모세를 하나님이 부르신 것이다.

하나님의 산 호렙은 시나이 광야 남단의 서편에 우뚝 솟은 불모의 산들 가운데 높고 험한 지세를 자랑하는 곳 중 하나였다. 산이 높고 골짜기가 깊은 만큼 군데군데 양 떼를 먹이며 쉬게 할 만한 곳도 있었다. 미디안의 목자 모세가 이곳을 찾은 이유도 여기에 있었다. 하나님은 떨기나무에 불붙은 불꽃으로 자신이 '이곳에 있음'을 나타내셨다. 불붙어도 타지 않는 나무, 현실에는 존재하지 않는 불꽃. 모세와 하나님의 만남은 문명 도시의 한가운데, 혹은 거대한 신전의 안쪽 깊숙한 곳에서가 아닌 광야 한가운데, 불모의 산 한 귀퉁이, 갈색 바위로 가득한 언덕 모서리에 뿌리내린 떨기나무 앞, 지켜보는 이도 지나치는 사람도 없는 곳, 목자를 의지하는 한 무리의 양 떼만 주변을 서성거리는 거친 땅의 외진 곳에서 이루어졌다. 그림 22

모세는 고민한다. 하나님은 왜 내게 이집트로 돌아가라고 하시는가. 히브리

★ 이 편의 기본 텍스트는 출애굽기 3:1~12:51.

그림 22-1
● 시나이 반도 남부의 산악 지대

사람들이 내 말을 들을까. 새 파라오 역시 히브리인과 함께한 내게 적의를 품지 않겠는가. 내가 히브리인과 이집트인 모두를 설득할 수 있을까. 노예로 살기에 익숙해진 히브리 사람들이 나와 끝까지 함께할까. 파라오와 그의 사제, 술사, 관리들의 갖가지 마법과 폭력, 박해를 히브리 사람들이 끝까지 견딜 수 있을까. 나 역시 끝까지 버티어낼 수 있을까.

'스스로 있는 자'[49] 야웨 하나님이 모세로 하여금 땅에 던져서 뱀으로 변하게

---

[49] 출애굽기3:14.

그림 22-2
●● 하나님과 대면하는 모세, 유화, 도메니코 페티, 18세기

한 지팡이는 목자의 가장 주요한 일상 용구 가운데 하나이다. 양 떼를 몰 때에, 양에게 달려드는 사나운 짐승들을 쫓아버릴 때에, 지친 자신의 몸을 지탱하고 다니는 곳의 안전을 확인하려 할 때에 목자의 지팡이는 없어서는 안 될 만능 도구였다.

분신과 같은 목자 지팡이가 땅에 던져지자 뱀이 되어 자신에게 덤벼드는 것이 아닌가. 뱀은 매와 함께 이집트 왕권의 상징이다.[50] 모세는 그 뱀의 힘을 피하여 미디안으로 들어왔고, 미디안의 목자가 된 것이다. 광야 가운데 솟아오른 산과 골짜기에서도 뱀은 목자의 안전을 소리 없이 위협하는 위험스런 동물이다. 그 꼬리를 잡아 다시 지팡이로 돌아오게 함으로써 모세는 위험에서 벗어났을 뿐 아니라 뱀을 다스리는 힘을 지닌 존재가 되었다. 미디안 목자 모세가 지팡이 하나에 의지하여 뱀과 매의 제국 이집트로 하여금 히브리인 노예들의 해방에 동의할 수밖에 없게 만드는 상황이 이제 눈앞의 현실로 나타날 수 있게 된 것이다.

문둥병은 파라오조차 두려워하던 저주스러운 병이었다. 뱀의 재생력조차 문둥병은 어찌할 수 없는 것으로 믿어졌다.[51] 문둥병에 걸린 자는 신조차도 함께하기를 꺼려 사람도 신도 만날 수 없는 곳으로 쫓겨가 살 수밖에 없었다. 하나님은 문둥병조차도 마음대로 할 수 있는 참 신神, 신으로 불릴 수 있는 유일한 분임을 모세로 하여금 알게 하셨다. 모세의 손은 눈처럼 희어졌다가 본래대로 되었다. 하나님은 또한 신성한 나일의 물을 희생의 피로 바꾸실 수 있는 분, 세상의 어떤

---

50 잘 알려진 것처럼 파라오 왕관의 앞부분을 장식하는 독수리와 코브라는 각각 상이집트를 상징하는 독수리 여신 네케베트와 하이집트를 수호하는 코브라 여신 와제트를 나타내는 수단이다. 파라오의 왕관 장식은 이 왕관을 쓴 자가 두 세계를 하나로 만들어 자신의 지배 아래 두고 있는 존재임을 알리는 표지물인 것이다.
51 성경에서 언급되는 문둥병은 한센병뿐 아니라 곰팡이류에 의해 발생한 피부병까지 포함한 개념이다. 건물, 가구, 옷, 사람의 피부에 눈에 띌 정도로 번진 피부병 종류들은 더 이상의 처치가 어렵다고 여겨졌으므로 파괴하거나 불에 태워 없애는, 혹은 격리시키는 방법 등을 통하여 더 이상 번지는 것을 막았다. (레위기13:1~14:57)

것에도 생명을 불어넣으실 수도 있고, 생명을 되찾아갈 수도 있는 분임을 모세에게 알려주었다. 이 모든 능력이 모세를 통해 펼쳐질 것임을 모세에게 말씀하셨다.

그럼에도 모세는 망설이며 하나님께 고백한다. 주여 저는 말주변이 좋지 않습니다. '입이 뻣뻣하고 혀가 둔한 자입니다.'[52] 모세는 말 잘하는 형 아론을 함께 일하는 자, 자신의 뜻을 전하는 자로 얻게 되어서야 이집트행을 결심한다. 미디안 목자에서 히브리인 노예해방의 지도자로 변신하기로 한 것이다. 모세의 세 번째 인생행로, 오랜 준비와 경험을 거친 자의 새로운 삶, 현실적으로는 기약할 수조차 없지만 하나님을 향한 믿음으로는 성취할 수 있는 꿈같은 미래를 향한 걸음이 시작된 것이다. 모세가 지니고 다니던 목자의 지팡이는 이제 하나님의 지팡이가 되었다.

2 — 해방을 위한 투쟁

투쟁은 지루하고 위험스러웠다. 이집트는 국가의 주요 재산인 노예 집단을 잃고 싶지 않았고, 히브리인 노예들은 힘들고 어려운 삶을 거치면서 해방되고 싶지는 않았다. 하나님의 산으로 찾아온 아론과 대화를 나누면서 이스라엘 자손의 노예살이를 반드시 끝내자고 다짐하고, 이집트로 돌아와 '노예해방 운동'에 대한 이스라엘 장로들의 동의도 받았다. 그러나 현실은 생각 이상으로 완강하게 '꿈'을 거부하였다.

모세는 미디안 목자로 살면서 아들의 할례를 행하지 않았다가 이집트로 돌아오는 길에서 하나님께 죽임을 당할 뻔한 일, 아내 십보라가 길섶의 차돌로 아들의 할례를 행함으로써 위기를 벗어났던 순간을 돌이켜본다.[53] 노예살이에 익숙해진 히브리 사람들의 삶은, 저들의 고난이 깊어질 대로 깊어지는 어느 순간 모세와 그

---

52 출애굽기4:10.

가족이 겪었던 것처럼 저들 자신에 의해 깨쳐지고 새로워지지 않을까. 그런 날이 반드시 오지 않겠는가. 해방 투쟁을 이끄는 자신과 아론을 오히려 원망하는 히브리 노예들 앞에서 모세는 스스로에게 다시 묻고 다시 답하기를 거듭할 수밖에 없었다.

모세가 행한 이적을 보며 이스라엘 백성들은 그를 하나님의 사자로, 노예살이 속에서도 그들의 하나님으로 믿고 있던 야웨가 보낸 사람으로 받아들였다. 자신들의 해방을 위해 애썼던 히브리인 출신 이집트 왕자에 대한 기억을 되살리며, 하나님의 사람 모세가 이 이적을 행한 능력으로 이스라엘을 쉼 없이 이어지는 힘든 노예노동에서 벗어나게 해줄 것으로 기대했다. 그러나 파라오의 궁정으로 들어갔던 모세와 아론이 가지고 나온 것은 '해방 선언'이 아니었다. 파라오의 관리들이 하나님의 사람들 뒤를 따라나와 전한 것은 더욱더 힘든 조건 아래 노예살이가 계속되리라는 소식이었다.

파라오를 대표로 하는 이집트 국가권력의 입장에서 볼 때, 파라오 자신이 언급했듯이 이스라엘 백성은 역사役事를 담당하는 자들이었다. 국가가 마음대로 부릴 수 있는, 배운 것도 가진 것도 없는 자들. 이집트 시민권을 받지 못한 자들이었다. 이집트의 수많은 신전들과 신전에서 일하는 사제들이 면세의 특권을 계속 누리려면 무상에 가까운 비용으로 온갖 토목공사와 일반 노역에 동원할 수 있는 떠돌이들을 붙잡아둘 필요가 있었다. 권리를 주장할 수 없고, 일하는 의무만이 요구되는 바닥 세계의 사람들을 소유하고 있어야 했다. 파라오가 모세 일행이 요구한 히브리 노예해방을 거부한 것은 그들로서는 당연한 반응이었다.

---

53 태어난 지 8일 만에 모든 이스라엘 남자들에게 행하게 되어 있는 할례는 하나님과 사람 사이에 맺은 언약의 육체적 표지로 여겨졌다.(창세기17:10~14) 미디안 목자로 살던 모세는 십보라와의 사이에 낳은 아들이 히브리 남자가 아닌 미디안 사람으로 살게 했다. 이런 상태에서 히브리인의 세계로 들어가 히브리 관습법의 적용을 받게 된다면 '언약을 배반한 자로 백성 중에서 끊어져질 수밖에' 없게 된다.(창세기17:14)

그림 23
신전 유적, 이집트 룩소르, 기원전 13세기

　당국이 벽돌을 만드는 데에 필요한 짚은 공급하기를 거부하면서 생산량은 그대로 유지할 것을 요구하자 이스라엘 사람들의 고역은 오히려 무거워졌다. 그림 23 이스라엘의 지도자들은 책임량 달성에 실패한 데 대하여 이집트 관리들로부터 질책받고, 더 나아가 매질까지 당하며 주요한 건축자재인 벽돌 생산량을 지켜줄 것을 요구받았다. 더욱 심해진 노예노동은 지도자에 대한 백성들의 불신과 모세에 대한 불만과 원망을 낳았다. 결국 불신과 원망에 포위된 모세는 하나님의 약속에 대해 회의하게 되었다. 파라오와 그의 참모들이 의도했던 것도 바로 이런 것이었다.
　모세는 회의와 항의를 담은 기도로 하나님과 다시 만났고 하나님의 변함없는 약속을 확인하였다. 비록 모세가 다시 전한 해방의 언약을 백성들은 받아들이기를 거부했지만 그는 '내가 너로 파라오에게 신이 되게 하였'다는[54] 야웨의 말씀에 의지하여 대언자代言者 아론과 함께 다시 한 번 파라오의 궁정으로 나아간다. 이스라엘 백성들의 원망과 거부, 짚을 받아 벽돌을 만들던 상태로 돌아가고 싶어 하는 히브리 노예들의 참담한 패배의식을 등 뒤로 떨쳐버리고 태양신의 화신으로 일컫던 파라오에게로 나아간 것이다.

아론이 던진 지팡이가 뱀이 되어 이집트 마술사들의 뱀이 된 지팡이들을 모두 삼켰다. 그림 24 신의 화신으로서의 자신의 힘과 권위가 부정되었지만 파라오는 노예해방을 거부하였다. 모세는 아론을 통해 나일 강의 물을 피로 바꿈으로써 신성한 나일의 신 크눔, 하피, 나일의 여신 세르켓이 히브리 사람의 하나님에 의해 죽음 당함을 확인시켜주었다. 이를 본 이집트 마술사들은 피를 물로 바꾸어 신을 되살리기보다는 아론의 흉내를 내 다른 물들을 피로 바꾸는 데에 그친다.[55] 파라오는 나일의 풍요에 의지해온 모든 생명이 그 생명을 잃거나, 잃을 위험에 처하게 되었음을 깨닫는다. 그럼에도 파라오는 노예해방을 거부하고 자신의 궁으로 돌아간다.[56] 아론이 팔을 펴 이집트의 모든 물에서 개구리가 올라오게 하여 풍요의 신을 재앙을 주는 존재로 바꾸어버리자, 이집트의 마술사들은 여전히 아론의

---

54 출애굽기 7:1.
55 이하의 열 가지 재앙은 이집트의 '신들'이 실제로는 사람이 만들어낸 것, 하나님을 알지 못하는 상태에서 피조 세계의 존재와 현상들을 자의적으로 해석한 결과에 불과함을 입증하는 과정이다. 이집트의 신화와 종교에서 자연 세계에서 일어나는 모든 현상은 그 하나하나가 신들의 세계에서 일어나는 제반 사건의 반영일 뿐이다. 이집트인들에게 사람과 자연은 본질적으로 신에게, 현상적으로는 그 대리자인 파라오에게 철저히 종속된 존재였다. 성서고고학자들은 열 가지 재앙이 크레타 문명의 멸망 원인으로 꼽히기도 하는 기원전 16세기경의 지중해 테라 섬의 화산 폭발과도 관련 있는 것으로 이해하고 있다.(『김성 교수의 성서고고학 이야기』)
56 나일의 신 하피는 나일의 정기적인 범람을 가져오는 번영과 풍요의 신으로 죽은 자가 천국으로 가는 길인 '하늘의 강' 그 자체이기도 했다. 따라서 나일 강에 대한 심판은 이집트 사람들이 꿈꾸던 내세의 삶, 영원의 삶이 히브리인의 하나님에 의해 부정당하는 것이기도 했다. 숫양의 머리를 지닌 크눔은 나일의 수원지를 보호하는 신으로 믿어졌다.

그림 24
점성술사들이 모시던 지혜의 신 토트, 이집트 룩소르 신전 부조, 기원전 12세기

흉내를 내는 데에 그친다. 오히려 이집트인들은 자신들이 숭배하던 풍요의 신을 스스로 부정하는 결과를 초래하고 만 것이다.

국가적 제의의 대상들이 히브리 노예의 대표들 앞에서 신격을 잃고 부정되는 현상이 잇달아 벌어지자 파라오는 내심 크게 당황한다. 국가권력의 중요한 축이던 신전 사제들과 모세 일행 사이에서 파라오는 어쩔 줄을 모르게 된다. 모세와 아론에게 개구리 재앙을 물리쳐줄 것을 요구하면서 파라오는 처음으로 히브리 노예의 해방 가능성을 언급하기 시작한다. 집에서, 마당에서, 밭에서 나와서 죽은 개구리들은 더 이상 풍요의 신을 대신하는 존재가 아니라 악취의 진원이 될 뿐이었다. 개구리의 몰살은 개구리 형상의 여신 헤크트의 죽음을 연상시켰다. 그러나 눈앞의 재앙이 물리쳐지자 파라오의 태도는 다시 이전과 같은 상태로 되돌아가고 만다.[57] 이제 남은 것은 야웨 하나님에 의해 이집트 사람들이 믿던 신들의 죽음이 계속되는 일뿐이었다.

땅의 티끌이 이가 되게 하는 재앙을 통해 이집트 사람들이 중요시하고 숭배하던 풍요와 초목의 신이기도 한 대지의 신 게브, 풍요의 모신 아마우넷, 비옥한 나일의 대지인 신 타테넨이 자신의 신격을 부정받게 되었다. 곡식을 내고 익게 하며 가축에게 풀을 주던 땅으로부터 이가 나와 사람과 생축에게 고통을 주게 된 것이다. 티끌을 이로 만드는 것은 이집트 마술사들로서는 상상도 할 수 없고 흉내도 낼 수 없는, '히브리 사람의 하나님'만이 할 수 있는 권능이었다.

사제들조차 흔들렸지만 파라오의 태도는 바뀌지 않는다. 적어도 그에게 직접 오는 피해와 고통은 그리 크지 않기 때문이다. 파리의 재앙은 이스라엘 백성들이 살던 고센과 이집트의 다른 지역을 구분하게 한다. 허공을 가득 채운 파리들로 말미암아 이집트 사람들이 믿던 공기의 신 슈, 수증기의 여신 테프누트는 숭배의 대상으로서의 힘을 잃게 되었다. 하늘과 땅, 만물을 주관하는 힘이 파라오와 사제들이 의지하던 하마와 매, 자칼, 고양이, 악어, 숫양 머리의 신들에게 있는 것이 아님이 입증된 것이다. 궁극적인 힘은 이스라엘의 하나님 야웨로부터 나옴이 다시 한 번 구체적으로 확인되었다. 그림 25

파라오는 이스라엘 백성이 이집트 땅 안에서 그들 고유의 제의를 할 수 있게 하겠다는 제안을 한다. 모세가 그 제안을 거절하자 광야에서의 희생 제의를 허용

---

57 개구리 머리의 여신 헤크트는 이집트 사람들에게 풍요의 신이자 출산의 신으로 숭배되었다.

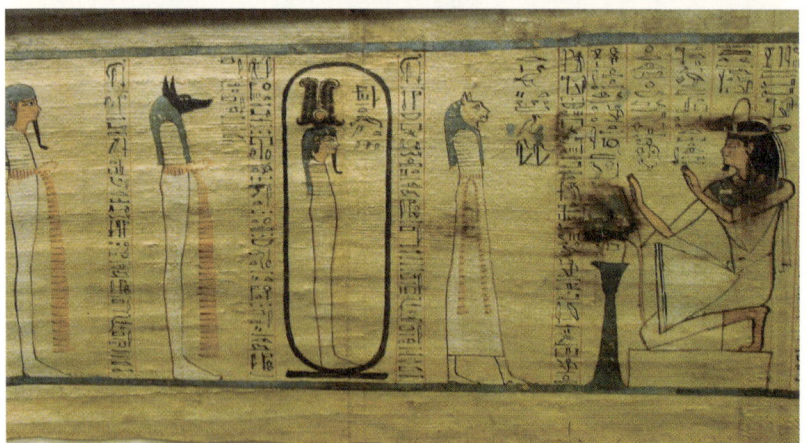

그림 25
- 따오기와 비비원숭이 모습으로도 표현된 신 토트, 이집트 출토, 베를린 알테 박물관
- 파피루스에 그려진 이집트의 신들, 이집트 출토, 베를린 알테 박물관

하되 이집트의 세력권 바같으로 나가지 않기를 요구한다. '너희는 나를 위하여 기도하라'[58]는 말로, 알지도 못하고 관심도 없다고 하던 히브리 사람의 하나님이 신이라는 사실을 인정한다. 물론 파라오의 관념 속에서 히브리 노예들의 하나님은 이집트 사람들이 믿던 수많은 신들 가운데 상대적으로 강력한 힘을 지닌 신들과 비슷한 존재였다.

악질의 재앙 역시 이스라엘 사람의 가축과 이집트 사람의 가축을 구별하였다. 가축의 신 프타는 하나님이 내린 악질惡疾에서 어떤 가축도 건져내지 못하였다. 모세가 파라오 앞에서 풀무의 재를 날려 일으키게 한 독종毒腫의 재앙은 이집트의 마술사들조차 비켜가지 않았다. 암사자 모습의 여신 세크메트도 이 재앙을 물리치는 데에 아무 도움이 되지 않았다.[59] 모든 사람과 짐승이 이 독종으로 고통받았으나 파라오의 태도는 이전과 같았다. 그림 26

우박의 재앙이 예고되자 이집트 사람들은 이 말씀을 마음에 두는 자와 그렇지 않은 자로 나뉘었다. 이미 대지의 신 게브, 공기의 신 슈를 비롯하여 신이 아님이 판명된 신들의 세계에 여전히 남아 있는 자와 그 세계에서 벗어나 야웨 하나님을 믿게 된 자로 나뉜 것이다. 하늘로부터 내려온 뇌성과 우박과 불이 땅을 덮고 휩쓴 뒤, 집안으로 피신하지 않았던 모든 것, 사람과 짐승과 밭의 채소와 들의 나무가 죽음의 손길을 받았다. 이스라엘 사람들이 살던 고센은 이 재앙에서 제외되었고, 하나님의 말씀을 마음에 두었던 이집트 사람들과 그들의 소유는 피신을 통하여 구원을 받았다.

---

58 출애굽기8:28.
59 암소 모습의 여신 하토르의 분신이기도 한 세크메트는 파괴와 재생의 여신으로 믿어졌으며 사나운 암사자의 모습으로 표현되었다. 역병을 내리기도 하고 거두기도 하던 여신 세크메트의 재생 능력이 하나님이 내린 독종의 재앙 앞에서는 무력하기만 했던 것이다. 그리스 신화에서 하토르는 아름다움의 여신 아프로디테로 모습을 바꾼다.

그림 26
악질 재앙과 우박 재앙, 성경 삽화, 14세기

뇌성과 불, 하늘에서 내리는 재앙은 가나안에서는 바알로 불리던 뇌성의 신만이 행사할 수 있는 능력이었다. 그런데 모세는 지팡이를 들어 뇌성, 우박을 내리게 하고 손을 펴 이를 그치게 함으로써 바알이라는 존재를 부정하였다. 결국 '내가 범죄하였노라'는[60] 파라오의 고백을 끌어내지만 히브리 노예의 해방은 여전히 실현 가능성만을 담은 꿈으로 남아 있었다.

메뚜기의 재앙이 예고되자 이제는 파라오의 신하들이 적극적으로 히브리 노예의 해방을 건의한다. 사회경제적 손실이 히브리 노예를 붙잡아 두어서 생기는 이익을 넘어서고, 더하여 신들의 나라 이집트가 그 바닥부터 흔들리고 깨지는 현상을 막기 위해서였다. 이집트의 사제와 관리들로서는 이미 1,500여 년의 이집트 역사에서 수십 차례 겪은 메뚜기 재앙의 결과에 대해 너무나 잘 알고 있었다.[61] 뿐만 아니라 뇌성의 신을 포함한 모든 하늘의 신이 부정됨으로써 파라오를 정점으로 한 신정국가 체제가 근본부터 무너지는 것을 보고 싶지 않았다. 파라오는 이스라엘의 젊은 남자들만 광야로 가서 야웨를 섬기게 함으로써 모세를 지도자로 한 노예해방 운동에 종지부를 찍으려 했지만 타협안은 거부되었다. 그림 27

동풍을 타고 온 메뚜기는 우박 재앙을 면한 이집트의 나머지 푸르름을 모두 갉아먹어버렸다. 사제들이 목 놓아 불렀지만 추수 때의 풍요를 보장하던 코브라 머리의 여신 레네누렛은 대답하지 않았다. 이집트의 경제만 끝장 난 것이 아니라, 파라오 체제의 근간이 되었던 이집트 백성의 소박한 자연신 신앙도 근본적인 도전을 받게 되었다. 우리가 믿던 신들이 과연 참 신인가. 뇌성의 신, 바람의 신, 신

---

60 출애굽기9:27.
61 이스라엘의 선지자 요엘은 하나님에 의한 심판의 결과가 메뚜기 떼의 재앙으로 겪는 황폐함과 같은 것이라고 하며 이스라엘의 회개를 촉구한다.(요엘서1~3) 이는 중근동과 북아프리카 일대의 주민들이 겪은 메뚜기 떼 재앙의 피해가 어느 정도였는지를 짐작하게 한다. 지금도 메뚜기 떼의 재앙이 닥칠 경우, 아프리카 국가들은 연간 곡물 생산량의 1/3 이상을 잃는다고 한다.

그림 27
메뚜기 재앙과 흑암의 재앙, 성경 삽화, 14세기

성한 나일과 대지의 신, 곡식과 가축의 신, 하늘과 별들의 신들이 과연 우리를 지켜줄 수 있는가. 우리의 수많은 신들이 저들 이스라엘 사람들의 하나님 야웨 한 신보다 못한가.

파라오는 '너희 하나님 야웨께 구하여 이 죽음만을 내게서 떠나게 하라'고[62] 하였다가 재앙이 그치자 마음을 돌이켜버렸다. 파라오와 이집트를 향한 다음 재앙은 흑암黑暗이었다. 이집트는 3일 동안 캄캄한 어둠 속에 있게 되었지만 이스라엘 자손이 살던 땅 고센에는 여전히 빛이 있었다. 태양신 아문-라가 죽임을 당한 것이다. 살아 있는 호루스이자 창조주이며 태양신 라의 현신現身이라 믿어지고 숭배되던 파라오가 신이 아니라는 사실이 입증된 것이다. 그림 28 파라오의 사제들도 일시적인 일식日蝕을 태양신의 일시적인 패배, 죽음의 신의 잠깐 동안의 승리로 설명할 수는 있었다. 그러나 3일 내내 태양이 어둠에 가려 존재를 부정당하는 일은 상상조차 할 수 없었다.

파라오의 마지막 타협안은 양과 소는 남겨두고 사람만 떠나라는 것이었다. 모세의 대답은 '왕이라도 우리 하나님 야웨께 드릴 희생과 번제물을 우리에게 주어야' 한다 였다.[63]

마지막 재앙은 장자의 죽음이었다. 이집트인의 종교 생활에서 태양, 대지, 풍요의 신 이상으로 숭배받던 죽음의 신, 사자死者의 신조차도 감히 행할 수 없는 모든 장자와 첫 새끼의 죽음이 야웨의 사자를 통해 이루어진 것이다. 이집트인이 이름을 부르기조차 꺼리던 죽음의 신도 히브리인의 하나님에 의해 부정되고 말았다. 옥에 갇힌 사람의 장자, 맷돌 뒤에 있는 여종의 장자뿐 아니라 파라오의 장자까지 양의 피가 문의 인방과 좌우 설주에 뿌려지지 않은 집의 모든 처음 난 자가

---

[62] 출애굽기10:17.
[63] 출애굽기10:25.

그림 28
태양신 아문-라의 보호를 받는 파라오와 왕비, 이집트 룩소르 왕의 계곡 출토, 기원전 13세기, 카이로 박물관

그림 29
죽은 자의 몸을 장식하는 자칼 머리의 신 아누비스, 목관 칠화, 이집트 룩소르 출토, 기원전 10세기, 카이로 박물관

재앙의 밤을 넘기지 못하였다. 명계冥界의 신 오시리스, 그의 배우자 이시스 여신의 존재는 어디에서도 확인되지 않았다. 그림 29

　히브리인이 기르던 양과 소도 남겨두게 하려 했던 파라오와 그 신하들, 그들을 믿고 따르던 이집트 사람들은 이제 한시라도 빨리 히브리 사람들이 이집트 땅에서 떠나기를 원하게 되었다. 은금 패물과 의복을 저들에게 건네며 재앙의 밤이 지나기 전에 이집트를 떠날 것을 요구하였다. 히브리 사람들은 발효되지 못한 반죽으로 구운 무교병과 반죽 담은 그릇을 옷에 싸서 어깨에 메고 자신이 기르던 가축과 함께 급히 그들의 집과 거리를 떠나게 되었다.[64] 자유를 위한 투쟁은 지루하게 진행되었지만, 해방은 한밤중에 갑자기 그들에게 선언된 것이다.

3 — 해방

이스라엘의 진정한 역사는 이집트로부터의 탈출, 노예해방을 위한 기나긴 투쟁 과정과 그 결과에 대한 기억과 해석으로부터 시작된다. 하늘의 자손, 혹은 특별히 성스러운 어떤 존재의 자손임을 주장하고 과시하며 역사의 첫 장을 열기 마련인 이방 민족들과는 구별된다.[65] 또한 신성한 혈통을 이어받은 한 겨레라는 사실을 강조하는 이방 민족들과 달리 이스라엘은 약속받은 자들, 곧 야곱의 자손들 외에도 야웨 하나님을 믿는 모든 사람들, 엑소더스에 참여한 모든 자들이 구원 역사의 무대에 함께 섰다는 사실을 강조한다.

저들은 팔레스티나와 시리아, 유프라테스 강 상류 서안의 강자로 군림하게 된 이후에도 자신들의 조상이 이집트에서 노예살이를 했으며, 하나님의 인도로 이집트에서 탈출하여 자유인이 되었다는 사실을 기념한다.

한밤중에 양이나 소를 잡아 그 피를 문 인방과 설주에 바른 뒤, 허리에 띠를 띠고 발에 신을 신고 손에 지팡이를 잡은 채 희생된 짐승의 고기를 불에 구워 무교병과 쓴 나물과 함께 급히 먹는 의식을 해마다 반복한다. 죽음의 재앙이 내 집을 지나간 날, 곧 유월절을 기념하는 의식이 해마다 7일간 계속되었다. 그 날들을 지내면서 죽음의 밤과 탈출의 순간, 자유를 향한 행군을 경험하지 못한 자녀들에게

---

64 고대인이 정상적인 거래 절차를 밟지 않은 상태에서 귀중한 '은금 패물'을 얻는 방법은 약탈이었다. 은금 패물을 가진 자가 약탈을 겪지 않고 이것들을 의미 있게 쓰는 방법이란 '신'에게 바치는 것이었다. 이집트인들이 히브리 노예들에게 은금 패물을 건네는 과정은 약탈당하는 면과 히브리 사람들의 신에게 봉헌하는 측면을 동시에 지닌다. 주인이 노예를 해방시키며 노예를 집에서 내보내기 위해 은금 패물을 제공한다는 이 줄거리는 매우 특별한 상황이 펼쳐지지 않는 한 상정하기 힘든 경우이다.

65 이스라엘 민족 외에는 떠돌이에서 노예를 거쳐 자유인이 되었다는 식으로 민족 역사의 첫 장을 서술하고, 이 사실을 개인, 가족, 민족 단위로 수없이 되뇐 사례를 찾을 수 없다. 이런 면에서 이스라엘의 역사 인식과 서술은 고대의 민족들이 저들의 역사를 성스러운 이야기, 신이나 신비한 존재와 혈연적 관계가 맺어지는 저간의 사정을 알리는 신화적, 서사적 설명으로 시작하는 것이 통례인 점과 특별히 대비된다.

역사의 현장, 이집트에서 노예살이를 하던 자들로부터 비롯된 민족 역사의 첫 장을 체험하게 하는 것이다.

모세는 요셉의 해골을 가지고 이집트를 떠난다. 약속의 땅, 가나안 마므레 상수리나무 옆 막벨라 굴, 아브라함과 이삭과 야곱이 누운 곳, 히브리 사람들의 조상의 무덤에 장사 지내기 위해서이다. 족장 시대의 말기, 요셉이 죽기 전에 남긴 예언, 이집트에서의 해방과 탈출이 이제 실현되었기 때문이다. 요셉의 해골을 가지고 나가겠다는 이스라엘 자손들의 맹세가 지켜질 차례가 된 것이다.

이스라엘 백성은 온 땅을 덮은 기근을 피해 세속에서 말하는 꿈의 땅 이집트로 들어갔다. 비록 이집트인과 섞여 살지 않아도 되는 곳, 나일 동쪽의 변경 지대 고센을 터로 삼게 되었지만, 꿈의 나라 이집트에서 살면서 가나안의 떠돌이 자유인이던 이스라엘 사람들은 벽돌을 굽는 히브리 노예로 모습이 바뀌었다. 불안정한 떠돌이 자유인 생활을 하지 않아도 되었지만 그 대신 안정된 붙박이 국가 노예로 살게 된 것이다.

모세는 80년에 걸친 시행착오와 준비 기간을 거쳐 히브리 노예해방 운동의 전면에 나섰고, 아론과 다른 동조자들의 적극적인 신뢰와 협조 속에 이집트 정부를 압박해 나갔다. 히브리 노예들의 회의와 체념, 히브리 지도자들의 불안정한 태도 및 이중적인 자세에도 불구하고 해방운동은 끈질기게 계속되었다. 결국 야웨 하나님의 강한 의지, 적극적인 개입 앞에 이집트 정부의 다양한 회유와 타협책은 무력화되었고 노예해방은 갑작스럽고 전면적인 방식으로 이루어졌다. 오히려 이제 문제의 소지를 안게 된 것은 구름기둥과 불기둥을 길잡이로 삼고 광야 길로 나서게 된 노예 출신 자유인들 자신이었다. 꿈의 땅 이집트에서의 안정된(?) 노예살이에서 벗어나 '오늘'의 삶조차 보장되지 않는 자유인으로 살 준비가 되었느냐는 것이다. 의무의 이행으로 끝나는 삶에서 권리를 책임지는 삶을 꾸려갈 각오가 되어 있는지였다.

신국에서 왕국으로

시나이 광야에서
─ 노예의 죽음, 자유인의 탄생

1 ─ 세속 천국과의 결별

해방을 선언받고 자유를 찾은 자, 새 역사의 첫 걸음을 내디딘 자들이 처음으로 맞닥뜨린 난관은 길이 끝난 곳에서 눈앞을 가로막고 있는 갈대바다였다. 시나이와 이집트 사이에 남북으로 띠를 이루며 펼쳐진 늪과 호수들은 지리적으로 이집트와 그 바깥의 세계를 둘로 나눈다. 갈대가 우거진 국경 지대 서편의 땅과 하늘은 천수백 년 동안 문명의 중심으로 번영을 누리는 파라오와 신전 사제들의 나라이고, 늪과 호수들 동편의 세계는 불모와 야만의 지대이다. 문명에 익숙한 자에게는 죽음의 땅이요, 문명에 낯설어하는 자에게는 자유의 공간이다. 모세에게 인도된 이스라엘 사람들, 그들과 함께하는 자들이 지리적 경계, 문명의 경계, 종교 신앙의 경계 앞에 서게 된 것이다.

바다 앞에 선 자들의 등 뒤에서는 말이 달리고, 전차 바퀴가 구르는 소리가 요란하다. 국가 노예라는 큰 재산 잃기를 못내 아쉬워한 파라오와 이집트 군대가 히브리 사람들을 뒤쫓는 소리이다. 이 진퇴양난의 절박한 위기 앞에서 이스라엘

★ 이 편의 기본 텍스트는 출애굽기13:1~민수기14:45. '홍해'라는 용어는 아람어 성경을 헬레니즘 시대의 알렉산드리아에서 헬라어로 옮겨 쓰는 과정에서 일어난 잘못된 이해, 해석, 번역의 결과이다. 70인역으로 알려진 헬라어 성경의 출현 이후 이루어지는 모든 번역이 70인역을 기본 텍스트로 삼게 됨으로써 홍해가 갈대바다를 대신하게 된 것이다.

그림 30
이집트의 풍요, 귀족 세네젬 묘실 벽화, 이집트 테베, 기원전 15세기

사람들은 모세를 격려하며 함께 싸우자고 말하지 않는다. '우리를 버려두라고 하지 않았는가. 우리가 이집트 사람들을 섬기겠다고 하지 않았는가. 이집트 사람들을 섬기는 것이 광야에서 죽는 것보다 낫지 않겠는가.'[01] **그림 30**

낮에는 구름기둥이, 밤에는 불기둥이 그들을 인도한 지 여러 날이지만 바다 서편의 땅에서 히브리 사람들은 여전히 '노예'였다.[02] 몸은 일시적으로나마 자유로

01 출애굽기 14:12.

워졌지만 정신은 변함없이 채찍으로 맞으며 벽돌 구워내기에 바쁘고, 한나절 중노동의 대가로 주어지는 한 끼의 고깃국에 감지덕지하는 이방 출신의 국가노예였다. 구름기둥과 불기둥이 옛 주인들과 자유인이 된 노예들 사이를 가로막고 지나온 세계는 구름과 시커먼 어둠 속에, 나아가는 땅은 밝은 빛 아래 있게 하였다. 그러나 이스라엘 사람들의 귀에 들리는 것은 말의 울음소리, 어지러운 전차바퀴 소리, 창과 칼, 방패가 절거덕거리는 소리, 병사들이 고함지르고 웅성거리는 소리였다.

큰 동풍이 바다를 둘로 나누었다. 광야를 향한 외길을 만들었다. 앞은 열려 있고 뒤는 막혔다. 이스라엘이 지나간 곳은 다시 바다가 되었고, 아직 닿지 않은 곳은 길로 남아 있었다. 이미 이스라엘은 돌아설 수 없는 길로 들어섰고 이제 그 길의 끝을 향해 나아갈 뿐이었다. 갈대바다 건너기, 바다 속의 길 걷기를 끝냈을 때, 바다는 제자리로 돌아갔고 길은 사라져버렸다. 바닷가에 널브러진 이집트군의 시체, 전차의 잔해만이 등 뒤의 바다 속에 한때 외길이 생겨났으며 그 길 걷기를 시작한 두 집단 가운데 한 집단만이 걷기를 마치고 빛의 세계로 다시 나올 수 있었음을 시사할 뿐이었다.[03] 이스라엘은 이제 진정한 의미에서 광야의 삶을 살게 된 것이다.

02 구름기둥이란 연기가 피어오른 것과 같은 모습을 띠었을 것이다. 전기, 음파를 사용하기 전까지 한 사회가 겪는 위급한 상황을 알리는 가장 효과적인 수단은 연기와 불을 이용한 신호체계였다. 한국에서는 조선 시대까지 교통의 길목이자 전략적 요충으로 여겨지는 지역들의 산봉우리마다 봉수대와 같은 것을 설치하여 낮에는 연기를, 밤에는 불을 피워 위급 상황을 알리고 이것이 지역 행정 중심지나 서울까지 전달되도록 하였다. 이와 같은 신호체계는 동아시아 지역 이외의 곳에서도 세워져 활용되었다. 성경의 구름기둥과 불기둥 역시 '위급한 상황 속에서의 움직임'을 인도하는 길잡이 표지라고 할 수 있다. 이스라엘 민족은 이집트 탈출 순간부터 가나안에 입성할 때까지 40년에 걸친 광야 생활 내내 구름기둥과 불기둥의 보호 아래 있었다.
03 바다나 강을 건넘으로써 이전 세계와 결별하고 새 세계로 나아간다는 관념은 고구려의 건국 신화에서도 확인된다. 고구려의 시조 주몽은 자신을 따르는 자들과 부여에서 탈출하는 과정에 큰 강을 만나자 하늘과 강에 호소하여 자라와 물고기로 하여금 다리를 만들게 하여 강을 건넌다. 뒤쫓던 부여 병사들은 자라와 물고기가 흩어지는 바람에 강을 못 건너자 망명자들을 잡기를 포기한다.

2 ─ 재탄생을 위한 고통

이집트 노예 출신의 자유인 히브리 사람들의 광야 생활은 고기 가마와 만나의 싸움이었다. 풍족한 노예와 가난한 자유인 사이의 갈등은 한 세대가 완전히 소멸되고 그들의 자리를 새로운 세대가 채울 때까지 계속되었다. 바다 길에서 불거진 이집트 탈출에 대한 회의, 이로 말미암은 모세와 지도부를 향한 이스라엘 백성들의 원망은 40년에 걸친 광야 생활 동안 수없이 거듭되었다. 수르 광야에서 물을 얻지 못한 채 사흘이 지났을 때, 신 광야에서 식량의 부족이 눈앞의 현실이 되었을 때, 르비딤에 이르러 먹을 물이 부족해졌을 때, 히브리 사람들은 거듭거듭 모세를 원망하고, 그 모세를 이끄시는 야웨 하나님에 대한 불신을 드러냈다. 그림 31 광야에서의 곤경과 위기는 때마다 모세의 간구, 야웨의 응답을 거치면서 극복되었다. 마라의 쓴 물이 단물이 되고, 만나와 메추라기로 먹을 것을 걱정하지 않게 되었으며, 호렙 산 반석에서 솟아난 물로 백성과 가축이 갈증에서 벗어날 수 있었다. 이런 사건들을 수없이 겪으면서도 갈대바다 건너의 삶, 곧 '이집트 고기 가마 곁에서의 노예살이'에 대한 이스라엘의 향수 어린 눈길은 거두어지지 않았다.[04]

스스로를 책임지는 자유인으로서의 삶이 히브리 사람들에게는 낯설었다. 주어진 일만 하면 먹을 것과 잠자리, 오늘과 내일의 안전이 보장되는 삶이 오히려 그리웠다. 내일이 보장되지 않는 불모지에서의 불안하고 배고픈 날들보다는 시키는 대로 일하면 그 이외의 것은 걱정하지 않아도 되는, 마치 자신들이 기르는 가축처럼 사는 시간들이 더 가치 있고 의미 있는 것으로 비쳐졌다. 수백 년 동안 계속된 노예 생활에 익숙한 한 집단이 자주적이고 자립적인 한 민족으로 다시 태

---

[04] 신 광야에서 모세와 아론에게 쏟아 놓았던 '애굽 땅에서 고기 가마 곁에 앉았던 때와 떡을 배불리 먹던 때에 야웨의 손에 죽었다면 좋았을 것을 너희가 이 광야로 우리를 인도하여 내어 이 온 회중으로 주려 죽게 하는구나.'(출애굽기16:3)하는 투의 원망이 광야 생활 내내 계속된다.

그림 31
반석에서 물을 내게 하는 모세와 만나를 줍는 백성들, 체코 회화, 1480~1490년

어나려면 과거의 관습, 관념으로부터 벗어나야만 했다. 그러나 이 과거가 히브리 사람들에게는 차가운 외풍을 이겨내기 위해 그 깃을 거머쥐고 있어야 하는 두툼한 외투처럼 여겨졌던 것이다.

 길고 지루한 투쟁 끝에 이집트 탈출에 성공한 자신들이, 갈대바다를 건너 광야 길의 방랑을 시작한 자신들이 여전히 노예라는 굴레 속에 머물고 있는 것인지, 아니면 진정한 자유인으로 살고 있는 것인지에 대해 이스라엘 백성들은 스스로에게조차 명확히 답하지 못하였다. 저들은 자기 집단의 정체성에 대한 확실한 인식을 지닐 필요가 있었다. 저들에게는 정체성 혼란에서 벗어나기 위한 시간이 필요했고, 새로운 정체성을 갖추기 위한 훈련이 요구되었다.

3 ─ 전환의 시간

훈련은 남지도 부족하지도 않게 만나를 거두고 먹는 데에서 시작되었다. 더 가지려는 자도 없고, 못 가진 자도 생기지 않게 하는, 한 민족으로 공존하기 위한 최선의 분배와 소비가 하나님의 직접적 개입 아래 이뤄지고 관습화되었다. 억지로 남긴 것은 썩었고, 더 거두러 나가도 거둘 수 없는 것이 만나였다. 아말렉과 같은 광야를 방랑하는 종족들과 전쟁을 하면서, 이스라엘은 지도자를 중심으로 의견을 모으고, 조직적으로 적과 맞닥뜨릴 수 있게 되었다.[05] 10명, 50명, 100명, 1,000명을 단위로 하는 대소 단위별 편제와 행정관의 선출, 관습법의 정리를 통해 광야 방랑 생활 가운데 민족으로서의 질서와 운영 능력을 갖추게 되었다. 이제 남은 것은 새 민족으로 탄생하는 데에 필요한 공동의 이념과 시간적 지속성을 지닌 지표를 마련하고 선언하며 동의하는 일이었다. 이집트 탈출로부터 시작되는 민족의 역사와 의미를 정리하고 해석하여 이를 신성한 미래와 연결시키는 일이었다. 시나이 산에서 이루어지는 하나님과의 계약 의식은 민족으로서의 이스라엘의 출발을 정식으로 선언하는 행위였다.

시나이 산에서 모세는 야웨 하나님과 이스라엘 백성 사이의 신성한 계약을

---

05 아말렉은 네게브 광야 일대를 방랑하던 유목민으로 성경에는 에서의 자손 가운데 한 갈래로 언급된다.(창세기36:12) 모세가 이끌던 히브리 사람들은 먹을 물이 없어 크게 곤경을 겪던 르비딤에서 이들과 부딪혀 전쟁을 치른다. 모세는 아론과 훌을 좌우에 거느리고 산꼭대기에서 히브리 군대를 지휘하는데, 성경에는 모세의 지팡이 든 손을 아론과 훌이 계속 받쳐 들고 있었던 까닭에 아말렉과의 전쟁에서 승리할 수 있었다고 전한다.(출애굽기17:9~13)

중계한다. 이스라엘 백성들은 시나이 산으로 야웨가 강림하는 것을 견딜 수 없어 모세를 중계자로 내세운다. 모세는 종자 여호수아와 함께 시나이 산 깊은 곳으로 사라지고 구름 속 산 위에서 40일 낮 밤을 하나님과 지내며 새 민족으로 탄생한 이스라엘이 필요로 하는 법과 규정을 가장 상세한 부분까지 야웨로부터 듣고 정리한다.

그러나 하나님이 친히 율법과 계명을 쓰신 첫 번째 돌판 두 장은 모세에 의해 산 아래로 던져져 깨뜨려진다. 성스러운 계약을 위한 기다림의 시간을 이스라엘 백성이 견디지 못하였기 때문이다. 민족으로서의 탄생을 최종 확인받는 시간, 40일 동안의 계약 준비 기간을 기다리지 못하고 이스라엘 백성은 과거로, 이집트 노예로 살던 시간으로 시계추를 되돌려버린 것이다. 하나님이 준비하신 계약이 이스라엘 백성에 의해 파기되었고 계약 문서인 두 돌판은 산산조각이 나고 말았다. 그림 32

전환을 위한 기다림의 시간 동안 히브리 사람들은 아론에게 자신들을 인도할 신을 만들라고 요구한다. 신의 말씀을 전하던 모세가 사라져버렸다고 판단되는 상황에서 저들에게는 직접 보고 만지고 느낄 수 있는 형상을 지닌 신이 필요했던 것이다. 아론과 다른 지도자들은 모세와 같은 지도력, 감화력을 갖추지 못하고 있었다. 백성들의 요구를 거절하며 끝까지 버텨낼 충분한 의지도 지니고 있지 않았다 . 지도자들 자신조차 알게 모르게 옛 습관, 곧 조상 때부터 전해 내려오던 야웨 하나님에 대한 신앙을 유지하면서도 이집트 신전의 온갖 신들 앞에 절하며 기도하는 것을 굳이 이상스럽게 생각하지 않던 삶의 방식으로부터 자유롭지 않았다. 아론은 백성들로부터 거둔 금 고리를 녹여 송아지 형상을 만들었다. 그런 다음 이것이 이스라엘을 이집트에서 해방시키고 시나이 광야로 인도한 신이라고 선언하였다. 금송아지 신의 탄생은 어쩌면 모세의 부재중에 일어날 수밖에 없던 자연스런 현상인지도 모른다.

소는 고대 농경사회에서 가장 선호되던 신앙의 대상이자 희생 제물이다. 특

그림 32
하나님의 계명이 새겨진 돌판을 깨트리려는 모세, 유화, 귀도 레니, 1620년

그림 33
아론과 백성들이 만든 금송아지를 연상시키는 청동 소, 베를린 페르가몬 박물관

히 지중해 연안의 고대 문명 지역에서 소는 농경과 관련된 제의의 중심적인 신앙 대상이었다. 소는 흔히 풍요를 보장하는 신의 속성을 가장 잘 담고 있는 성스러운 동물로 여겨졌고, 농경의 신, 풍요의 신이 지상 세계를 방문할 때 즐겨 취하는 형상 가운데 단연 으뜸으로 믿어졌다.⁰⁶ 그림 33

---

06 소는 신들의 세계에서도 중요한 역할을 담당하는 성스러운 짐승이었다. 이집트 사람들은 밤 동안 지하 세계로 내려간 태양은 일곱 마리의 천국 암소와 한 마리의 천국 황소에 의해 양육되는 것으로 믿었다. 또한 살아 있는 검은 빛깔의 황소 가운데 이마 한가운데 흰색 마름모꼴 무늬가 있는 것 한 마리를 선택하여 멤피스의 신전에 모시다가 죽으면 미라로 만들어 지하 묘지에 안장하였다. 나일의 신 하피의 현신現身으로 여겨진 이 황소 신은 하피(아피스) 황소로 불렸다.

고대 중근동에서 신의 형상을 있는 그대로 드러내는 것, 신과 일대일로 마주치는 것은 금기 가운데 금기로 여겨졌다. 사람들은 신의 속성을 특정한 동물의 형상으로 나타냄으로써 눈빛도 마주쳐서는 안 되는 신과의 만남을 시도했다. 소의 형상은 농경신 바알, 나일의 신 하피, 천둥의 신 제우스가 자신을 사람에게 드러내는 수단 가운데 하나였다.[07] 히브리 백성들의 요구로 아론과 지도자들이 만든 금송아지 역시 이스라엘을 해방시킨 신의 형상이라는 아론의 선언에도 불구하고 실제적으로는 농경과 풍요의 신이라는 의미를 담은 옛 삶의 중심적 존재였다. 광야의 자유인이 문명 도시의 노예로 되돌아간 것이다.

금송아지 앞에 단을 쌓고 제사를 드린 뒤 일어나 뛰노는 것은 고대 중근동의 전형적인 풍요 제의 그대로이다. 풍요를 보장받기 위한 흥겹고도 난잡한 이집트 혹은 가나안식 축제의 현장이 시나이 산 앞에서 재현되었다. 내일의 삶, 한 해의 충분한 먹거리 수확을 약속받기 위해 금송아지 둘레에서 열정적인 춤과 노래가 행해졌고, 엑스터시적 소란과 일상의 도덕과 윤리에서 집단적으로 일탈하는 행위가 이루어졌다. 이것이 40일 만에 시나이 산에서 하나님의 돌판을 들고 내려오던 모세의 눈앞에 펼쳐진 광경이다.

하나님과의 계약이 이스라엘에 의해 파기되었음을 선언한 모세는 금송아지를 불살라 부수어 그 가루를 물에 뿌린 뒤, 이스라엘 백성으로 하여금 그 물을 마시게 한다. 금송아지가 신이 아님을 몸으로 경험하고 선언하게 한 것이다. 농경과 풍요의 신이 죽임을 당한 뒤, 그 신체가 훼손되어 재생이 불가능해졌다.[08] 그

---

07 올림포스의 대신 제우스가 여신 유로파를 유혹하기 위해 황소로 변신하여 나타났다는 이야기는 그리스 신화에서도 잘 알려진 부분이다. 동서의 고대 신화에서 소는 희생 제물이자, 신 자신이었다. 동아시아에 널리 퍼진 견우직녀설화의 남자 주인공 '견우'의 본래의 의미는 '희생으로 쓰이는 소' 였다. 종교적 제의와 관련된 이야기가 민간설화로 변화하는 과정에서 '희생 소'가 '소를 끄는 목동'으로 바뀐 경우이다.(전호태, 『벽화여 고구려를 말하라』, 사계절, 2004)

모든 과정에 이스라엘 백성이 참여한 것이다. 이스라엘이 다시 한 번 농경신의 세계로 되돌아가는 것이 종교·신앙적으로는 사실상 불가능해졌다.

비록 금송아지는 제거되었지만 하나님과 이스라엘 사이의 재계약은 이스라엘이 계약 파기의 근본 원인을 찾아내 해결하기 전까지는 기대조차 하기 어려웠다. 계약의 또 다른 주체인 하나님이 재계약의 준비조차 하지 않고 있는 이스라엘에 긍정적인 태도로 나올 가능성은 없는 까닭이다. 히브리 노예해방을 위해 80년을 준비하고 헌신했던 모세가 자신이 나서서 이스라엘 백성의 희생 속죄를 선언하고 시행한 것도 이 때문이다. 모세는 레위 자손들에게 명령하여 우상숭배에 앞장섰던 자들을 죽이도록 한다. 그들도 자신의 목숨을 담보로 문명 세계 최고의 국가권력과 투쟁하고, 민족을 해방시키며, 광야 길로 이끌어낸 사람에 속했지만, 하나님과의 계약 파기를 주도하여 광야의 자유인들 모두를 소멸의 위기로 몰아넣은 책임을 묻지 않을 수 없었던 것이다.

모세가 자신마저 회개의 제물로 받아줄 것을 요청하며 중보 기도하고 백성들도 몸의 장식품을 제거하는 것으로 회개의 뜻을 나타냄으로써, 야웨 하나님과 이스라엘 사이에는 계약을 위한 또 한 번의 초석이 마련된다. 호렙 산에서 하나님과 모세 사이에 두 번째 40일 대화가 진행되면서 논의의 초점으로 떠오르는 것은 이스라엘이 가나안에 입성한 뒤 겪게 될 우상숭배 문화였다. 이스라엘의 삼대 절기로 일컫게 되는 유월절逾越節 Passover, 칠칠절, 수장절(장막절, 초막절)과 일상

---

08 중근동의 전통적인 풍요 제의 및 신화는 씨앗의 파종을 풍요신의 죽음과 동일시하였다. 또한 제의 중에 행해지는 사제와의 성관계는 씨앗의 파종에 효력을 부여하는 감응 주술적 행위였다. 이 파종된 씨앗이 발아하고 열매를 맺음으로써 죽었던 풍요의 신은 부활한다고 믿어졌다. 후대의 그리스에서는 곡물의 생산을 관장하는 대지의 여신 데메테르에 대한 숭배가 크게 유행하여 엘레우시스교를 성립시키기도 하였다. 이스라엘의 금송아지 사건은 죽음의 신이 아닌 사람에 의해 풍요신의 형상이 훼손되었을 뿐 아니라 그 가루가 땅에 뿌려지지 않고 사람에게 먹혀버림으로써 신의 재생과 부활이 원천적으로 봉쇄되어버린 경우이다.

생활 속에서 안식일을 진지하게 지킴으로써 가나안 우상숭배 문화로의 몰입은 예방될 수도 있을 것이다.[09] 소수의 야곱 족속이 가나안 문명 도시에서의 삶을 포기하고 이집트의 변방으로 삶 터를 옮겼던 것도 가나안 우상 문화와 거리를 두기 위해서였다. 첫 번째 계약의 파기도 우상 문화의 재현 때문에 일어났다. 두 번째 계약을 맺는 과정에서도 우상숭배는 여전히 우려되는 위험한 요인으로 남아 있는 것이다. 성경 레위기에서 언급되는 각종 제사들은 이스라엘 속에서 일상적으로 일어날 수 있는 부정한 행위들이 전면적인 계약 파기로 이어지지 않게 하려고 마련된 예방 조치이자 완충 장치라고 할 수 있다.

4 ─ 보이지 않는 내일

새 민족의 탄생을 위한 사회조직의 정비, 제반 질서의 확립, 관습법의 정리와 일원화에 꼬박 1년을 보낸 뒤, 가나안 정복을 위한 이스라엘의 행진이 시작된다. 시나이 반도 남쪽, 거친 광야 한가운데 솟아 있는 성스러운 호렙 산에서 하나님과 이스라엘 백성 사이에 장엄하고 진지한 계약이 맺어지면서 가나안 정복은 신성한 계약을 확인하는 첫 행사가 된 것이다.

그러나 며칠 동안의 광야 행군조차 히브리 사람들에게는 벅차고 불만스럽게 받아들여졌다. 식량 문제로 불거진 백성들의 불만과 불평이 모세의 어깨를 무겁게 하였고 모세의 흔들림은 곧바로 지도력의 불안정으로 이어졌다. 새 민족을 이

---

09 유월절은 보리 추수가 시작되는 봄의 첫 달(유대력 아빕월 14일 저녁)에 치러졌고 이어 7일 동안 무교절이 지켜졌다.(출애굽기12:6, 레위기23:5~6) 두 절기 모두 하나님의 직접적인 개입으로 히브리인이 이집트의 국가 노예에서 해방되는 과정을 기념하는 행사이다. 칠칠절은 곡식에 낫을 대는 첫날부터 7주에 하루를 더한 날(총50일)까지 계속되었으며 하나님께 새로 수확한 곡식으로 만든 빵(곡물 제사)과 양(동물 희생 제사)이 함께 올랐다.(출애굽기23:14, 레위기23:15~16) 수장절은 추수가 끝날 즈음인 10월 초순(유대력 티쉬리월 15일)부터 1주간 하나님께 번제를 드리면서 진행되었다.(출애굽기23:16, 레위기23:34)

루기 위한 본격적인 움직임이 시작되자마자 지도부 안에서 균열이 일어난 것이다. 이방 여인과의 결혼을 빌미로 모세의 지도력에 대한 도전이 시도되었다. 그것도 길고 지루한 노예해방 운동 당시 사실상 운명을 공유하며 서로를 뒷받침하기 위해 애썼던 지도부 최상층 안에서 나오고 말았다. 아론과 미리암의 이의 제기는 하나님에 대한 직접적인 도전으로 받아들여졌다. 미리암은 갑작스럽게 문둥병에 걸렸고 모세는 하나님에게 이 병의 치유를 간절히 구하여 응답을 얻는다. 이 초자연적인 사건을 통해 지도자로서의 모세의 권위는 재확인된다.[10] 미지의 적들, 풍문 속의 강대한 적들과의 일전을 눈앞에 둔 이집트 탈출 노예 집단의 불안스러운 눈길이 읽혀지는 사건이다.

바란 광야의 한 끝, 가데스바네아 근처로부터 가나안으로 들여보낸 이스라엘 정탐꾼 12인의 40일 정탐 보고는 크게 두 갈래로 나뉜다. 정반대의 시각으로 보았을 때, 같은 내용에 대한 평가가 얼마나 다를 수 있는지를 보여주는 좋은 사례라고 할 수 있다. 갈렙과 여호수아는 가나안을 정복할 수 있는 땅으로, 다른 10인은 정복이 불가능한 곳으로 보았다. 두 사람은 젖과 꿀이 흐르는 땅, 포도 한 송이 달린 가지를 두 사람이 막대기에 꿰어 메야 할 정도로 풍요로운 땅, 가나안을 지키는 자들은 강하고 성읍은 견고하지만, 야웨 하나님이 함께하면 그 땅을 차지할 수 있다고 보았다. 그림 34 그러나 이들의 반대편에는, 아름다운 땅이지만 그 땅을 지키는, 신장이 장대한 자들 앞에 이스라엘 백성은 메뚜기처럼 보일 뿐이라고 단정하는 열 사람이 서 있었다.[11] 두 사람은 미래를 향해 눈길을 주고 있었지만, 다른 열 사람은 과거로 눈길을 돌리고 있었던 것이다.

---

10 고대 중근동 사회에서 문둥병은 신이 내린 형벌로 인식되었으므로 문둥병 환자는 사회구성원으로서 일체의 권리를 잃고 소속 집단에서 추방되는 것이 관례였다.(레위기13~14) 비록 문둥병에 걸렸다가 치유되었지만 이 사건을 겪은 미리암은 이후 이스라엘의 광야 훈련 과정에서 어떤 역할도 부여받지 못한다.

그림 34
가나안 정탐, 성경 삽화, 프랑스, 12세기

낙담, 소동, 혼란이 밤새도록 계속되고 해방운동을 이끌었던 지도자들은 통제력을 상실한다. 백성들의 다수가 이집트 노예 집단으로 복귀할 것을 결의하고, 이 흐름을 이끌어나갈 새 지도부 선출을 선언한다. 급격한 역류 현상을 막아보려던 여호수아와 갈렙의 시도는 오히려 집단의 안전을 위협하는 행위로 인식된다.

11 통일 이스라엘의 첫 왕 다윗이 물맷돌로 쓰러뜨린 블레셋 가드의 거인 전사 골리앗은 이스라엘의 정탐꾼들이 보았다고 전하는 아낙 자손의 남은 자였을 것으로 추정된다.(민수기13:21~33) 헤브론 일대에 살던 아낙 자손들은 갈렙에 의해 쫓겨났고, 블레셋 도시 왕국들에 남아 있던 거인 아낙의 후예들은 다윗 시대에 소멸한다.(여호수아15:13~14)

다시 한 번 하나님의 직접적인 개입이 이루어짐으로써 소동은 진정된다.

그러나 미래를 보고, 앞날을 향하여 나아가기를 거부한 이 사건으로 말미암아 광야로 들어섰던 이집트 노예 출신 자유인들의 가나안 입성은 불가능해진다. 계약의 첫 세대였지만, 계약의 이행을 거부했기 때문이다. 파기가 선언되지는 않았으나 계약 이행의 의지를 계약의 상대자에게 보여주지 못했던 까닭이다. 노예 생활을 경험한 자들에게는 자유인으로서의 권리를 누리고 의무를 이행하는 것이 낯설고 힘들었던 것이다. 끊임없이 계약 상대자의 의지를 시험하고, 이행 능력을 의심함으로써 계약 첫 세대는 광야 생활을 벗어날 수 없게 되었다. 40일의 정탐 일자에 대응하는 40년 동안의 광야 방랑, 거친 땅에서의 자유인 훈련이 선언되었다. 자유인으로 태어나 자유인으로 살 준비가 된 새 세대만이 광야 생활을 청산할 수 있게 된 것이다.

새 민족의 탄생

1 ─ 지도력 정비

이집트를 탈출한 히브리인의 첫 세대가 완전히 사라질 때까지 광야 생활은 계속되었다. 가데스바네아로부터 가나안 남부로 진입하는 것에 실패한 뒤, 40년 동안 이스라엘은 시나이 반도를 벗어나지 못했다. 노예 생활로 잔뼈가 굵었던 자유 히브리인의 첫 세대 가운데 몇몇을 제외한 모두가 거칠고 황량한 땅에서 생을 마쳤다. 시나이 광야 남부에 오랫동안 머물면서 한 민족, 한 공동체로서의 삶의 양식과 질서를 마련하고 이에 익숙해진 다음에야 이스라엘은 가나안을 향한 여정을 재개할 수 있었다.

야곱의 직계 후손들을 포함한 잡다한 종족의 집합체였던 자유 히브리인들이 이집트 탈출 직후 가나안 지경으로 들어섰다면 한 민족, 한 공동체로 살아남기는 어려웠을 것이다.[12] 모세를 포함한 지도부조차 이집트에서의 노예해방 운동 전망에 대한 하나 된 자세를 유지하지 못하였다. 동방의 온갖 종족들, 심지어 하층 이집트인까지 포함된 해방 노예 집단 가운데에는 자신들이 추구하는 자유인으로

★ 이 편의 기본 텍스트는 민수기15:1~여호수아기1:11.

12 이집트 탈출 직후의 히브리 공동체는 야웨 하나님에 대한 신앙만을 공유한 일종의 '열린 민족'이라고 할 수 있다. 혈연 의식을 바탕으로 성립되고 유지되던 다른 민족들과 달리 이스라엘 공동체는 가나안 입성 후에도 야웨 하나님에 대한 신앙을 고백하는 사람은 누구나 받아들인다는 대원칙을 유지하려고 애썼다. 이러한 태도는 이스라엘과 중근동의 다른 민족을 구별시켜주는 가장 큰 요인이라고 할 수 있다. 현재의 이스라엘과 유대인 공동체에서도 이 원칙은 지켜지고 있다.

그림 35
기마 전사, 시리아 텔-할라프 출토, 기원전 9세기, 베를린 페르가몬 박물관

서의 삶에 진정한 가치와 의미를 부여하지 못하는 이들이 많았다. 자유를 위한 탈출의 여정 속에서도 많은 사람들이 자신들이 누리게 된 자유의 정체가 과연 무엇인지를 묻고 있었다.

    가나안 남부 침입 전투에서 아말렉인과 가나안인에게 패배한 뒤, 히브리 사람들은 시나이 광야 남부로 물러난다. 하나님이 함께하지 않은 싸움, 언약궤와 모세가 함께하지 않은 전투에서 조직적이지도 않고, 충분히 무장되지도 않은 히브리 사람의 진영은 잠깐 사이에 걷잡을 수 없이 무너져버린 것이다. 노예살이에 길들여진 오합지졸이나 마찬가지인 사람들이 잘 훈련되고 단단히 무장한 채 전차를 타고 달려드는 가나안 병사들의 상대가 되기는 어려웠다. 그림 35

상당한 기간 광야 생활이 계속될 수밖에 없다는 사실이 확인되자 히브리 집단 내부는 크게 흔들리게 된다. 지도층의 균열, 최고 지도부에 대한 도전이 또 한 번 일어난다. 레위 지파의 지도적 인물 가운데 한 사람인 고라를 앞에 세운 채 르우벤 지파가 주도한 쿠데타는 지진과 불로 심판받는다. 쿠데타를 주도한 무리들의 장막은 갈라진 땅 밑으로 사라지고, 모세와 아론의 권위에 도전했던 족장들은 향로에서 뻗어나온 불에 태워져 죽는다. 모세와 아론에 대한 계속된 도전은 염병 染病으로 심판받으며, 레위 지파의 제사장적 지위는 아론의 지팡이에서만 싹이 나고 꽃이 피어 살구가 열림으로써 확인되고 확고해진다.[13] 이로써 이스라엘 열두 지파 안에서 레위 지파의 특수성이 인정되고, 모세와 아론 중심의 지도부가 새 민족 탄생을 위한 제반 과정을 계속 이끌어나갈 수 있게 된 것이다.

2 — 공동체를 위한 주춧돌 놓기

성경의 레위기와 신명기는 하나님과 계약을 맺은 인간이 하나님과 만나는 방법에 대해 기록한 책이다. 신과 사람이 만나는 특정한 시기와 그 방법, 혹은 절차를 흔히 제사라고 하며, 신과 사람 사이의 계약을 유지하기 위해 사람들에게 요구되는 일상적인 삶의 방식을 법이라고 말한다. 레위기는 제사의 종류, 절차, 내용을 기록한 책이며, 신명기는 하나님이 모세를 통해 이스라엘에 전한 규범을 정리한 책이다. 일반적으로 제사와 법의 가장 중요한 기능으로 공동체성의 재확인, 공동체 유지에 필요한 질서와 규범의 정비, 공동체가 지니고 있는 세계관, 우주관, 종교관의 재인식, 공동체의 기원, 역사, 비전 Vision의 재현이 지적된다. 이와 같은 일

---

[13] 열두 지파 지도자들의 지팡이 가운데 아론의 지팡이에서만 싹이 튼 것은 야웨 하나님으로부터 나온 '생명의 힘'이 이 지팡이에만 들어갔음을 뜻한다. 생명의 뿌리로부터 분리된 것, 생명력을 잃은 지 오래된 것으로 여겨지던 마른 지팡이도 하나님의 능력과 뜻 안에서는 생명을 싹틔울 수 있음을 상징적으로 드러낸 경우이다.

반론에서 미루어 짐작할 수 있듯이 레위기와 신명기는 이른바 언약의 백성들이 지켜야 할 것, 기억해야 할 것을 상세히 수록함으로써 언약 공동체가 딛고 서야 할 주춧돌이 과연 무엇인지를 알게 한다.

번제, 소제, 화목제, 속죄제, 속건제 등 제사에 관한 설명에서 가장 중요시되는 것은 하나님과의 신성한 만남을 위한 마음의 준비가 어떤 행동으로 나타나는가이다. 신성한 불이 아닌 다른 불을 향로에 담아 제사하던 아론의 두 아들 나답과 아비후는 향로에서 나온 불에 타 죽는 심판을 받는다. 번제의 경우, 자신을 대신하여 희생의 생명이 하나님께 드려지는 것이므로 생명의 상징인 피와 기름을 먹는 것은 엄격히 금지되었다. 희생의 생명을 먹으면 자신을 직접 희생으로 드리는 것이 되기 때문이다. 대신 죽임을 당한 희생 제물의 효력이 상실되므로 자신이 직접 목숨을 내놓아야 하는 것이다.[14]

이집트나 가나안에서 문화적 현상의 하나로 받아들여졌던 성적인 문란은 엄격히 금지되고, 이를 어긴 자는 처벌되었다. 공정한 재판과 사회경제적 평등, 가지지 못한 자, 이방인, 떠돌이에 대한 배려가 일상생활 중에 행해지도록 강력히 요구되었다. 안식년과 희년禧年을 지킴으로써 이스라엘 백성들 속에 불평등이 '사회질서'로 자리 잡지 못하게 하려 하였다. 일곱 번째 안식년을 지난 다음 해, 곧 매 50년에 선포되는 희년은 평등한 자유인의 공동체 실현이라는 이스라엘의 이상을 현실에 뿌리내리게 하기 위한 특별한 제도였다. 50년 동안 공동체 안에서 이루어졌던 집과 땅, 사람의 매매, 그로 말미암은 소유의 이동, 빈부 격차의 발생

---

14 피가 희생 제단에 뿌려지는 것은 희생물이 '신'에게 바쳐짐을 확인하는 행위이다. 희생물의 생명인 피를 먹게 되면 이것을 먹은 자가 '희생물'이 됨을 의미하므로 그 자신을 신에게 희생으로 드릴 수밖에 없게 된다. 고대 중근동에서 어떤 도시나 왕국에 대한 '성전Holy War'이 선포되면 해당 도시나 왕국의 어떤 것도 약탈되어 개인의 소유가 될 수 없었던 것도 이러한 관념 때문이다. '약탈물의 소유'는 곧 약탈자 자신이 성전의 대상물이 되어 궁극적으로는 성전의 주체인 신의 희생물로 바쳐져야 했던 까닭이다.

과 확대가 50년 전의 상태로 되돌아가도록 하라는 것이다. 빚에 빚이 더하여지고, 가난의 나락에 떨어져 헤어나오지 못하다가, 몸을 팔아 종이 된 자가 본래의 자리를 찾도록 먼저 매 안식년마다 친인척이 나서서 갚아주고 되찾고 풀어주기 위한 도움의 손길을 뻗어야만 했다. 그마저 여의치 않으면 희년 당시의 주인과 소유자가 기꺼이 '아무 값없이' 회복과 자유를 선포하라고 했다.[15] 공동체 안의 누구도 이집트에서 노예로 살았던 경험을 되풀이해서는 안 된다는 것이다.

3 — 트란스요르단 정복

자유 히브리의 첫 세대는 광야 방랑 중에 소멸하고 노예살이를 경험하지 않은 새 세대가 그 자리를 대신한다. 그러나 새 세대 안에서도 광야 방랑과 이집트 정착 생활은 끊임없이 저울질되고, 거의 매번 저울추의 중심은 나일 강변에서의 삶 쪽으로 기운다. 세상에서 가장 온유한 자로 일컫던 모세조차도 하나님과 히브리 백성 사이의 중계자라는 자신의 위치를 잊고 일시적으로나마 히브리 노예를 이끄는 현인신 파라오를 꿈꾼다. 므리바에서 물을 찾다가 단 한 번 중심을 잃는 바람에, 모세의 '가나안 입성'은 야웨 하나님으로부터 거부된다.[16]

한 세대 전 가나안 남부에서 쓰디쓴 패배를 맛보았던 이스라엘은 신광야를 통과하여 가나안으로 곧바로 진입하는 길을 택하지 않는다. 대신 사해 남단에 자리 잡고 있던 에돔과 그 북쪽의 모압을 우회하여 먼저 요르단 강 중류 동편의 평야

---

15 레위기25:54.
16 모세와 아론은 므리바의 반석에서 물이 나오게 하는 과정에서 그 이적을 자신들의 능력에서 비롯된 것으로 백성에게 인식시킨다.(레위기20:8~11) 이 경우, 이스라엘의 야웨 하나님에 대한 신앙은 모세, 아론에 대한 개인 숭배로 옮겨질 수 있다. 이집트의 파라오가 현인신으로 숭배받던 존재였고, 히브리인들 역시 수백 년 동안 이러한 관습에 익숙해 있던 사람들임을 고려하면 모세와 아론의 행위는 이집트 탈출로 구체화된 하나님 백성의 행진 방향을 되돌리는 결과를 가져올 수도 있었다.

지대를 향해 나아간다. 진로를 막던 가나안 남부의 한 성읍을 무너뜨린 직후, 두 왕국 동편의 거친 광야 길을 새 진로로 삼게 되자 이스라엘 내부에서는 다시 의견 충돌이 빚어지게 된다. 우회로를 택하더라도 강적을 만나기는 마찬가지였기 때문이다. 트란스요르단 중북부에 위치한 아무리족의 두 왕국 헤스본과 바산 역시 에돔, 모압 왕국에 결코 뒤지지 않는 전력을 유지하고 있었던 것이다.[17]

그러나 모세가 주도한 사해 동편 광야 길 행군과 헤스본 및 바산에 대한 전격적인 공세는 이스라엘에 커다란 승리를 안겨주었다. 요르단 동편 넓고 비옥한 평야 지대에 자리 잡은 아모리족 왕국의 병사들은 광야 유목민 한 무리가 몰고 온 광풍에 그대로 휩쓸려 나가고 만다. 40년에 걸친 광야 훈련이 이스라엘을 한 세대 전과는 비교도 되지 않을 정도로 강력한 전투 집단으로 변모시켰고, 광야에서 나타난 자유 히브리인의 모습이 수많은 아모리 평민들로 하여금 '자유인의 대열'에 합류하도록 자극한 것이다. 두 아모리족 왕국의 크고 작은 성읍들은 비교적 짧은 기간 안에 자유 히브리인의 세계로 편입해 들어왔다. 트란스요르단에서 혁명적이라고 할 만한 흐름이 나타난 것이다. 헤스본 왕 시혼, 바산 왕 옥, 이들을 뒷받침하던 귀족 집단들은 삽시간에 사실상의 무장해제를 당하고, 요르단 동편의 강력한 두 왕국을 시나이 광야에서 나귀를 타고 온 유목민 무리인 이스라엘에 넘겨주고 말았다. 그림 36

트란스요르단의 두 왕국을 무너뜨린 데에 이어 이 지역과 직·간접적으로 연고를 맺고 있던 미디안 부족들과의 전쟁에서 승리함으로써 요르단 동편에서의 이스라엘의 지위는 확고해진다. 가나안 정복을 위한 현실적인 장애는 일단 극복된

---

17 트란스요르단은 사해 동부를 포함한 요르단 강 동편 지역 전체를 가리키는 지리적 용어이다. 이스라엘은 모압의 영역을 제외한 트란스요르단 대부분의 지역을 정복한다. 그러나 가나안 정복과 정복지에 대한 지파 분배가 이루어지자 트란스요르단은 지파 사이의 일체감을 유지하는 데에 오히려 장애가 된다.

그림 36
- 병사들과 전차, 이라크 우르 출토, 기원전 2000년경, 런던 대영박물관
- • 백병전을 벌이는 두 병사, 이라크 자말 출토, 기원전 9세기, 베를린 페르가몬 박물관

셈이다. 넓고 비옥한 트란스요르단은 르우벤, 갓, 므낫세 반¼지파에 분배되었다. 애초에 이 지역은 하나님과 이스라엘 사이의 시나이 산 계약에 직접 언급되지 않은 땅이고, 일반적으로 좁은 의미의 가나안에는 포함되지 않는 곳이다. 그러나 이스라엘 지파 동맹의 일각에서 이 지역 또한 가나안 정복 전쟁 대상 영역의 일부로 상정되고 일부 지파의 영유지로 확정됨으로써 이른바 바산과 길르앗은 이스라엘의 한 부분이 되었다.

4 ─ 새 땅의 경계 요르단 강

요르단 동편 땅에서 진행된 격렬한 정치·사회적 변화로 강 서편 가나안 도시국가의 지배자들은 크게 긴장하고 동요하였다. 아모리족의 강대한 두 왕국이 광야로부터 온 외부의 충격과 그에 대한 내부의 호응으로 말미암아 너무나 빠르고 허무하게 무너져내린 것이다.[18] 여리고를 비롯한 강 서편의 크고 작은 도시국가들에서 헤스본이나 바산이 겪었던 것과 같은 사태를 경험하지 않으리라는 보장은 어디에도 없었다. 봉건적 지배에 안주하고 있던 가나안의 산지와 계곡, 평야지대 성읍 지배 귀족들의 지위는 급속히 불안정해지고 있었다. 우기에 가끔 경험하고는 하던 비바람을 안은 검은 구름 떼가 지중해 서편에서가 아닌 강 동편에서 빠른 속도로 요르단 강 서안을 향해 흘러오고 있었던 것이다.

갈릴리 호수로부터 물을 받아 사해로 내려보내는 요르단 강은 건기에는 바짓가랑이를 걷고 건널 수도 있는 작은 시내에 불과하지만, 우기에는 강의 양안을 넘실거리며 흘러내릴 정도로 수량이 풍부하다. 한 차례 비가 내린 직후의 요르단 강

---

18 헤스본을 중심으로 세워진 아모리족의 왕국은 히브리인들이 북상할 당시에는 트란스요르단의 패권 세력으로 자리매김되고 있었다. 아모리 왕 시혼이 모세를 지도자로 한 시나이 광야 출신 반¼유목민 집단의 움직임을 대수롭지 않게 여긴 것도 이 때문이다. 그러나 두 세력 사이의 충돌결과는 일반의 예상을 완전히 뒤엎었다.

은 산간 계곡의 계류처럼 큰 소리를 내며 격렬하게 흘러내린다. 밀보리를 수확할 시기의 요르단 강은 여리고와 같은 강 서편의 도시들로서는 외부로부터의 침입에 대비할 수 있게 하는 천연의 장벽과 같이 여겨졌다.

여호수아는 수십 년간 모세를 수종하며 하나에서 열까지 지도자로서 필요한 훈련을 빠짐없이 받고, 제1차 가나안 정탐에 참여한 뒤 갈렙과 함께 야웨 하나님이 함께하는 정복 전쟁의 즉각적 개시를 주장했던 인물이다. 이 여호수아가 지도자로서 첫 번째 해야 할 일이 이스라엘 백성들과 함께 요르단 강을 건너는 일이었다. 모세는 모압 평지 느보 산에 올라가 120년 삶의 마지막 발걸음이 닿을 자리로 여겼던 가나안을 멀리서 바라보기만 하고 죽었다. 이제 모세로부터 지도자의 자리를 이어받은 여호수아에게 제일 먼저 요구되었던 행동은 두 세계의 경계를 건너는 것이었다. 비록 트란스요르단이 두 지파와 반지파에게 분배되었지만, 아브라함과 이삭과 야곱, 또 그 후손들이 받았던 언약과 축복의 땅은 가나안이었다. 강 서편 땅의 정복은 이스라엘이 이루어내야 할 하나님과의 계약상 의무이기도 했다.

이스라엘에게 요르단 강 동편은 여전히 광야의 일부였다. 정복한 트란스요르단조차 광야 끝의 전초기지, 강 서편 가나안을 점령하기 위해 확보된 전략적 거점 정도로 여겨졌다. 요르단 강을 건넘으로써 이스라엘은 광야 방랑, 자유인으로 살기 위한 거친 땅에서의 훈련 과정을 마무리지을 수 있었다. 호렙 산에서 하나님과 맺은 계약, 그 실행을 위한 세부 사항들을 이스라엘이 지켜낼 수 있는지, 이를 유지하기 위해 이스라엘이 얼마나 진지하게 노력할지는 요르단 강 너머, 가나안에 들어선 뒤부터 확인되기 시작할 것이다. 여호수아를 새 지도자로 한 이스라엘의 요르단 강 건너기는 '너의 평생에… 너와 함께하겠다'는 여호수아를 향한 하나님의 약속의 말씀으로부터 시작된다.[19]

---

[19] 여호수아1:5~9.

약속의 땅에 도사린 위험

1 — 가나안 정복의 첫 걸음

요르단 강 건너기는 지도자 여호수아가 하나님과 대화하고, 백성을 향해 도강 준비를 명령하며, 강 건너로 정탐꾼을 파견한 다음, 행렬이 출발하되, 언약궤를 멘 제사장이 앞장서서 행진하는 순서로 진행된다. 두 정탐꾼의 적지 정탐은 여리고 성의 기생 라합의 도움 아래 정확한 결과 보고로 이어진다. 여전히 남은 일은 격렬한 흐름을 보이는 요르단 강 건너기이다. 강 건너기도 만만치 않지만 더 큰 문제는 강 건너에 매복하고 있을 수도 있는 적병이다. 통상적으로 적진을 향해 강을 건널 때, 앞장서는 사람은 대부분 희생된다고 보아야 한다. 때문에 전투에 능한 지휘자들은 진로를 열어줄 수 있는 뛰어난 소수의 용사들을 앞장세우기도 하지만, 적을 피로하게 하기 위한 방편의 하나로 노예나 전투 능력을 거의 지니지 않은 보조병들을 앞장세우고 그 뒤를 뛰어난 전투병들이 따르게 하는 방법을 쓰기도 한다.[20]

여호수아는 병사들을 앞세우는 대신 언약궤를 멘 제사장들이 먼저 요르단 강으로 들어서게 한다. 살아 계신 하나님이 앞장서시며, 종교 공동체라고 할 수 있

★ 이 편의 기본 텍스트는 여호수아1:1~24:33.
20 중세 중근동에서 벌어진 대규모 전쟁에서는 적의 성을 공략하고자 할 때에 '노예병'을 먼저 투입하는 경우가 많았다. 성을 지키는 적병을 지치게 하는 동시에 적의 무기를 소진시키기 위해서이다. 1453년 오스만튀르크가 동로마의 콘스탄티노플을 공략할 때에 다수의 노예병을 동원한 일은 잘 알려진 사례 가운데 하나이다.

는 이스라엘의 지도급 인사들, 곧 제사장들이 위험스러운 상황 앞에 스스로를 먼저 맡기는 자세를 백성과 병사들에게 보여준 것이다. 세속의 시각에서 볼 때, 적을 앞에 두고 호위병이나 아무런 자체 무장 없이 지도자나 사제가 공동체의 신상이나 귀중한 상징물을 지니고 앞에 나서는 것은 공동체의 자멸을 자초하는 것이나 마찬가지이다. 적에게 수호신상, 상징적 기물을 빼앗기는 것은 공동체를 유지하게 하는 구심력을 잃는 것이나 같기 때문이다. 이스라엘의 지도자들은 그러한 일반적인 시각, 방법, 결과를 잘 알면서도 '무모한' 시도를 하였다. 강안을 넘실대던 요르단 강은 하나님의 언약궤를 멘 발걸음들이 강에 닿자 흐름을 멈추었다. 이스라엘은 마른강을 건너 꿈의 땅 가나안에 발을 디딜 수 있었다. 뒤를 걱정해야 하는 순간까지, 모든 이스라엘 강을 건널 때까지 언약궤를 멘 제사장들은 마른 강 한가운데에 남아 있었다.

제사장들이 섰던 자리에 쌓인 돌무더기는 한 민족으로 탄생하기 위한 40년의 광야 훈련이 이제 끝났음을 보여준다. 이스라엘 열두 지파를 중심으로 한 히브리인의 신정 공동체가 '가나안 정복'을 하나님이 제시하고 그 실현을 약속한 새 민족 공동의 확실한 지표로 받아들이게 되었음을 상징한다. 트란스요르단의 분배 요구와 그에 따른 지파 동맹 분열의 위기, 1세대 지도자들의 퇴진 과정에서 우려되던 지도력 공백, 새 지도자 그룹과 2세대 히브리인들 사이의 신뢰성 미확인 등의 민감하면서도 심각한 문제점들은 모두 극복되었으며 야웨 하나님에 대한 신앙을 중심으로 완전히 하나 된 민족이라는 사실을 공동체 내외에 각인시킨 증거이기도 하다. 강물이 흐르듯 시간이 흐르고, 역사가 흐르는 가운데 요르단 강 한가운데 쌓여 있는 돌무더기는 약속과 믿음, 역사적 실현의 변함없는 증표가 될 것이다.

2 — 내부의 적

요르단 강 서안의 요새 도시 여리고의 함락은 가나안 주민 모두에게 충격 이상의 사건이었다. 요르단 강 동편으로부터 전해오던 새로운 사막 민족의 침략 소식이 눈앞의 현실이 되어버린 것이다. 요르단 강 건너기에 성공한 이스라엘이 여리고 성 포위 공격을 앞두고 첫 번째 행한 일은 길갈에 이르러 요르단 강 한가운데에서 들고 나온 열두 개의 돌로 두 번째 기념탑을 쌓은 일이다. 이들 돌로 쌓은 기념탑은, 강물 속에 남겨져 우기에는 볼 수 없는 첫 번째 기념탑을 대신하는 상징물이다. 하나님과의 언약을 기초로 성립한 새 민족다운 행위라고 하겠다.

놀라운 것은 이스라엘이 두 번째 행한 일이다. 그들은 가나안의 최고 요새 도시에서 잘 훈련받은 병사들과 앞을 가늠하기 어려운 격렬한 전투를 코앞에 두고 할례를 실시했던 것이다. 새 세대 히브리 군사들의 변변치 못한 무기와 무장을 감안하면 밤새 훈련을 계속해도 부족하다고 해야 할 상황이었다. 그럼에도 군사들 전원에게 이후 삼일 가량 거동을 불편하게 할 할례를 받게 한 것이다. 이는 신앙적 정체성을 확인하는 데에서 오는 일체감과 집중력을 확보하는 것이, 일시적인 군사적 대처 능력의 상실로 말미암아 받게 될 피해에 우선한다는 인식에서 비롯된, 이스라엘 지도자들의 현명한 '선택'이었다.[21]

청동기시대 이후로 가나안의 최고 요새 도시였던 여리고는 광야에서 나타난 새 민족에게 포위된 뒤, 변변한 저항 한번 못한 채 무너져 내리고 주민은 몰살당한다. 그림 37 특이한 포위 행진으로 말미암은 심리적 압박감이 극대화된 상태에서 사막 사람들의 나팔 소리, 함성 소리에 가나안 문명의 고도古都 여리고는 역사의 기억 저편으로 파묻혀버린다. 이 믿어지지 않는 승리에 취하여 유다 지파의 일부는 대對 여리고 전투가 성전임을 잊고 전리품 약탈을 시도한다.

---

[21] 세속적인 시각에서 볼 때, 이러한 행위는 집단의 안위를 건 모험이었다. 야곱의 두 아들 시므온과 레위는 속임수로 세겜의 히위족 남자들이 할례를 받게 한 뒤, 이들이 수술의 후유증으로 고통스러워하는 틈을 타 도시 전체를 멸절시켰다.(창세기34:1~31)

그림 37
여리고의 함락, 바티칸 궁전 장식화, 라파엘로 화파, 16세기

고대 중근동에서 전쟁의 대상이 된 도시나 성읍에 대해 성전 Holy war이 선포된 뒤, 해당 도시나 성읍이 패하게 되면 그곳에 있던 모든 것은 승리자가 믿고 받드는 신의 소유가 된다. 모든 생명은 희생되고, 패자의 소유물과 집, 성곽은 불태워지고 헐린 뒤 인적 없는 폐허로 버려지게 된다. 신에게 바쳐지는 것이다. 이스라엘은 이미 여리고에 대해 성전을 선포했다. 고대 중근동 사회에서 이러한 종교적 선언은 돌이킬 수 없는 것이었다. 유다 지파 일부의 전리품 약탈은 성전의

선포 대상에 유다 지파를 포함한 이스라엘을 포함시키는 것과 마찬가지 결과를 초래하게 된다. 여리고에 비해 규모가 작았고, 방비력도 그리 높지 않았던 아이 공략은 실패로 돌아갔다. 이스라엘이 스스로 성전의 대상이 되고 말았음을 확인 시켜주는 사건이었다. 여리고 함락 성공만큼이나 충격적인 아이 전투 패배는 이 스라엘로 하여금 가나안 정복의 가장 큰 장애는 가나안 사람들의 방어력이나 전 투력, 이를 뒷받침하는 고도의 청동기 및 철기 문명, 조직화된 사회 및 세련된 문 화, 정교한 종교의식 같은 것이 아님을 알게 하였다. 진정한 적은 이스라엘 내부 에 있었던 것이다. 돌이킬 수 없는 '성전' 선포조차도 잊게 하는 탐욕, 광야 훈련 내내 지워내려고 했던 탐심이 가나안 정복의 첫 걸음부터 이스라엘의 발목을 노 리고 있었다. 히브리 군사들은 그 덫을 피하지 못하고 말았다.

3 ─ 동맹도시 기브온의 등장

유다 지파 아간 집안을 제거함으로써 이스라엘은 신에 대한 봉헌 대상에서 벗어 날 수 있었고, 아이는 제압되었다. 내부의 적이 누구였는지, 무엇이었는지를 알 게 된 뒤 아이 공략이 이루어졌고, 결과는 성공이었다. 이스라엘의 가나안 정복은 문자 그대로 더 이상 거칠 것이 없게 되었다. 가나안 도시들로서도 요르단 강 동 편에서 시작된 새 사회 건설의 물결에 가나안 전역이 휩쓸려드는 것은 이제 시간 문제인 듯 보였다.

가나안의 기브온 동맹이 이스라엘에 접근한 것은 새 물결에 대한 가나안 일 부 도시들의 호의적이고 능동적인 반응 가운데 하나라고 할 수 있다. 자유와 평등 을 전제로 한 야웨 하나님 중심의 단일 신앙 공동체가 가나안 곳곳으로 확산되기 시작하였다. 히브리 혁명이라고도 부를 수 있는 현상이 나타난 것이다. 기브온 동맹의 휘위 사람들 역시 정복과 제압의 대상이었지만 이스라엘은 기브온 도시들 과의 동맹에 동의한다. 이스라엘은 가나안 지역의 강력한 도시 동맹 가운데 하나를 우군으로 삼게 되었고 기브온은 명운을 건 전쟁을 치르지 않고 새로운 이주자들과 공존할 수 있게 되었다.

그러나 이스라엘이 기브온 도시들과의 동맹에 동의함으로써 새 민족의 새 영역 안에는 이집트 탈출과 시나이 산 계약의 의식, 광야 훈련을 경험하지 않은 사람들, 가나안 전통문화와 종교에 익숙한 사람들의 사회도 포함되게 되었다. 기브온 동맹이 비록 이스라엘의 야웨 하나님을 신앙 대상으로 받아들이기로 했다 하더라도 여러 세대, 어쩌면 수세기에 걸친 가나안 정착 생활의 종교·문화적 기초 역시 포기한 것은 아니었다. 기브온 도시의 히위 사람들도 가나안 농업 사회 특유의 풍요 제의를 일상의 일부로 여겼을 것이 틀림없기 때문이다.[22] **그림 38**

여호수아를 포함한 이스라엘의 지도자들은 이 문제에 대해 그리 깊이 고민하지 않았다. 가나안 정복 전쟁 수행과 관련된 전략적인 측면을 먼저 고려했던 것이다. 이스라엘의 지도자들은 아이를 공략하면서 겪었던 군사적인 어려움을 되풀이하고 싶지 않았을지 모른다. 비록 성전 선포를 무시하려 한 유다 지파 일부의 분파적 약탈 행위가 아이에 대한 1차 공략 실패의 원인이었다 하더라도 동맹 세력의 확보는 가나안 정복 과정에 수반될 수밖에 없는 제반 물적 부담이나, 군사력 부족, 군사적 고립 문제를 해결하는 데에 큰 도움이 될 것으로 보였을 것이다. 아마도 이러한 이유로 말미암아 이스라엘의 지도자들은 기브온 도시들과의 동맹 여

---

[22] 성경에서 말하는 가나안 일곱 부족 가운데에는 종족의 유래를 알 수 없는 경우가 많다. 히위족도 고고학적 발굴을 통해 중근동의 유적들에서 발견된 쐐기문자 점토판에는 보이지 않는 이름이다. 학자들은 성경의 호리족, 히위족이 역사상 그 존재가 확인되는 후리족의 히브리어 표기일 가능성도 제기한다. 이와 관련하여 한 가지 유의할 것은 고고학적 조사를 통해 발견되는 것은 역사적 산물의 극히 일부라는 사실이다. 커다란 그릇의 작디작은 조각 하나로 알아낼 수 있는 사실은 대단히 많을 수도 있지만, 이 사실들이 실제 진행된 역사를 얼마나 밝힐 수 있을지는 재고해보아야 한다. 고고학적 조사의 결과물로 역사적 전승의 사실 여부를 판단하기는 쉽지 않다는 사실을 항상 진지하게 가슴에 새기고 있어야 할 듯하다.

그림 38
번개와 천둥을 일으키는 전쟁의 신, 이라크 자말 출토, 기원전 9세기, 베를린 페르가몬 박물관

부를 '야웨께 묻지 않았'던 듯하다.[23]

　기브온의 히위 사람들 이상으로 이스라엘의 판단은 현실적이었다. 그러나 가나안 안에서 동맹 세력을 만들어냄으로써 이스라엘의 가나안 정복도 이때부터는 하나님과 이스라엘 사이에 맺은 언약의 이행, 곧 새 민족이 꿈꾸던 세계의 실현이라는 이상적 차원을 떠나게 되었다. 가나안을 무대로 펼쳐지던 수많은 정복 전쟁의 하나, 새로운 세력에 의한 옛 세력의 제압, 축출이라는 현실 속의 사건이 되어버렸다. 현실이 이상이 설 자리를 앗은 것이다.[24]

4 ─ 완수되지 못한 사명

이스라엘과 기브온 도시들 사이의 동맹은 가나안의 다른 도시 동맹들을 자극하였다. 기브온과 달리 예루살렘을 비롯한 가나안 주요 도시들의 동맹체는 이스라엘의 하나님을 받아들이기를 거부했다. 왕과 귀족 중심의 전제적, 봉건적 지배 체제를 유지하던 왕국 형태의 도시국가 지배자들로서는 '자유 히브리 공동체'라는 새로운 이념과 생활 방식, 이를 뒷받침하는 히브리의 하나님을 받아들이기 어려웠다. 가나안 왕국 동맹들과 이스라엘 중심의 자유 히브리 동맹 사이의 전쟁은 불가피 했다.

　사실 가나안 도시국가들은 히브리 동맹에 합류하려는 내부로부터의 불온한 움직임에 시달리고 있었음에 틀림없다. 가나안 도시국가 체제를 몸으로 지탱해 오던 '하비루'들에게 이스라엘 지파 동맹군의 요르단 강 서안 진입 소식은 말 그

23　여호수아9:14.
24　이스라엘과 기브온 도시 동맹 사이의 동맹 체결은 앞으로 전개될 이스라엘의 가나안 정복 전쟁이 세속적인 힘의 논리에 의해 이루어질 것임을 의미한다. 실제로 기브온 동맹을 구하기 위한 아모리 다섯 왕의 군대와 전투할 때에 여호수아의 기도로 태양이 아얄론 골짜기에 머문 사건(여호수아10:12~13) 이후 이스라엘의 가나안 정복 전쟁은 각 지파들이 맞붙는 상대의 강약에 따라 일진일퇴를 거듭하게 된다.

대로 기쁜 소식(복음)이었다. 기브온 동맹의 구원 요청으로 시작된 히브리 동맹과 가나안 도시왕국들 사이의 전면전은 이스라엘 측의 일방적인 승리로 마무리되었다. 도시왕국들의 잘 훈련된 소수의 병사들은 무기와 무장에서 히브리 병사들을 압도했다. 그러나 이들은 가나안 정복을 자유롭고 평등한 공동체 실현 과정으로 이해하고 있던 히브리 병사들의 소박한 무장, 빈약한 무기를 이겨낼 수 없었다. 히브리 병사들은 하나님의 군대와 함께 새 역사를 만들어낸다는 믿음과 신념으로 무장하고 적을 향해 나아갔지만 가나안 병사들은 왕과 귀족이 지급할 용병의 급료를 생각하며 적과 마주쳤던 것이다.

가나안 도시 왕국 안에서 노예적 삶에 고통받던 하비루들, 가난한 하층 농민들, 부랑자, 하급 군사들이 줄을 지어 새 물결에 합류하였다. 이와 동시에 요새화된 도시국가들의 몰락은 계속되었다. 성들이 잇달아 함락되고 폐허화되었다. 문명의 첨단을 자랑하던 도시와 성읍들이 불타버린 자리 근처에는 세속적인 시각에서는 소박하기 그지없고, 볼품조차 없는 작은 마을들이 잇달아 들어서게 된다. 자유 히브리의 촌락들이다.

히브리 동맹의 범위가 지속적으로 확대되어 나가면서 야웨 하나님에 대한 신앙은 가나안에서 새롭고도 주요한 종교·문화적 위치를 차지하게 되었다. 그러나 기브온 동맹의 사례에서 짐작할 수 있듯이 가나안식 농경 제의에 바탕을 둔 농경신 신앙도 여전히 가나안 종교 문화의 주요한 흐름의 하나로 남게 되었다. 하비루들의 협조에도 불구하고 지형상의 이점이나, 강력한 무장력을 자랑하던 가나안 평지와 일부 산지의 도시들은 히브리 동맹에 가입하거나 굴복하기를 거부했다. 해안평야 지대에는 바다 민족의 한 갈래인 블레셋인(필리스테인)이 밀려들어와 자리를 잡기 시작했다. 이들은 결국 강력한 철기 문화를 바탕으로 한 새로운 도시국가 동맹을 출현시켰다.[25]

트란스요르단에서 시작된 자유 히브리의 물결이 가나안을 한 차례 휩쓴 것은 사실이다. 그러나 세속적 동맹 체제의 출현을 기점으로 물결이 닿는 정도에 그친 지역이 가나안 곳곳에 남게 되고 말았다. 진정한 의미의 가나안 정복은 이제 세대에서 세대로 전해지는 장기 과제로 남게 되었다.

25 이들은 이집트에 대한 약탈과 정복에 실패하면서 동부 지중해 연안 각지로 흩어졌던 바다 민족들의 갈래이거나, 그 후예들이다. 바다 민족들은 철기 문화에 상당히 익숙해진 상태에서 이집트 침략을 시도하여 한때 이집트의 나일 삼각주 일부 지역에서 지배권을 행사하기도 했던 것으로 알려진다.

모자이크 국가 이스라엘

1 — 이질적인 삶과 문화의 혼재

이스라엘의 등장으로 시작된 가나안 전쟁은 복합적이고 특이한 양상을 띠며 전개되었다. 선진 문명을 지닌 강국이나 빼어난 전투력을 지닌 유목계 민족이 가나안을 휩쓸어버리는 식의 전쟁도 아니었고, 대량 이민 형식으로 한 민족이 쏟아져들어와 가나안의 민족 구성을 바꾸어버리는 식도 아니었다. 시나이의 광야로부터 '히브리인의 후손'으로 불리는 한 민족이 나타나 가나안을 저들의 하나님이 주기로 약속한 땅이라 주장하며 정복을 선언하였다. 그러자 요르단 강의 동쪽과 서쪽의 주민들 가운데 상당수가 이들과 하나님 사이의 약속 실현 과정에 동참하겠다고 나섰다. 이어 별다른 무기도, 든든한 무장도 없던 이스라엘이 청동제 무기와 철제 전차, 이중 방벽의 방어성으로 무장한 가나안의 성읍과 도시국가들을 차례로 점령하는 이변이 일어났다. 이와 같은 상황 전개에 놀란 상당수의 가나안 도시들이 이러한 방식의 정복 전쟁의 희생자가 되지 않기 위하여 외관상 변변치 않은 새 침략자들의 동맹 세력이 되었다. 이제 가나안 전쟁은 매우 이질적이고 새로운 형태의 이념과 신앙 사이의 장기적 대결 양상을 띠게 되었다.

    다수의 주민이 이스라엘에 합류한 도시들은 히브리인의 새 세상을 경험할 수 있었지만, 그렇지 않은 성읍들 가운데 새 물결의 파고를 견뎌내는 데에 성공한 지

★ 이 편의 기본 텍스트는 여호수아2:1~사사기10:18.

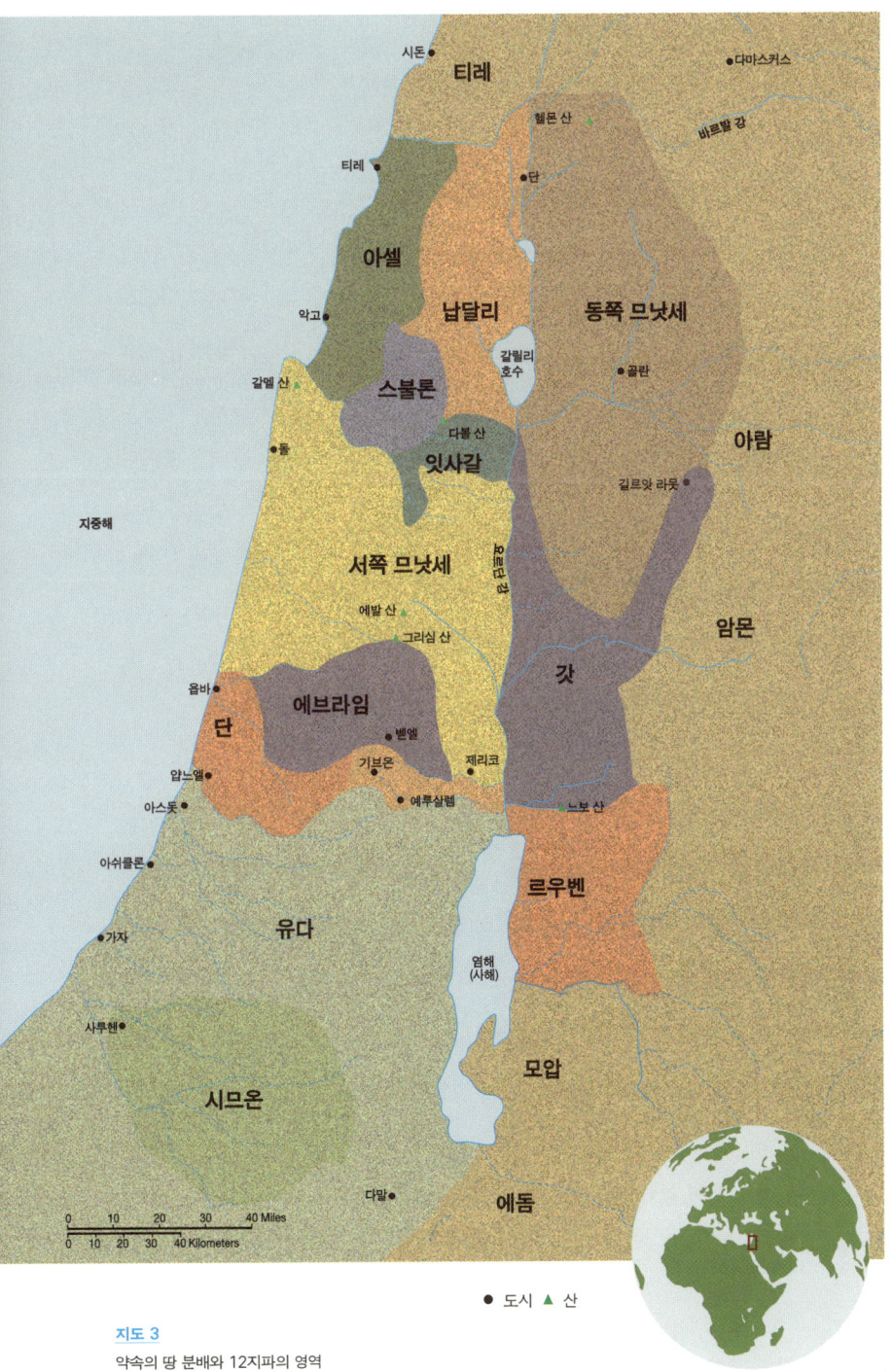

지도 3
약속의 땅 분배와 12지파의 영역

역은 여전히 옛 질서와 체제 안에 남게 되었다. 왕, 혹은 귀족이 잘 훈련된 용병들을 매개로 장인과 농부, 노예들을 다스리는 도시국가들과 장로와 주민 대표, 일반 주민들 사이의 유기적인 관계를 바탕으로 소규모 사회의 과제들을 처리해나가는 촌락 공동체들이 가나안 전역에 뒤섞여 있게 된 것이다.

어떤 의미에서 가나안은 정복되었고, 다른 의미에서 가나안은 정복되지 않았다. 정탐병이 그려온 지도 위에서 가나안 전역은 이스라엘 열두 지파의 땅으로 분배되었지만, 분배지 획득은 개별 지파의 군대, 혹은 지파 연합군에 의한 정복 전쟁을 거쳐야만 가능하였다. 세속적 군사동맹 체제의 출범, 이집트 탈출과 시나이 산에서의 계약 의식을 경험하지 못한 가나안 하비루들의 전투 참여가 진행되면서 전쟁의 승패는 현실적 전투 능력에 의해 결정되기 시작하였다. 무기와 무장 능력에서 약점을 지니고 있었던 이스라엘 지파 동맹군의 전쟁 수행 능력은 시나이 광야 훈련, 야웨 하나님에 대한 전적인 신뢰, 이로 말미암은 성전 의식聖戰意識에 의해 더 이상 보완되지 못하는 경우가 많았다. 전투에서 주요한 고비에 이를 때면 전쟁 능력의 현실적 한계를 드러내는 경우가 종종 발생하였다.

여호수아를 지도자로 한 이스라엘의 가나안 정복 전쟁은 성과와 한계를 동시에 드러내면서 일단 종결되었다. 이제 가나안은 더 이상 왕이나 귀족이 지배하는 도시국가들의 동맹체가 아니었다. 곳곳에 옛 체제를 고수하는 도시국가와 성읍들이 남아 있었지만 가나안의 사회, 문화는 자유 히브리 촌락의 주민들이 주도할 수 있게 되었다. 문제는 자유 히브리 세계의 주민들이 자신들이 광야에서 가져온 이념과 신앙, 문화를 새 땅 가나안에서 얼마나 진지하게 원형 그대로 유지하며 이를 확산, 전파하고, 새로운 세대들에게 전승시킬 수 있는지였다.

2 — 모자이크 사회의 정치체제, 지파 동맹의 기능과 한계

이집트에서의 노예해방 운동을 경험한 '증인' 여호수아와 엘르아살은 가나안에서의 격렬한 정복 전쟁이 소강상태에 이르고, 어떤 의미에서는 종결 시점에 이르자 세겜에 지파 동맹의 참여자들을 모은다. 이집트 탈출과 시나이 산 계약이라는 역사적 경험, 두 사건에서 확립된 역사의식, 공동체 정신을 회고하고 재확인하는 의식을 치르기 위해서이다. 가나안 전쟁 과정에 새롭게 이스라엘에 참여한 하비루들과 광야 훈련을 거친 이스라엘의 새 세대 사이의 경험과 의식의 괴리를 좁히고, 미완성의 사명인 가나안 정복을 완결시키고자 함이다. 지파 사이의 자유로운 왕래가 어려울 정도로 정복과 미정복 지역이 혼재된 상태에서 공통의 이념과 지향이 확고히 유지되지 않는다면 유사시에 지파 동맹이 제 기능을 발휘할 수 있을 지조차도 알 수 없기 때문이었다. 여호수아는 세겜 회의에서 야웨 하나님에 대한 신앙을 유지할 것인지 여부를 여러 차례 이스라엘 지파 동맹에 묻고, 그렇지 않을 경우에 올 참담한 미래에 대해 경고하였다. 지파 동맹 분열과 평야 지대 가나안 도시국가들에 의한 역정복逆征服 가능성에 대한 우려가 대단히 컸기 때문이다. 실제 여호수아와 구세대 지도자들의 우려는 이들의 퇴진 뒤, 오래지 않아 현실이 되어 나타난다.[26]

여호수아의 사후, 사울이 이스라엘 지파 동맹의 군사 지도자, 혹은 왕으로 추대되기까지 이스라엘은 판관 시대에 접어든다. 사사들, 혹은 판관들 Judges로 번역되는 히브리어 '쇼페팀'은 이스라엘 지파 동맹이 정치·사회적 위기를 맞을 때마다 임의적으로 선출했던 지도자들을 가리킨다. 가나안 도시국가의 '왕'이나 지배 귀족들과는 달리 이스라엘의 '판관'은 위기 상황의 관리자로 기능과 역할, 의무를 부여받았을 뿐 정치적 권력이나 사회적 신분의 세습을 허용받은 것은 아

---

[26] 단 지파 사람들은 헤레스 산과 아얄론 인근의 비옥한 골짜기 땅들을 차지하기는커녕 아모리 사람들에 의해 산지로 쫓겨 올라간다.(사사기1:34) 요르단 강 동편 르우벤과 갓 지파의 땅은 가나안 전쟁이 끝난 뒤 오래지 않아 모압과 암몬에 의해 잠식되기 시작한 것으로 보인다.

니었다. 권력이나 신분, 지위의 세습은 자유 히브리 정신에 어긋나는 것이었으므로 설혹 주위에서 이를 권유하는 사람이 있다 하더라도 판관으로 인정된 당사자들이 이를 거부할 정도였다. 판관들은 이스라엘 지파 거주 지역의 안전이 확보되고 동맹 체제가 다시 안정되면 소속 지파의 유력한 지도자, 혹은 작은 성읍이나 촌락의 유력자라는 본래의 자리로 되돌아가고는 하였다.

모자이크 작품을 연상하게 하는 이질적인 세력과 체제, 영역, 문화의 혼재 상태 자체가 이스라엘 지파 동맹의 존립을 지속적으로 위협하였다. 한 지파의 성읍이나 촌락이 이웃한 가나안 도시국가의 침략을 받아 마을이 불타고 주민이 노예로 팔려가는 일이 비일비재하게 일어났다. 뿐만 아니라, 한 지파 전체가 주변 세력의 압박을 견디지 못하고 그 세력에 장기간 예속되기도 하였다.[27]

이처럼 개별 지파나 지파 소속 성읍이 안전을 위협받거나, 침략과 예속을 겪게 되면, 다른 지파들이 '지파 동맹'의 정신을 살려 해당 지파를 도우려 하였지만, 실행도 어려웠고 성과를 내기도 힘들었다. 지파 자체 군대의 모집부터 이스라엘에 적대적인 세력들에 의해 점거된 통행로의 온전한 확보에 이르기까지 장애 요소가 한두 가지에 그치지 않았던 까닭이다. 오히려 정치·사회적으로 모자이크적 구성을 유지하던 가나안에서 이스라엘의 개별 지파나 촌락이 안전을 확보하는 손쉽고 확실한 방법은 이념과 체제는 서로 다르다 하더라도 일정한 영역 안에 있는 이질적인 세력들과 연합하여 일종의 정치적 동맹체를 구성하는 것이었다.

그러나 이러한 방식으로 안전보장을 추구할 경우, 이스라엘을 성립하게 한 가나안 정복 전쟁의 기본 정신, 시나이 산 계약의 주요한 조항들, 이집트에서의 노예

---

[27] 단 지파는 블레셋에 완전히 종속되었다가 점차 동화되고 흡수되어 지파 소멸 단계로까지 나아간 경우이다. 결국 단 지파는 그 일부가 북으로 새 정착지를 찾아 떠남으로써 지파 소멸의 위기를 벗어난다.

살이를 마치게 한 야웨 하나님과 히브리인들이 맺은 약속들은 유보되거나 잊혀져야 했다. 엄격한 신분 차별, 지위와 신분의 세습, 심각한 빈부 격차, 비인간적인 희생 제의, 비도덕적 비윤리적인 풍요 의식 등을 특징으로 하는 가나안 도시국가들과 자유 히브리 촌락 사이의 자유로운 교통과 교류는 이스라엘로 하여금 이러한 이질적인 사회질서와 문화 현상에 익숙해지고, 영향받고, 결국은 이를 받아들이게 만들 수 있었다.[28] 판관 시대의 이스라엘 지파 동맹 영역 곳곳에서 이러한 일이 일어났다. 이러한 현상이 빈번히 나타나고 일반화될수록 지파 및 지파 내 촌락들 사이의 유대는 이완되었다. 현실의 안전과 안정을 확보하고자 하는 노력 속에서 가나안에 새 바람을 불러일으켰던 자유 히브리의 이념과 신앙은 퇴색되었다. 이스라엘 지파 동맹 체제의 가나안과 주변 지역에 대한 영향력도 함께 약화되었다.

3 — 지파 동맹의 위기 관리자, 판관

판관은 이스라엘 백성들이 그에게 '야웨의 신이 임했음'을[29] 받아들임으로써 구원자, 지도자로서 권력을 그의 당대에 한하여 행사할 수 있었다. 판관은 보통 한 지파를 대표하는 자로 스스로를 자리매김하면서 다른 지파의 협조를 요구하였고, 이에 응한 지파들에서 소집된 군대를 통솔하였다. 물론 개별 지파에서 소집된 군대는 지파 동맹을 위협하는 외부 세력과의 전쟁이 끝나면 해산되었으므로 판관이 지파 동맹 유지를 위한 상비군을 휘하에 두는 일은 없었다. 판관이 소속된 지파의 젊은이들이 자원하는 형식으로 판관의 휘하에 남는 경우는 있었다. 그러나 이들의 규모는 크지 않아 상비군으로 칭하기 어려웠다.

---

28 가나안의 도시 문명은 히브리 사람들에게 어떤 의미에서는 '이집트의 고기 가마'에 해당했다. 자유와 평등을 전제로 한 소박한 삶이 풍요로운 물질문명과 마주쳤을 때, 소박함이 풍요에 의해 덧씌워질 가능성이 그 반대의 가능성보다 높다는 것은 일반적으로 알려진 사실이다.
29 사사기3:10.

판관 시대에 이스라엘의 구원자로 이름을 남긴 인물은 한 지파에 한 명꼴로 모두 열두 명이다.[30] 야웨의 신이 임한 판관이 등장하는 시기에는 이념과 신앙, 체제의 차이를 고려하지 않는 가나안의 지역 동맹체들은 기능이 크게 약화되거나 역할이 축소되고 제한되었다. 이스라엘 지파 동맹 소속 촌락들과 가나안 도시국가들 사이의 유대는 끊어지거나 형식적인 수준에서 유지되었다. 반면 지파 및 촌락들 사이의 유대는 강화되었다. 그러나 판관이 죽으면 이스라엘 지파 동맹 체제는 다시 이완되고, 가나안 외부 세력의 압박이나 위협, 침입이 현실화되는 와중에 가나안 지역 동맹체는 재조직, 재가동되었다.

그런데 가나안 지역 동맹이 가나안 내에서의 상호 갈등이나 긴장, 충돌을 예방하는 데에는 유효했을지 모르나 외부로부터 오는 강한 압박을 견뎌내는 데에는 아무런 도움이 되지 않았다. 가나안에 성립한 다수의 지역 동맹이 오히려 외부로부터의 침략에 대응하는 데에 방해 요인이 될 수 있었다. 지역 동맹에 가입한 상태에서 이스라엘의 지파와 촌락들은 암몬, 아말렉, 미디안과 같은 가나안 주변 세력의 침입과 약탈에 속수무책으로 당하는 경우가 많았다. 지역 동맹을 바탕으로 한 외부 침략 대응에 거듭 실패하면서도 이스라엘의 지파들은 가나안 도시국가들과의 협조 체제 구축에 관심을 기울였다. 이는 외부 세력에 예속되는 과정이기도 하였다. 블레셋이나 미디안에 의한 이스라엘의 반식민半植民이나 예속 상태는 야웨 하나님이 보낸 판관이 출현하면서 끝났지만, 이스라엘 지파들은 습관처럼 지역 동맹에 다시 가입하고는 하였다.

판관 시대 이스라엘 최초의 판관은 시므온 지파의 영역에서 등장한 옷니엘이

---

30 성경을 자세히 살펴보면 판관으로 활약했던 인물은 열두 명 이상이었음을 알 수 있다. 열두 명의 판관이란 이스라엘이 열두 지파 동맹 체제를 유지시켰음을 확인시키기 위한 성경 기자들의 노력과 의지를 담은 결과물이라고 하겠다.

다.[31] 그 뒤를 베냐민 지파의 에훗, 아셀 지파의 삼갈, 에브라임 지파의 드보라(+ 납달리 지파의 바락), 요르단 서편 므낫세 반지파의 기드온, 잇사갈 지파의 돌라, 요르단 동편 므낫세 반지파의 야일, 갓 지파의 입다, 유다 지파의 입산, 스블론 지파의 엘론, 에브라임 지파의 압돈, 단 지파의 삼손이 잇는다. 르우벤 지파의 영역에서 관관으로 불릴 수 있는 인물이 나타났는지 여부는 현재까지 확인되지 않는다. 이는 르우벤 지파가 이스라엘 지파 동맹에서 가장 먼저 지파로서의 독자성을 잃고 소멸해버린 것과 관련이 깊은 듯하다.[32]

열두 명의 판관들 가운데 이스라엘의 역사에서 상대적으로 중요한 업적을 남긴 인물로는 드보라와 바락, 기드온, 입다, 삼손을 꼽을 수 있다. 드보라는 판관 시대에 판관으로 이름을 남기고 있는 유일한 여성으로 하나님의 신을 받은 여선지자로 말씀을 전하다가 판관의 역할까지 맡게 된 인물이다. 이스라엘 북부 지파들은 한동안 철제 병거 900승을 지녔던 것으로 전하는 하솔 왕 야빈의 지배 아래 있었다. 하솔의 지배에서 벗어나려던 북부 지파들의 독립운동은 판관 드보라의 신탁을 통해 결정적 전기轉機를 맞는다. 여선지자 드보라가 스블론과 납달지 지파 연합군의 지도자로 바락을 선임하고 그와 함께 대對 하솔 전쟁의 선두에 섬으로써 야웨의 신이 함께하는 이스라엘 군대의 승리를 가져온 것이다. **그림 39**

드보라와 바락의 노래에서 잘 드러나듯이 납달리와 스불론 지파가 주도한 이 북방 전쟁에 요르단 강 동편의 르우벤, 갓 지파, 북방의 아셀 지파는 참여하지 않

---

31 옷니엘 이후 시므온은 지파로서의 독자적 활동의 흔적을 보여주지 않는다. 시므온 지파의 영역은 남방으로는 사막 유목민 아말렉, 미디안의 활동 지역과 접해 있고, 그 이외의 지역은 유다 지파의 영역에 둘러싸여 있었다. 시므온 지파는 남방 유목민들의 침입에 시달리다가 판관 시대 후기에 이르면 유다 지파에 사실상 흡수되었을 것이다.

32 르우벤 지파의 영역을 확보한 직후부터 모압의 압력을 강하게 받았다. 판관 시대에 들어선 지 오래지 않아 모압의 영향권 안에 들어간 르우벤 영역은 뒤에 세력 확장에 나선 암몬의 땅이 된다.

그림 39
야엘의 시스라 살해, 하나님의 뜻을 확인하는 기드온, 성경 삽화, 프랑스, 1250년경

는다. 이스라엘 지파 동맹의 특징을 잘 보여주는 부분이다. 지파 동맹 구성원의 자유와 안전을 확보하기 위한 전쟁에 참여하는 것도 지파의 자율적 결정에 의존하고 있는 것이다. 판관 역시 지파 참여를 강제할 수 있는 권한을 허용받지는 못하였다.

기드온 전쟁, 혹은 대對 미디안 전쟁을 주도한 지파는 잇사갈, 므낫세, 아셀, 스블론, 납달리 등 북방 지파들이다. 판관 기드온은 전쟁에 앞서 자율성과 적극성을 바탕으로 군사를 선별한다. 놀라운 것은 이 과정에서 전쟁에 참여할 준비가 충분히 되어 있다고 판단된 사람은 300명에 불과하였다는 사실이다.[33] 자율과 평등을 전제로 한 지파 동맹의 유대감 유지가 얼마나 어려웠는지를 단적으로 드러내는 부분이다. 기드온은 하나님의 사자를 통하여 판관으로 부름 받은 뒤 성읍 오브라 공동의 제사 장소에 모셔진 바알의 단을 헐고, 아세라 여신의 목상을 찍어 불사른다. 이 사건으로 바알과 다투는 자, 곧 여룹바알이라는 별명을 얻는 기드온 집안과 성읍 사람들은 심각한 갈등을 빚는다. 이런 일련의 사건들에서 짐작할 수 있듯이 판관 시대에 야웨 하나님이 함께하는 전쟁에 나설 이스라엘 사람을 다수 확보하기는 매우 어려웠다.

가나안 전쟁의 종결 단계부터 이스라엘은 가나안 사회 및 문화를 수용하기 시작한다. 판관 시대에 이르면 그 정도가 이스라엘의 정체성을 위협할 정도에 이르고 있었다.[34] 기드온이 고안한 횃불과 항아리 전술로 대 미디안 전쟁이 큰 승리

---

33 처음 대 미디안 전쟁 참가 의사를 밝힌 사람의 수는 3만 2,000명이었다고 한다.(사사기7:3)
34 기드온이 살던 성읍 오브라, 세겜에 있던 바알브릿 묘廟(신전)의 예에서 미루어 알 수 있듯이 다산과 풍요를 가져다주는 것으로 알려진 바알과 아세라에 대한 신앙은 판관 시대에는 이스라엘 사람들 사이에 이미 널리 받아들여져 성읍 단위로 제사가 치러질 정도였다. 기드온이 대 미디안 전쟁에서 승리한 뒤, 탈취한 금귀고리로 만든 금 에봇이 이스라엘 사람들 사이에 숭배의 대상이 된다.(사사기8:24~27) 이는 금 에봇을 '현실을 지배하는 힘의 상징', 혹은 '전쟁의 신'으로 보았기 때문인데, 이 역시 벼락의 신 바알을 숭배하는 심리와 동일한 사고방식에서 비롯되었다고 할 수 있다.

로 마무리되자 이스라엘 지파 동맹 안에서 기드온을 왕으로 세우려는 시도가 나타나는 것도 왕권 중심의 가나안 도시국가 체제가 이스라엘에게 익숙해졌음을 시사한다. 세속적인 시각에서 볼 때, 정치적으로 불안정할 수밖에 없는 지파 동맹 체제, 판관에 의존한 위기 극복 체제를 버리고 왕국 체제를 택함으로써 사회적으로 항구적인 안정을 확보하자는 것이었다.

그러나 기드온의 아들 아비멜렉이 일시적으로 왕을 자처하면서 피비린내 나는 권력투쟁이 일어나 기드온의 다른 아들들이 몰살당하고, 세겜 주민들이 대량 학살되는 사태가 발생한다. 데베스 점령과 아비멜렉의 전사로 이어지는 사건의 경과가 말해주듯이 왕국 체제가 반드시 정치적 안정을 가져오리라고 낙관하기는 어려웠다. 아비멜렉의 등장과 몰락 과정이 보여주듯이 지파 동맹의 유지에 일익을 담당했던 판관 체제는 지파 사이의 유대감이 약화되고, 이스라엘의 가나안 문화에 점차 심하게 동화되면서 흔들리기 시작하였다. 돌라와 야일의 시대를 거쳐 길르앗 용사 입다가 판관으로 위촉될 즈음이면 이스라엘 지파 사이의 유대는 결정적인 손상을 입고 동맹 체제는 바닥부터 무너져 내릴 지경에 이른다.

기로에 선
이스라엘 지파 동맹

1 ― 계약 공동체의 균열

가나안 전쟁이 종결되고 판관 시대가 시작될 즈음, 개별 지파에 대한 이스라엘 지파 동맹의 구속력은 상당한 수준을 유지하고 있었다. 여호수아의 지도 아래 이루어진 세겜에서의 계약 의식, 지파 동맹 체제의 유지를 위해 이스라엘 모든 지파가 이행에 합의한 갖가지 규약에 대한 기억이 아직 생생한 상태였다. 비록 자율성과 독자성, 개별성을 바탕으로 성립한 지파들의 동맹체였지만 범汎지파적 가치, 곧 세겜에서 확인된 계약 의식 속의 규약들은 지켜져야 했다. 지파 동맹 체제를 위협하는 행위를 고집했을 때, 개별 지파는 지파 동맹으로부터 주의와 통제, 강제적 교정을 받을 수도 있었다. 지파 동맹과 베냐민 지파 사이의 전쟁은 지파 동맹의 기능과 역할의 한계에 대한 서로 다른 인식이 양자 사이에서 고집됨으로 말미암아 일어난 새 공동체, 새 민족 안의 동족상잔이라고 할 수 있다.

베냐민 땅 기브온에서 비류卑流들에 의해 저질러진 레위인 첩의 윤간과 살인, 레위인이 죽은 첩의 시체를 조각내어 이스라엘 지파들에 보내 이에 대해 호소한 전대미문의 사건이 일어났다. 이는 지파 동맹 지도자들에게 지파들 사이의 자유로운 교류와 공존을 전제로 성립한 지파 동맹 체제를 근본부터 뒤흔드는 것으로 받아들여졌다. 지파 동맹은 사건의 원인이 된 베냐민 기브온의 비류들을 처벌하

★ 이 편의 기본 텍스트는 사사기11:1~21:25.

기로 결의하였고, 베냐민 지파는 지파 동맹의 요구를 지파 안의 질서에 대한 간섭으로 여기고 거부하였다.

지파 동맹의 연합군과 베냐민군 사이에 전쟁이 일어났다. 두어 차례 전세의 변화가 있었지만 결국 베냐민군은 패했다.[35] 베냐민 땅은 폐허가 되었으며, 주민은 사실상 몰살되었다. 살아남은 소수의 베냐민 사람들이 자신의 성읍으로 돌아가는 것이 허용됨으로써 지파로서의 베냐민은 간신히 소멸을 면할 수 있었다. 요르단 강 동편의 야베스 길르앗도 지파 동맹에 군대를 보내지 않았다는 이유로 지파 동맹군의 공격을 받고 폐허로 변했다.

이처럼 판관 시대 초기에 지파 동맹의 지파 통제력은 상당한 수준으로 유지되었다. 개별 지파는 지파 동맹의 구심체적 기능과 역할을 어느 정도까지는 받아들여야 했다. 그러나 이 시기에도 베냐민의 사례에서 확인할 수 있듯이 개별 지파의 자립성, 자율성은 여전히 매우 강하게 주장되고 있었다. 히브리 사람의 새 세계는 지파의 영역과 독자성 유지를 전제로 가나안에 출현하였다. 이런 까닭에 역으로 소속 지파의 입지가 뚜렷하지 않으면 개인의 자립과 자존은 보장되기 어려울 수도 있었다.

실제 판관 시대 초기부터 이러한 우려가 현실로 나타났다. 레위 사람들은 제의를 담당하는 대신 이스라엘 지파들 사이에 흩어져 살며 다른 지파들로부터 생계를 보장받기로 했다. 그런데 레위 사람들 가운데 소속 지역 주민들의 비협조와 무관심, 외면으로 말미암아 직업도 재산도 없이 떠도는 자들이 생겨났다.[36] 시나이 산의 계약, 세겜의 계약을 바탕으로 성립한 이스라엘 공동체가 그 계약을 확인

35　전쟁 초기에 소수의 베냐민군이 절대 다수의 지파 연합군을 제압할 수 있었던 것은 기브아 출신의 왼손잡이 물맷돌 부대의 선전善戰에 힘입은 바 컸을 가능성이 높다. (사사기20:16) 판관 시대에 모습을 드러내는 물맷돌 부대의 전통이 왕국 시대까지 이어져 이스라엘군의 전투력 유지에 주요한 역할을 했던 것으로 보인다.

하고 유지시키는 역할을 담당하기로 한 제의 담당자들을 버리는 현상이 일어났던 것이다.

떠돌이 레위인의 등장은 곧바로 계약 공동체로서의 이스라엘에 정체성의 혼란을 가져왔다. 성읍이나 촌락 차원의 제의를 담당해야 할 레위인들이 이스라엘에서는 허용될 수 없던 개별 가정의 제사 담당자로 취직하여 생계를 꾸려나가는 사례가 생겨난 것이다. 에브라임을 비롯하여 이스라엘 지파 영역의 곳곳에서 개인 신상을 제작하여 가정에 두고 이를 관리하며 그 집에 복을 빌 사람을 고용하는 일이 일어났다.

에브라임 산지 미가의 집에 제관으로 고용된 유다 베들레헴 출신 레위인 역시 이와 같은 경우에 속한다. 베들레헴 촌락의 제의 담당자로 남아 있어야 할 레위인이 지낼 곳을 찾아 떠돌다가 미가의 집에 이르렀다. 미가에게서 생존을 유지할 정도의 대가를 받는 대신 이 레위인은 은으로 만든 신상을 모신 개인 신당神堂의 제관이 되었다. 이스라엘은 시나이 광야 훈련을 거치면서 이집트 문화의 상징이기도 했던 우상의 제거, 이에 의존하는 의식에서 탈피할 것을 요구받았다. 이런 이스라엘에 다시 개인 신상이 생겨나고, 이를 제거해야 할 책임을 지닌 레위인이 생계를 위해 이를 모시는 자가 된 것이다.

미가의 신상과 미가에게 고용된 레위인은 새로운 거주지를 찾아 가나안을 떠돌던 단 지파 사람들에게 탈취된다. 가나안 전쟁이 끝난 지 얼마 되지 않아 가나

36 실로 회의에서의 분배를 통해 레위 지파도 다른 열한 지파(므낫세 반지파를 각각 한 지파로 치면 열두 지파)로부터 모두 48성읍과 주변의 들을 재분배받았다. 그러나 레위계 제사장들이 실제 이 땅들을 차지할 수 있었는지는 의문이다. 지파 단위로 이루어진 가나안에서의 영역 확보 전쟁이 대부분의 경우 만족스럽지 못한 결과를 가져왔기 때문이다. 요르단 동편과 서편에 각각 세 곳씩 확보된 여섯 곳의 도피 성들과 일부 성읍들만이 레위계 제사장들의 거점 구실을 하였을 가능성도 있다. 땅을 얻지 못한 레위 사람들은 처음부터 다른 지파 소속 성읍의 제사장 역할로 존재의 근거를 찾을 수밖에 없었을 것이다.

안 서부 해안평야 지대를 점거한 블레셋의 압력으로 단 지파는 그들에게 분배된 땅을 지켜낼 수 없었다. 단 사람들의 일부는 블레셋에 점령, 동화되고 일부는 떠돌이 신세가 되었다. 떠돌이가 된 단 사람들의 한 무리가 에브라임 산지에 나타나 미가의 신당을 약탈한 것이다.[37] 이 떠돌이 단 사람들은 이스라엘의 가장 북쪽에 자리 잡고 있던 납달리 지파 동북 변경의 외진 성읍 라이스를 급습하여 점령하고 그 땅을 새 거주지로 삼는다. 베들레헴 출신의 떠돌이 레위인 역시 단의 새 성읍 라이스 단의 제사장이 되어 미가의 은으로 만든 신상을 모시게 된다.

세겜의 계약 의식이 끝난 지 그리 오랜 시간이 흐르지 않았는데도 분배된 땅을 지키지 못한 지파가 생겨나고, 지파 차원의 신상 숭배가 재개된 것이다. 베냐민의 독자적 판단과 행동에 대해 강제적 교정력을 발휘했던 지파 동맹이 블레셋에 의한 단 지파의 해체는 막지 못했다. 개별 촌락에서 레위인들이 버림받고, 우상의 제작과 개인 신당의 출현 역시 사실상 방관하고 있다. 판관 시대 초기부터 자유와 평등의 히브리 공동체는 내부와 외부에서 동시에 가해지는 다양한 형태의 도전에 적절히 대응하지 못한 채 흔들리고 있었던 것이다.

2 — 흔들리는 지파 동맹 체제

판관 시대 후기 갓 지파 영역에서 등장한 판관 입다는 기생의 아들이라는 이유로 가업 승계 대상에서 제외된 뒤, 집에서 쫓겨나 잡류雜流와 어울리며 살던 자이다.[38] 원어로 '모험가 adventurers'로 표기된 잡류란 기성 사회에서 버림받고 소외된 자들, 사회의 변두리 인생으로 살아가는 자들을 가리킨다.[39] 자유와 평등을

---

[37] 이스라엘 사람들의 영역 안에서 계약 공동체에 속한 사람들 사이에서 약탈하고 약탈당하는 일이 일어난 것이다. 판관 시대 후기에는 개별 지파 사이에 이스라엘 공동체 구성원으로서의 유대 의식이 이전에 비해 오히려 약화되었음을 보여주는 사건이라고 하겠다.

기치로 내걸었던 노예 출신 히브리 사람의 새 세상이 판관 시대의 후기에 이르면 불평등과 소외, 차별이 다반사로 행해지는 사회로 바뀐 것이다.

입다가 판관이 되는 과정은 이전의 판관들과 어느 정도 차이가 있다. 하나님의 신이 임한 자가 백성 앞에 나서서 판관으로 인정받는 것이 이때까지의 관행이었다. 그런데 입다는 하나님의 계시를 받은 것으로 보이는 백성의 장로들로부터 판관으로 위촉받아 판관 자리에 오른다. 잡류들의 우두머리가 됨으로써 일정한 무력을 확보한 입다를 암몬의 침략으로 위기를 맞은 길르앗의 장로들이 자신들의 지도자로 맞아들인 것이다. 형식상 혈혈단신으로 시작하는 초기의 판관들이나 신정정치의 지도자들과 달리 입다는 고향에서 쫓겨난 뒤 자신의 세력을 형성하여 되돌아가는 방식으로 지도자의 자리에 올랐다. 세속적 정치권력자의 등장 과정과 유사하다고 할 수 있다.

물론 고향에 되돌아온 입다 역시 암몬과의 분쟁 해결사로 나서기에 앞서 성소의 하나로 여겨지던 미스바에서 자기의 말을 다 '야웨'에게 고한다. 지방 성소인 미스바에서 길르앗 장로들과 입다 사이에 하나님을 증인으로 한 엄숙한 계약 의식이 진행된 것이다. 이스라엘이 신정정치적 전통에서 벗어나는 것은 지파 동맹의 어느 누구도, 또 어떤 경우에도 상상하기 어려웠음을 알게 하는 부분이다.

야웨의 신이 임하여 입다가 진정한 판관의 자리에 오르는 것은 영토를 둘러싼 암몬과의 평화적 해결 노력이 실패로 돌아간 뒤 이스라엘과 암몬 사이의 전쟁이 불가피해진 직후이다. 그러나 암몬과의 전쟁에서 승리한 입다에게 돌아온 첫

---

38 입다가 길르앗 사람으로 나오는 것은 갓 지파의 영역이 실제로는 '길르앗'으로 불렸기 때문이다. 이것은 므낫세 반지파에게 주어진 땅이 바산과 길르앗으로 불린 것과 같다. 갓 지파가 자리 잡았던 길르앗 남부는 르우벤의 땅을 차지한 암몬으로부터 끊임없이 존립을 위협받고 영역을 잠식당한다.
39 판관 기드온의 서자 아비멜렉 밑에 모여들었던 '방탕하고 경박한 자들reckless adventurers' (사사기9:4)도 같은 부류의 사람들이다.

번째 선물은 역설적이게도 무남독녀를 하나님께 번제로 드리는 일이었다. 주변의 눈을 의식한 극단적인 내용을 담은 맹세, 가나안 문화에서는 일반적이지만, 이스라엘로서는 낯선 인신 희생 서원이 자신에게 올무가 된 것이다.[40] 두 번째 선물은 요르단 강 서안의 주요 지파로 자처하던 에브라임과의 갈등 및 전쟁이다.

가나안 전쟁의 준비 단계부터 요르단 강 동편 지파들과 서편 지파들 사이에는 정치·사회적 입장의 차이로 말미암은 갈등이 싹트고 있었다. 이미 자신의 영역을 확보하고 있던 동편 지파들은 가나안 정복 전쟁에 참여하기를 꺼렸다. 반면, 서편 지파들은 동편 영역은 시나이 산 계약에서 다시 언급된 약속의 땅에 포함되기 어렵다고 보았다. 가나안 전쟁이 일단 종결된 뒤, 동편 지파의 군대가 제 땅으로 돌아갈 때에 강 서편에 기념탑을 세우자, 서편 지파들은 이스라엘 지파 동맹을 둘로 나누는 경계이자, 하나님과 이스라엘 사이의 계약을 위반하는 '두 곳의 성소'를 두는 행위로 보고 동편 지파와의 전쟁 준비에 돌입하기도 하였다.[41] 드보라와 바락이 이끈 북방 전쟁을 비롯한 요르단 강 서편 지파들과 외부 세력 사이의 분쟁에 동편 지파들은 거의 개입하지 않았다. 판관 시대 초기부터 요르단 강의 동편 지파와 서편 지파 사이의 유대는 흔들렸고, 긴밀한 교류와 협조는 기대하기 어려운 상태였다.

왕권 수립을 지향하는 흐름이 강하던 판관 시대 후기의 이스라엘에서도 요르단 강 동편 지파의 영역에서는 왕국화의 경향이 더욱 두드러졌다. 이러한 흐름은 입다 시대 직전, 판관으로 활약했던 요르단 강 동편 므낫세 반지파의 야일이 30인

---

40 암몬과 모압에서 행해지던 인신 희생의 관습이 이를 금기시 하던 길르앗의 이스라엘 사람들에게도 모르는 사이에 깊은 영향을 주었음을 시사하는 부분이다.
41 '너희는 야웨께 분의가 없느니라 하여, 너희 자손이 우리 자손으로 야웨 경외하기를 그치게 할까 하여.' (여호수아22:25) 요르단 강 동편과 서편의 사람들이 야웨 하나님에 대한 신앙으로 성립된 공동체임을 확인하고자 단을 세웠다는 동편 지파의 해명으로 전쟁은 예방된다. 그러나 동편 지파의 우려는 판관 시대에 이르러 현실이 된다.

의 아들에게 30성읍을 다스리게 했던 데에서 미루어 짐작할 수 있다. 더욱이 동편 지파의 영역에는 선주민의 독립적 정치 영역이 사실상 남아 있지 않았기 때문에 왕국으로의 전환이 오히려 용이하였다. 이후 벌어지는 에브라임 지파와의 전쟁에서 이기자 길르앗 사람들은 요르단 강을 건너 도망하려는 에브라임 사람을 잡기 위해 십볼렛을 '씹볼렛'이라고 발음하는지 여부를 확인했다고 한다.[42] 이런 기사에서도 드러나듯이 요르단 강을 경계로 한 두 지역 주민 사이에는 사회·문화적으로도 상이한 점이 많았다. 이제 갓과 므낫세 반지파의 존립을 위협하던 대 암몬 전쟁에서 승리함으로써 요르단 동편 지파가 주도하는 이스라엘 왕국이 등장할 가능성은 매우 높아진 것이다.

이미 이스라엘은 기드온이 주도한 대 미디안 전쟁의 처리와 평가를 둘러싸고 혼란을 겪은 바 있다. 지파 동맹에서의 주도적 입장 상실을 우려한 에브라임 지파가 권력투쟁적 태도로 이 전쟁에 뒤늦게 개입했던 것이다. 이 사건이 잘 보여주듯이 이스라엘 지파 동맹 안에서도 주도권을 둘러싼 지파 사이의 갈등은 상존하였다. 입다를 중심으로 한 동편 지파의 대 암몬 전쟁이 이스라엘 측의 큰 승리로 마무리되자 이 전쟁에서도 실제적인 기여를 거의 하지 못했던 에브라임 지파는 다시 한 번 지파 동맹 주도 세력으로서의 기존 입지에 큰 타격을 입었다. 에브라임 지파는 지파 동맹의 주도권을 계속 인정받으려 애썼고 입다 중심의 동편 지파는 이를 거부하였다. 지파 동맹 내 두 세력 사이의 갈등은 결국 전쟁으로 발전하였다. 전쟁은 동편 지파, 길르앗의 승리로 끝났다. 이 사건을 계기로 요르단 강 동편과 서편 지파 사이에는 정치·사회적으로 더욱 깊은 골이 패이게 되었다.

---

42 사사기12:6.

3 — 블레셋의 압박과 단 지파의 해체

모자이크적 영역 혼재에도 불구하고 지파 동맹을 유지하던 이스라엘로 하여금 이러한 체제의 한계를 절감하게 한 것은 블레셋이다. 이 바다 민족의 후예들은 가나안 전쟁이 끝난 지 얼마 되지 않아 가나안 남부 해안의 평야 지대에 근거지를 마련하였다. 이어 가나안 내륙지대로 진출하기 위해 단, 시므온, 유다 지파의 영역에 압박을 가하기 시작하였다. 이스라엘 지파 동맹 안에서도 세력의 열세를 보였던 단 지파가 가장 먼저 블레셋 침입의 영향을 받고 나아가 지파로서의 존립조차 위협받게 되었다. 부분적인 해체와 분산에 이어 소멸의 위기에까지 몰린 단 지파를 구한 자가 바로 판관 삼손이다. 삼손은 블레셋 세력의 확산을 제일선에서 막았던 판관 시대 후기의 큰 영웅으로 이스라엘 역사 속에 각인된 인물이다. 그림 40

삼손은 태어나기 전부터 하나님께 드려진 인물이다. 이스라엘에서 나실인이란 일정한 기간, 심지어 일생 동안 하나님의 사람으로 살기로 서원한 '성별된 자, 바쳐진 자'를 가리킨다. 나실인은 몸에 삭도를 댈 수 없고, 부정한 것을 먹어서는 안 되며, 포도주와 독주도 마셔서는 안 된다.[43] 야웨의 신에 감동된 뒤, 삼손은 단 지파뿐 아니라 사실상 블레셋의 관할 아래 있던 유다와 시므온 지파가 더 이상 외부 세력의 지배를 받지 않게 하고자 애쓰게 된다.

나실인 삼손은 야웨의 신의 권능에 힘입으면 단신으로도 수많은 블레셋의 군사들과 맞부딪쳐 나갈 수 있는 용사 중의 용사였다. 그러나 삼손에게는 가나안 남부의 지파들을 구원하기 위한 이스라엘 지파 동맹 차원의 움직임을 이끌어낼 만한 정치적 시야나 경륜이 부족하였다. 판관 시대 말기 지파 동맹의 결속력이 현저히 떨어져 가동 자체가 쉽지 않은 상태에서 변두리의 작은 지파의 지도자에게 이

---

43 민수기6:1~21, 사사기13:2~7. 나실인 서원의 전통은 왕국 시대로도 이어지는데, 남북 분열 시대 후기에는 세속주의가 득세하면서 쇠퇴하는 경향을 보인다. 남유다에서 활약했던 선지자 아모스는 선지자와 나실인이 줄어드는 현상을 개탄하는 예언을 남기기도 하였다. (암2:11~12)

그림 40-1
● 가자 성문을 지고 가는 삼손, 스테인드글라스, 12세기, 슈투트가르트 뷔르템베르크 주립박물관

스라엘 전체를 움직일 만한 권력이 주어지기는 어려웠을 것이다. 더구나 판관 삼손 자신이 기드온과 같은 정치적 카리스마나 입다의 잡류와 같은 추종 세력을 지니지 못한 상태였다. 비록 판관이 되기는 하였으나 삼손의 대 블레셋 투쟁은 추종 세력이나 동맹군이 없이 진행되는 경우가 많았다.

    삼손의 게릴라식 투쟁은 개별적인 정보나 독자적인 판단을 바탕으로 신속하게 이루어졌다. 어떤 면에서는 매우 효율적이었으나, 지속적이고 광범위한 효과를 내기는 어려운 투쟁 방식이다. 삼손이 블레셋의 한 마을을 불사른 뒤 본거지로

그림 40-2

●● 잠든 삼손의 머리카락을 자르는 들릴라, 유화, 카를로 시그나니, 1628~1719년

되돌아오자, 이 작전이 블레셋의 전면 침공을 불러올 수 있다고 본 유다 지파는 삼손을 붙잡아 블레셋 군에 넘긴다. 공동 투쟁을 전개해야 할 유다 지파조차 판관 삼손의 지휘 아래 들어오지 않았을 뿐 아니라 대 블레셋 투쟁과 관련하여 다른 입장, 곧 블레셋과의 타협을 고집하고 있었던 것이다. 판관 삼손은 유다 지파조차 설득하여 한 편으로 끌어들이지 못한 채 외롭게 대 블레셋 투쟁을 전개하였다. 상당한 기간 동안 삼손의 영향력은 단 지파의 영역을 거의 벗어나지 못하였던 것이다.

블레셋 여인 들릴라에 의해 머리털이 삭도로 밀리자 삼손은 더 이상 야웨의 권능이 함께하는 자가 아니었다.[44] 판관 삼손은 나실인이 아닌 평범한 이스라엘인이 되고 말았다. 블레셋에 대한 게릴라식 투쟁이 블레셋의 조직적 점령과 지배망을 뚫지 못하자 단 지파의 생존은 더욱 불투명해진다. 저항운동의 지도자들이 차례로 체포되면서 단 지파의 미래는 이제 예측이 어려운 상황으로 빠져든다. 판관 삼손 역시 블레셋 도시국가의 하나인 가사의 포로가 된다.

블레셋의 농업신으로, 폭풍의 신이자 곡물신으로 믿어지던 다곤의 신당은 집단 제의의 장이자 대규모 공연과 경기의 장으로 쓰이는 곳이었다. 고대사회에서 공연과 경기, 제사는 신 앞에서 신에게 드리는 제의의 일부였다. 블레셋 사람들이 두 눈이 뽑힌 삼손에게 재주를 부리게 한 것도 이스라엘의 신 야웨에 대한 그들의 주신主神 다곤의 승리를 제의 참여자들에게 확인하게 하는 행위였다. 블레셋 사람들은 삼손이 바알의 아버지로 불리던 다곤 신 앞에서 제의의 한 부분에 참여하여 공연을 한다고 생각했다. 그러나 삼손은 블레셋의 신과 사람들을 야웨 하나님 앞에 제사하는 과정의 일부로 자신이 재주를 부린다고 생각했는지도 모른

---

[44] 블레셋 마을의 농작물을 불 지르고 에담 바위틈에 숨은 삼손을 찾아온 유다 사람들이 '너는 블레셋 사람이 우리를 관할하는 줄을 알지 못하느냐'(사사기15:11)라고 힐난하는 데에서 이러한 면이 잘 드러난다. 유다 지파는 사실상 블레셋에 종속되어 있는 상태였다.

다. 최근의 고고학적 발굴에 의하면 블레셋 도시 가사의 옛 유적 가운데 서로 매우 가깝게 놓인 한 쌍의 초석이 발견되었다고 한다.[45] 삼손이 무너뜨린 신당의 두 기둥도 이와 같은 배열을 보인 초석 위에 세워졌을 것이다.

단 지파 출신 판관 삼손에 의한 20여 년에 걸친 노력에도 불구하고 블레셋의 지배를 받던 단 지파의 독립은 성취되지 못하였다. 오히려 단 지파의 해체와 소멸이 기정사실화한 듯하다. 그러나 삼손을 중심으로 한 대 블레셋 투쟁이 일정한 기간 계속됨으로써 블레셋의 가나안 내륙지대 진입은 일시 저지되었다. 이로 말미암아 가나안 중북부의 이스라엘 지파들은 새로운 세력의 도전에 대응할 최소한의 준비가 가능했을 것이다. 삼손의 노력, 단 지파의 희생이 높은 조직력과 전투력을 자랑하던 바다 민족의 한 갈래가 일거에 가나안을 석권하는 것을 막고, 블레셋에 역공을 가할 이스라엘 왕국의 출현을 준비할 수 있게 한 것이다.

---

[45] 이스라엘 핑컬스타인·닐 애셔 실버먼 지음, 오성환 옮김, 『성경: 고고학인가 전설인가』, 까치, 2002.

신국에서 왕국으로

1 ― 언약궤를 탈취당한 이스라엘

판관 삼손이 블레셋에 포로로 붙잡혔다가 죽자 지파로서의 단은 해체될 수밖에 없게 되었다. 이미 판관 시대 초기부터 단은 블레셋으로부터 시달림을 받았다. 이를 견디다 못한 지파의 일부는 북방의 라이스 단으로 옮겨갔다.[46] 단 지파의 생존 투쟁도 이제는 종언을 고하게 된 것이다. 유다의 영역 안에 간신히 자리 잡았던 시므온 역시 지파로서의 기능을 상실하고 판관 시대 말기에는 유다 지파의 일부가 되어 있었다. 요르단 동편의 르우벤 지파는 모압의 확장, 암몬의 공세를 저지하지 못하고 역사의 무대에서 사라지고 말았다.[47] 암몬과 일진일퇴의 공방을 벌이던 갓 지파의 미래도 판관 입다의 시대가 끝난 뒤에는 불투명해지고 있었다. 판관 시대 말기에 이르러 이스라엘은 더 이상 가나안 전쟁 초기의 의욕과 건강에 넘친 히브리인의 지파 동맹이 아니었다. 외부의 압력은 거세지고 있었으나, 내부의 유대는 오히려 형식만 남은 꼴이었다. 이제는 지파 동맹 자체가 존립에 위협을

★ 이 편의 기본 텍스트는 사무엘상1:1~11:15.
46 사사기18:27~31.
47 이 시기의 모압 왕국은 트란스요르단의 강자이자 부국이었다. 모압은 '왕의 대로' 가운데 아라비아 및 동아프리카산 교역품 집하지로 주요한 의미를 지닌 남단 부분을 장악하고 있었고, 저수지와 수로의 개발로 일정한 양의 곡물도 생산해내고 있었다. 척박한 땅에 그나마 흉년이 들면 유다 지파의 사람들은 먼저 가까운 모압으로 흘러들었다. 이곳 생활도 여의치 않으면 이집트로 내려갔다. 성경의 룻기는 판관 시대 후기의 이러한 사회·경제적 조건을 배경으로 성립하였다.

받고 있었다.

판관 겸 제사장 엘리의 시대에 이르러 이스라엘에 대한 블레셋의 압력은 더욱 심해진다. 단과 시므온의 지파 기능 상실로 유다는 남부의 유일한 지파로 남아 있었지만 이미 오래전부터 블레셋에 예속된 상태였다. 척박한 남부 지역에 자리 잡은 유다로서는 최소한의 곡물 생산량을 유지하기 위해서라도 가나안 일대에서 철 생산과 공급을 거의 독점하던 블레셋에 의존할 필요가 있었다. 유다를 세력권 안에 넣은 블레셋의 다음 목표는 가나안 중부의 중심 지파로 기능하던 에브라임과 작은 지파 베냐민 지역으로의 진출이었다. 당연히 두 진영 사이에는 크고 작은 충돌이 잦았다. 엘리 시대 말기에 이르러서는 에브라임 중심의 가나안 중부 지파들과 블레셋 도시 왕국 연합군 사이에 여러 차례에 걸쳐 전쟁이 벌어지게 되었다.

후에 제사장, 선지자 겸 판관으로 활약하는 에브라임 사람 사무엘은 어머니의 젖을 뗀 뒤 곧바로 제사장 엘리의 집에 보내져 시동으로 지내게 된 인물이다. 이미 아이 때부터 야웨의 말씀을 받아 예언하기 시작했던 사무엘이 성년에 이를 즈음 다시 한 번 이스라엘과 블레셋 사이에 큰 전쟁이 벌어진다. 전투에서 약세를 면치 못하던 이스라엘은 기울어진 전세를 뒤집기 위하여 실로에 있던 야웨의 언약궤를 가져다가 이스라엘 군 진영의 전면에 내세운다. 그러나 오히려 전투에 패하고 블레셋 측에 성스러운 언약궤까지 빼앗기는 큰 수모를 당한다.

블레셋과의 전쟁에서 큰 패배를 당하는 과정에서 판관 엘리와 그의 두 아들이 죽고, 엘리 가문은 몰락하여 대대로 유지하고 있던 제사 주관권을 잃게 된다. 이스라엘의 중앙 성소로 기능하던 실로 역시 잿더미가 되고 제관들은 흩어진다. 소년기부터 엘리의 직무를 도우며 선지자로 활약하던 사무엘이 고향 라마로 돌아가 엘리 가문이 맡고 있던 제사장으로서의 기능을 잇게 되었다. 사무엘은 엘리가 지녔던 판관의 역할까지 맡게 된다. 새 제사장 겸 판관으로서 사무엘에게 주어진 첫 과제는 언약궤를 잃은 뒤 이제는 블레셋의 지배 아래 들어갈 수밖에 없다고 생각하던 이스라엘이 저항 의지를 되찾게 하는 일이었다.

2 ─ 신앙 정화 바람

언약궤를 전리품으로 탈취했던 블레셋의 도시 왕국 아스돗과 가드, 에그론에 전염병이 번져 사람이 죽고 민심이 흉흉해졌다. 블레셋 지도자들은 언약의 돌판이 담긴 상자를 이스라엘 지역으로 되돌려 보낸다. 그림 41 언약궤가 블레셋 도시들을 덮친 재앙의 근원이라고 판단했던 것이다. 판관 겸 제사장 사무엘의 지도력이 발휘될 수 있는 기본적 조건이 블레셋의 지도자들에 의해 마련된 셈이다.

'야웨의 말씀이 희귀' 했다고[48] 평가되는 엘리의 시대와 달리 사무엘은 선지자로 널리 알려진 상태에서 판관 겸 제사장이 되어 자신의 시대를 열었다. 때문에 언약궤를 되찾은 직후 사무엘이 제창한 '야웨 신앙'으로의 회귀 운동은 곧바로 이스라엘 전역에서 큰 반향을 불러일으켰다. 판관 시대 후기에 이르러 이스라엘 사람들에게 일상생활 속의 주신主神으로 여겨지던 바알과 아스다롯 신상들이 성읍과 촌락들에서 제거되는 일종의 신앙 정화 바람이 거세게 불었다. 미스바에서 큰 성회가 열려 야웨 신앙으로의 회귀가 결의되었다. 이어 사무엘 중심의 이스라엘 결집을 막기 위해 시도되었던 블레셋 군의 미스바 습격은 격퇴되었다. 판관 엘리의 시대에 블레셋에 잃었던 이스라엘의 영토까지 일부 회복되었다. 이로써 판관 겸 제사장 사무엘의 지도력은 확고해졌다.

앞 시대의 판관들이 이스라엘의 판관이면서도 특정 지파의 지도자로서의 지위를 유지했던 것과 달리 사무엘은 자신을 소속 지파에 구애받지 않는 범지파적 지도자로 자리매김하고자 노력하였다. 사무엘이 자신의 근거지인 라마에만 머물지 않고 이스라엘 역사에서 기억될 만한 곳, 지방의 성소들로 여겨지던 벧엘, 길

---

48 사무엘상3:1.

그림 41
성궤의 회수, 번제로 바친 소와 수레, 성경 삽화, 프랑스, 1250년경

갈, 미스바를 순회하면서 판관 겸 제사장의 기능을 수행한 것도 이 때문이다. 이미 실로가 파괴되고 제관들이 흩어진 상태에서 사무엘의 이런 임무 수행 방식이 이스라엘 지파 동맹에 소속된 특정 지파의 반발을 불러일으키지는 않은 듯하다. 이는 사무엘이 이스라엘 사람들에게 판관 시대 후기에 지파 동맹의 존속을 근본적으로 위협하던 내부의 혼란을 일시적이나마 종식시키고, 외부의 압력을 물리친 유일하고 특별한 인물로 인식된 것과 관련이 깊다.

미스바 전투 이후, 사무엘의 시대에 블레셋과 이스라엘 사이에 또 한 번의 대규모 충돌이 있었다는 기록은 보이지 않는다. '이스라엘과 아모리 사람 사이에 평화가 있었' 다는 기사도 성경에서 확인된다.[49] 미스바 성회 이후, 사무엘이 지파 동맹의 구원자로 이스라엘 사람들에게 뚜렷이 각인되면서 일시적이나마 지파 사이의 결속력이 강화되었다. 이로 말미암아 블레셋의 세력 확산도 일정한 기간 주춤할 수밖에 없었다. 이스라엘 영역 안에서 간헐적으로 일어나던 히브리 사람들과 가나안 사람들 사이의 충돌 역시 중단되거나 눈에 띄게 줄었다.

그러나 사무엘이 두 아들에게 판관직을 물려주고, 새 판관들이 직무를 객관성 있고 공평하게 수행하지 않는 모습을 보이자 지파 동맹 안에서는 다시 분열과 혼란의 기운이 일게 되었다. 이스라엘 주요 지파 지도자들로서는 판관직의 세습도 낯선 것이었고 이로 말미암아 지파 동맹의 유대감이 다시 약화되는 것도 우려되었다. 더욱이 블레셋의 침략이 재개될 경우, 지파 동맹 전체의 지지를 받지 못한 상태에서 계속 인심을 잃어가는 새 판관들이 사무엘과 같은 지도력을 발휘하여 예상되는 위기를 극복해낼 수 있을지도 의심스러웠다.[50]

우기의 폭풍이 불어닥치기 전에 수리할 곳은 수리하고, 정리할 것은 정리할 필요가 있었다. 지파의 자율성과 독자성 위에 강력한 지도력을 얹는, 언뜻 보기에

---

49 사무엘상 7:14.

최악의 결과를 불러올 수도 있는 이상적인 정치 체제의 수립이 고려되었다. 실제 이러한 시스템의 도입이 시도되기 시작했다. 사무엘의 두 아들 요엘과 아비야가 유다의 브엘세바에서 공동 관관의 자리에 올라 이스라엘을 이끌던 시기에 지파 동맹 안에서는 공식적으로 초超지파적 지도자 선출과 상설적인 위기 방어 체제 수립이 논의되기 시작하였다.

3 ─ 지파 동맹에서 왕정으로

관관직에서 물러난 뒤에도 사무엘은 선지자 겸 제사장으로 이스라엘을 이끄는 자리에 남아 있었다. 지파 동맹 지도자들은 사무엘에게 새로운 체제의 수립을 제안하지만 사무엘은 이에 대해 부정적인 반응을 보인다. 새 체제는 곧바로 왕정으로 이행할 것이고 왕정이 설 경우, 지파 동맹이 지향하던 자유와 평등의 히브리 공동체 유지는 불가능해진다는 것이다. 또한 왕국 체제는 이스라엘 성립의 바탕이 되었던 야웨에 대한 신앙을 유지하지 못하게 할 것이며, 이스라엘과 주변의 다른 민족을 구별하게 하던 모든 정치, 사회, 문화적 특징이 사라지게 된다. 결국 이스라엘이 민족적 정체성을 잃게 될 것이라는 점 등등을 들며 사무엘은 왕정 수립에 반대하였다.

그러나 지파 동맹 지도자들은 새로운 최고 지도자 지배 체제 수립을 점차 노골화하는 블레셋의 내륙 진출, 계속되는 블레셋 측의 이스라엘 지파 영역의 잠식에 대응하는 사실상 유일한 방안으로 보고 이를 현실화하기로 결의하였다. 사무

50 사무엘에게 허용된 관관 겸 제사장, 선지자의 역할 가운데 일단은 관관직만 세습되었던 것으로 보인다. 그러나 성경에는 사무엘의 두 아들 요엘과 아비야가 관관의 자격 조건이라고 할 수 있는 '야웨의 신'에게 감동되었는지, 이것을 다른 사람들로부터 인정받았는지 여부가 언급되지 않는다. 다만 확실한 것은 새로 관관의 자리에 오른 두 아들이 이스라엘의 장로와 지도적 인물들로부터 관관으로서의 '카리스마'를 인정받지 못했다는 사실이다.

엘 역시 이를 계속 반대할 수만은 없다고 판단하고 있었다. 때문에 두 진영의 지도자들은 이스라엘에 초지파적 지도자를 세우는 절차는 시나이 산 계약 정신에 바탕을 두어야 한다는 전제 위에 새 지배 체제 수립에 합의하였다. 결국 최초의 초지파적 지도자는 선지자 겸 제사장 사무엘이 모든 절차를 밟아나가고 지파 동맹 지도자들이 이에 동의하는 형식을 밟아 세워진다.

이스라엘의 첫 왕 사울은 하나님의 사람으로 불리던 사무엘에 의해 머리에 기름 부음 받음으로써 야웨 하나님이 지명한 전 히브리 공동체의 지도자로 부름을 받는다. 기름 부음을 받은 뒤, 하나님의 신이 임하여 선지자들과 함께 예언함으로써 사울 역시 자신이 판관 시대 이래의 전통을 잇는 지도자의 한 사람임을 내외에 확인시킨다.[51]

사무엘이 주재하는 미스바의 총회에서 사울이 사실상의 왕으로 선출된 뒤에도, 이스라엘 안에는 사울을 왕으로 인정하지 않으려는 흐름이 남아 있었다. 사울이 지파 동맹 구성원 가운데 작은 지파로 분류되던 베냐민 지파에 속한 자였기 때문이다. 더욱이 사울의 고향인 기브아는 한때 지파 동맹 결속력의 시험 무대였던 베냐민 반란의 진원지였다. 이미 오래전의 일이지만 지파 동맹을 위기에 빠뜨린 베냐민 기브아에서 앞으로 지파 동맹을 무력화하고 해체할 수도 있는 왕이 출현한 것이다. 이에 불만을 품는 무리가 생긴 것은 어쩌면 당연한 귀결인지도 모른다.

요르단 강 동편 므낫세 반지파의 영역에 침입한 암몬을 물리치고 포위되었던 성읍 길르앗 야베스를 구함으로써 전 이스라엘의 지도자로서 사울의 입지는 비로소 확고해진다. 대 암몬 전쟁 직후 길갈에서 공식적인 즉위식이 거행되는 것도 이

---

51 '그가 사무엘에게서 떠나려고 몸을 돌이킬 때에 하나님이 새 마음을 주셨고'(사무엘상10:9)라는 구절은 이때부터 사울이 사무엘을 대신하여 이스라엘의 지도자 자리에 오르게 됨을 암시한다. 그러나 이스라엘 지도자로서의 진정한 자격은 '하나님의 신이 사울에게 크게 임'(사무엘상 10:10)할 때에 비로소 갖추어진다.

때문이다. 이스라엘 왕정이 공식적으로 출범한 것이다.[52] 선지자 겸 제사장 사무엘에 의한 이스라엘 지도자로서의 고별 설교도 이때에 행해진다. 그 핵심 내용은 왕국 체제 아래에서도 이스라엘 사람들이 '야웨를 향한 신앙'을 유지함으로써 주변 이민족의 세속 왕국과 이스라엘 왕국이 구별되도록 하라는 것이다.

그러나 이제 이스라엘은 현실세계의 신神으로까지 불리던 왕을 세웠다. 가나안 정착 후 세월이 흐르면서 이스라엘의 하나님 야웨는 일상생활과는 관계없는 신으로까지 여겨지고 있었다. 이스라엘이 마지막 판관이자 제사장 사무엘의 시대가 끝난 지금, 히브리 노예들의 해방과 이집트 탈출을 앞장서서 이루어낸 야웨 하나님에 대한 신앙을 이후에도 여전히 유지할지 여부는 아무도 확신할 수 없는 일이었다.

---

52 '왕'으로서의 즉위식을 거행하기 전까지 사울의 입지는 애매하였다. 비류로 언급되는 일부 세력이 미스바에서의 의식을 인정하지 않았다. 뿐만 아니라 브엘세바에서 관관의 지위에 올랐던 사무엘의 두 아들 요엘과 아비야가 판관직에서 물러났는지 여부도 명확하지 않은 까닭이다. 길갈에서의 즉위식은 기존의 권력관계를 정리하는 큰 분수령이 되었던 것으로 보인다.

초석 놓기의 어려움
─ 사울의 야망과 좌절

1 ─ 사울 왕정의 성립

판관 시대 후기에 이르러 보다 뚜렷이 그 특징을 드러내는 선지자의 예언 활동, 시나이 계약 의식에서 비롯되는 제사장의 제사권, 왕정 체제의 산물인 왕권 사이에는 긴장과 갈등이 빚어질 소지가 컸다. 어쩌면 충돌은 잦을 수밖에 없었다. 왕정 체제의 유지에 필수 불가결한 요소들, 곧 관료와 상비군, 체계적 징세 체제, 강제적 집행력은 지파의 자유와 평등의 공동체적 삶을 전제로 성립한 이스라엘로 하여금 기존의 전통과 가치를 더 이상 지킬 수 없도록 하게 마련이다. 사울의 시대는 왕정 성립 초기의 특징인 권력을 왕권 아래로 모으려는 세력과 권력의 분산 상태를 그대로 유지하려는 세력 사이의 긴장과 갈등이 잘 드러나는 시기이다.[53]

비록 급박한 현실에 밀려 왕정 수립에는 동의했지만 제사장 겸 선지자 사무엘이 이스라엘의 첫 왕 사울과 그 주변의 움직임을 예의 주시하는 것은 당연했다. 사무엘의 관심은 사울이 기존 체제의 바탕이자 이스라엘이라는 새로운 민족 성립의 근간이라고 할 수 있는 시나이 산 계약 정신을 지킬 것인지 여부에 쏠려 있었다. 사무엘의 우려는 한때 소강상태를 보이던 블레셋의 세력 확대 정책이 다시 가

★ 이 편의 기본 텍스트는 사무엘상12:1~31:18.
53 사울이 사무엘과 지파 지도자들로부터는 군사 지도자, 군사령관으로 번역될 수 있는 '나지드'로 불렸으나, 백성들로부터는 왕을 뜻하는 '멜렉'으로 호칭된 데에서 이러한 점이 잘 드러난다.

동되어 블레셋과 이스라엘 사이의 대규모 충돌이 눈앞에 닥치자 현실이 된다. 전통주의자의 입장에서 볼 때는 전통 관념과 가치의 파기였지만, 왕권주의자들로서는 시나이 산 계약 정신을 재해석하고 유연하게 현실에 적용한 것일 뿐이었다.

왕 사울이 이스라엘군에 성전 의식을 불어넣기 위한 제사를 집행해주도록 제사장 사무엘에게 요구하지만 사무엘은 태도를 명확히 하지 않은 채 제사 거행을 계속 미룬다. 기다리다 못한 사울은 제사장을 대신하여 대 블레셋 전쟁을 위한 제의를 집행한다. 사무엘은 이를 제사장직에 대한 침해, 시나이 산 계약 정신의 파기로 해석했다. 반면 사울은 이스라엘군의 사기를 유지하여 야웨를 위한 성전에 승리하기 위한 불가피하고 현실적 선택일 뿐이었다고 보았다.

사무엘은 신성성의 상징으로 여겨지던 제사 주관권을 탈취당했다고 판단하였다. 사무엘은 곧바로 사울 왕조의 몰락을 선언했고, 사울은 사무엘과의 정치적 공조를 포기한다. 이 과정에서 다수의 이스라엘군이 전선을 이탈하고 사울과 그의 아들 요나단 밑에는 불과 수백 명만 남아 대 블레셋 전쟁을 치르게 된다. 블레셋의 철 독점 정책으로 왕과 왕자 외에는 아무도 철제 무기를 가지지 못한 상태에서 치른 전투였다. 그러나 블레셋군 안에서 일어난 반란 사건이 블레셋군을 혼란에 빠뜨리고, 여기에 연루되었던 블레셋군 안의 히브리 사람들이 내부 혼란을 더욱더 부추기는 일이 일어났다. 이 바람에 이스라엘군은 예상과는 달리 큰 승리를 거두게 된다.

제사권을 둘러싼 사무엘과의 갈등에도 불구하고 블레셋의 예봉을 막아냄으로써 이스라엘 안에서 사울의 입지는 더욱 강화되었다. 사울로서는 지파 동맹 체제에서 비롯된 정치적 제약들에서 벗어나 왕국 체제를 확고히 할 수 있는 보다 좋은 여건을 마련한 셈이다. 이어지는 아말렉과의 전쟁 역시 사울에게는 권력의 집중과 행사를 보다 용이하게 한다는 점에서 사울 왕조의 기반을 확고히 할 수 있는 또 하나의 기회로 인식되었다.

2 — 지켜지지 못한 성전의 원칙

그러나 새로운 왕조의 창건자로서 사울은 사회적 조건이나 개인적인 성격에서 자신의 장점들을 상쇄하고도 남을 약점을 몇 가지 지니고 있었다. 우선 사울은 강력한 왕권을 행사하기에는 지지 기반이 지나치게 약했다. 지파 동맹 안에서도 약세를 면하지 못하던 베냐민 지파의 작은 성읍 기브아 출신이었다. 에브라임이나 므낫세, 유다 지파 가운데 한두 지파가 이의를 제기하면 국가 안보를 위한 정책, 대규모 인력이나 물자 동원이 필요한 시책은 엄두조차 내기 어려웠다. 블레셋군의 대규모 침공을 받은 상태에서도 초기에 사울이 동원하여 전투에 투입할 수 있었던 인원은 수백 명에 불과하였다. 베냐민과 함께 블레셋의 압력을 강하게 받고 있던 에브라임조차 아벡 전투에서 이스라엘 측의 승리가 확실해지자 블레셋 진지를 약탈하기 위해 뒤늦게 전투에 가담할 정도였다.

이스라엘의 첫 왕 사울은 누구보다도 겸손하면서도 전장에서는 말할 수 없이 용맹한 인물이었지만 냉정하지도 치밀하지도 못한 성격의 소유자였다. 공적인 판단과 사적 감정을 구분하지 못하는 경우가 많았다. 즉흥적이고 주관적인 판단에 의존하고 이를 고집하며 자기 연민에 빠지는 경향조차 있었다. 사무엘의 권유로 시작된 대 아말렉 전쟁에서도 사울의 이러한 성격이 잘 드러난다.

제사장이 이 전쟁을 야웨를 위한 성전으로 선포했음에도 불구하고 왕 사울은 승전이 확실해지자 참전한 백성들의 약탈을 허용하고 아말렉 왕 아각을 살리기로 한다. 야웨의 제사장 사무엘과 화해할 수 있는 마지막 기회를 스스로 버리고 만 것이다. 성전에 적용되는 대상물의 완전한 희생이라는 대원칙의 자리를 패자에 대한 연민, 참전한 부하들의 노고 위로, 왕가의 자비심 과시로 채워버렸다.[54] 판관 시대를 주도한 세력을 자신의 지지 세력으로 끌어안아 왕가의 기반을 보다 튼튼히 할 수 있는 주요한 기회였으나, 사울은 이들을 왕가에 도전할 수 있는 세력의 잠재적 지지자로 만들어버리고 말았다.

잇단 대외 군사작전의 성공으로 사울의 왕권은 그 어느 때보다 든든해진 듯 보였다. 그러나 사울은 대 아말렉 전쟁을 계기로 제사장 사무엘을 중심으로 한 판관 시대의 주도 세력과 사실상 결별하고 말았다. 왕 사울은 자신이 직접 관리할 수 있는 베냐민 지파 출신 친위 부대와 일부 용병적 성격의 군사력에 의존하여 권력을 유지할 수밖에 없게 되었다. 지파 동맹 시대의 이스라엘을 이끌어가던 다양한 세력들과의 광범위한 정치적 연대는 이제 기대하기 어렵게 되었다. 이는 사울 자신의 능력 밖에 있었다. 더욱이 제사장 사무엘이 사울 왕가의 종말을 선언하고 이스라엘은 새로운 지도자를 맞아야 한다고 주장함으로써 사울 왕의 입지는 급격히 위축되었다.[55] 사무엘이 유다 지파에 속하는 한 집안의 아들 머리에 기름을 부어 그를 야웨가 예비한 새 왕이 될 사람으로 인정하였다는 사실이 세상에 알려졌다. 이로써 사울 왕조의 정통성은 뿌리째 흔들리게 되었다.

3 ─ 고립을 자초한 사울

사울이 왕으로 있는 동안에는 블레셋의 가나안 내륙 진출이 계속 시도되었고, 이에 대항하기 위한 이스라엘의 군사력 결집이 지속적으로 추진되었다. 때문에 사울 왕권에 대한 이스라엘 지파 세력들의 지지, 후원, 비판, 도전, 견제를 둘러싼 갈등과 대립은 내연하는 경향을 보였지만 일부에서는 노골적으로 나타나기도 하였다. 에브라임의 후원으로 성립한 베냐민 왕가는 대 블레셋 강경론을 주도하였

---

54 포로가 된 패자 측 왕에게 예우를 갖춘 뒤, 패전국으로부터 배상금을 받고 왕을 되돌려주는 것이 당시의 관례였다. 그러나 성전이 선포된 상태에서는 성전의 원칙이 관례에 우선할 수밖에 없었다. 왕 사울은 이 원칙을 스스로 깨버림으로써 신정국가 대표자로서의 자기 기반조차 부정하는 결과를 가져왔다.

55 사무엘을 통해 기름 부음을 받은 인물이 '다윗'이라는 사실이 사울 왕에게 그대로 알려졌는지는 의문이다. 자신에게 붙은 악신惡神을 쫓기 위해 수금竪琴 연주자로 궁정에 불러온 다윗이 '기름 부음 받은 자'임을 사울은 알지 못했다.

다. 이와 달리 블레셋과의 평화 공존을 표방하며 사실상 블레셋의 영향권 안에 들어 있던 유다 지파는 그 내부의 구성원들이 견해를 달리하는 몇 개의 세력으로 나뉘어 대립의 강도를 점차 높여갈 정도로 분열상을 보였다. 유다 안에서 사울 왕의 대 블레셋 저항군에 가담하는 세력이 나타나는가 하면, 사울 왕권의 정통성을 부인하고 블래셋 지지 및 후원을 자처하는 세력도 생겨나 두 세력 사이의 충돌까지 우려될 정도였다.

사무엘이 새 왕이 될 자를 정치적 분열상을 보이던 '유다 지파' 안에서 찾았다는 소식이 사울에게는 그나마 위로가 되었다. 사울의 정치적 후견 세력이라고도 할 수 있는 에브라임에서 기름 부음을 받은 자가 나왔다면 어떻게 되었을 것인가. 사무엘과의 결별 뒤 입지가 크게 약화되었지만 사울은 여전히 대 블레셋 군사 활동을 이끌어나갈 이스라엘의 유일한 지도자로 인정받고 있었다. 사울은 블레셋으로부터 자유를 찾으려는 유다 '독립파'의 희망이기도 했다. 유다 이새 집안의 아들들, 다윗과 그의 형들도 독립파의 구성원으로 사울 밑에 들어와 있었다. 이스라엘 왕 사울은 유다 지파 안에서 기름 부음을 받은 자가 나왔다면 그를 자신의 수하에 둘 수 있다고 생각했다. 설혹 그렇지 못하다 하더라도 이와 같은 상황 아래에서 새 지도자가 자신의 독자 세력을 구축하기는 쉽지 않을 것이라 보았다.

그러나 하나님이 부리신 악신이 사울을 번뇌케 하였고, 야웨의 신이 임한 다윗이 수금竪琴으로 그 악신을 다스리는 사태가 일어난다.[56] 그림 42 이 일화에서 알

---

[56] 고대사회에서 음악은 우주의 조화, 자연의 질서를 노래하는 행위를 뜻했다. 때문에 많은 고대 신화에서 음악은 올림포스 산의 정상과 같은 신들의 궁정에서 이루어지는 연주와 찬양을 의미했다. 신의 세계가 아닌 이 세상에서 이루어지는 음악은 신과 사람 사이의 교감을 위한 제의 행위의 일부였으며, 왕은 제의의 중심에 선 존재였다. 따라서 왕에게 '악신'이 깃든다면 제의의 효과는 기대할 수 없으며, 제의 자체를 진행할 수도 없다. 다윗의 수금 연주가 특별한 의미를 지니는 것도 이 때문이다. 분열 왕국 시대의 선지자 엘리사도 전쟁을 앞두고 북이스라엘 왕 여호람이 야웨의 뜻을 알기를 원하자 거문고 연주를 들으면서 하나님과의 교감을 시도한다.(열왕기하3:15)

그림 42
- 기름 부음 받는 다윗, 성경 삽화, 13세기
- 수금을 타는 다윗, 성경 삽화, 15세기

수 있듯이 오래지 않아 사울은 왕다운 의지와 판단력을 잃기 시작하였다. 가중되는 블레셋의 군사적 압력도 견디기 어려웠지만 자신의 왕권에 대한 이스라엘 내부의 보이지 않는 도전이 사울을 더욱 힘들게 했다. 베냐민을 중심으로 한 친위 세력 이외에는 사울이 믿고 의지할 만한 정치·군사적 조직이 없는 상태가 계속되었다. 사무엘을 비롯한 판관 시대의 주도 세력들은 이스라엘 왕국을 방어하기 위한 지파 인력 동원에 소극적으로 반응할 뿐이었다. 유다를 비롯한 이스라엘 지파 세력의 일부는 블레셋의 가나안 내륙 진출을 기정사실화하면서 자의반 타의반 블레셋의 영향권 아래로 편입되고 있었다. 사울 왕의 지지 기반은 갈수록 약해질 수밖에 없었고 블레셋의 세력 확대는 알게 모르게 진행되고 있었다. 이제 사울은 자신의 수하에 있는 유다의 독립파와 그 지도자의 한 사람인 다윗마저 신뢰할 수 없을 지경이 되었다. 다윗이 유다 독립파의 절대적인 지지를 받아 유다를 대표하는 자리에까지 오른다면 사울 왕가의 미래는 더 이상 보장받을 수 없으리라는 생각이 사울을 사로잡기 시작하였던 것이다.

4 — 왕가의 종말

유다의 다윗은 블레셋과의 에데스담밈 전투에서 가드의 거인 전사 골리앗을 죽임으로써 내외에 명성을 떨치기 시작하였다.[57] 다윗은 이스라엘 왕 사울의 주요한 지지 기반 가운데 하나이던 유다 독립파에 속한 인물이었다. 다윗의 등장으로 사울 왕정에서 유다 독립파의 입지는 크게 강화되었다. 이후 계속된 블레셋과의 크고 작은 충돌에서 이스라엘이 승리할 수 있었던 것은 다윗의 뛰어난 군사 전략에

---

57 다윗이 실존 인물이라는 사실은 1993년 발견된 석비 조각에서 아람어로 새겨진 '다윗 왕조'라는 글귀를 통해 처음으로 확인되었다. 아람왕 하사엘의 승전비 파편인 이 석비 조각은 이스라엘 북쪽 끝의 텔 단에서 발견되었다.

힘입은 바 컸다. 사울의 아들 요나단은 다윗을 이스라엘 국가 운영의 동반자로 삼음으로써 이스라엘의 대 블레셋 대응 능력을 증대시키고 사울 왕가의 기반도 강화할 수 있다고 판단하였다. 사울 역시 유다 독립파의 독자 세력화를 막고 자신의 지지 기반을 더욱 강화하는 데에 도움이 될 것으로 보고 다윗을 사위로 삼기로 마음먹는다.

그러나 대 블레셋 전을 주도하는 다윗에게 백성의 관심이 집중되고, 다윗이 유다 독립파의 실제적인 지도자로 떠오르자 사울은 번민하게 된다.[58] 만약 다윗이 유다 지파의 전면적인 지지를 받고 이에 더하여 이스라엘 다른 지파들의 후원까지 받게 된다면 사울 왕가의 종말은 시간문제가 될 수도 있기 때문이다. 사무엘의 예언이 현실이 될 가능성이 더욱더 높아지는 것이 아닌가. 사울이 첫딸 메랍과 다윗 사이의 정혼을 깼다가 둘째딸 미갈을 다윗의 처로 보낸 것도 유다 독립파를 대표하는 다윗과 어떤 관계를 맺을 것인지에 대해 명확한 판단을 내리기 어려웠던 까닭이다.

다윗을 사울 왕정의 협력자로 묶어두려는 요나단과 왕정을 위협할 인물로 본 사울 사이의 갈등으로 사울 왕가는 혼란에 빠진다. 다윗을 제거하려는 시도가 잇따르고 다윗과 사울 사이를 중재하려는 노력도 무위로 돌아가자 다윗은 망명을 선택한다. 이 와중에 유다 독립파도 다윗을 따르는 자들과 사울 왕정을 지지하는 자들로 나뉘어 전자는 다윗과 함께 이스라엘 왕국을 떠나게 된다.

유다 다윗의 세력마저 떠나보냄으로써 사울 왕가의 기반은 더욱더 취약해진다. 사울은 다윗의 집단이 제사장 세력과 손잡거나 블레셋의 지지 세력으로터 잡

---

[58] 이스라엘군의 전승戰勝을 축하하는 환영공연에서 무희들이 춤추며 부른 노래 가운데 '다윗이 죽인 자는 천천千千이요. 사울이 죽인 자는 만만萬萬이로다' 라는 구절에 대해 왕 사울은 민감하게 반응했다고 한다.(사무엘상18:7~9)

는 것을 막기 위해 자신의 친위대를 동원하여 다윗과 그 지지자들의 뒤를 쫓기 시작한다. 사울에게는 차분하게 정치적 득실을 고려하여 정책을 결정하는 식견이나, 야웨 신앙 공동체로 출발하였고 여전히 그 기반 위에 서 있는 이스라엘이라는 지파 동맹체의 특성을 고려하여 국가를 운영할 만한 역량이 결여되어 있었다. 다윗을 도왔다는 죄목으로 에돔 사람 도엑을 시켜 놉의 제사장들을 몰살함으로써 사울은 왕가에 대한 종교적 지지 기반마저 무너뜨렸다. 격정과 자기 연민 속에 왕 사울은 왕가의 미래를 자신의 손으로 지워나갔던 것이다.

사울의 추적을 피하면서 유다 광야의 언저리에 세력권을 형성한 다윗은 결국 블레셋과 동맹 관계를 맺는다. 이로써 다윗은 유다의 블레셋 지지파, 곧 '동맹파'의 지지를 받는 동시에 사울 왕의 이스라엘군과의 충돌을 예방하는 데에 성공한다. 이스라엘과 블레셋 사이에 친블레셋적인 제3의 독자 세력이 생겨나 자리 잡게 된 것이다. 결과적으로 사울은 다윗과 그 지지자들을 쫓아냄으로써 왕가를 튼튼히 하기보다는 분열되었던 유다 지파가 다윗의 지도 아래 통합되도록 여건을 마련해준 셈이다.

유다의 독립파마저 동맹 세력화하는 데에 성공하였다고 판단한 블레셋은 이스라엘에 대한 대규모 침공을 준비한다. 이 소식에 접한 사울은 이스라엘 안 모든 세력의 힘을 모으고자 온갖 노력을 기울이게 된다. 그러나 사울은 하나님이 그를 떠나서 '꿈으로도, 우림으로도, 선지자로도 그에게 대답지 아니하는' 상황을 맞게 된다.[59] 사울은 이스라엘의 지도자로서는 행할 수 없던 방식으로 위기에 대한 대응 방안을 찾았다. 신접한 여인에게 죽은 자의 신이 땅에서 올라오게 하는 술법을 써 앞으로의 일을 알고자 할 정도로 사울의 입지는 궁색해지고 상황은 악화되

---

59 사무엘상28:7.

그림 43
엔돌의 신접한 여인이 불러낸 선지자 사무엘의 혼과 왕 사울, 유화, 살바토르 로사, 17세기

었다.[60] 그림 43

북부 지파 납달리, 스블론, 잇사갈군의 지원을 받으려던 마지막 시도마저 실패로 돌아간 상태에서 길보아 산 전투는 처절한 패배로 마무리되고 만다. 왕 사울과 왕자 요나단을 포함한 베냐민 왕가의 사람들 대부분이 전사하고 에브라임과 므낫세 지파의 영역 가운데 상당 부분이 블레셋의 수중으로 넘어간다. 해안평야의 거의 대부분과 요르단 강 중류 서안의 일부 지역까지 블레셋에 빼앗기고 말았

다. 이로써 이스라엘의 북부 지파와 중남부 지파 사이의 교통은 두절된다. 가나안에서의 블레셋의 패권은 이제 기정사실화하는 듯이 보이게 된다. 왕국으로의 전환 시도에도 불구하고 이스라엘 역시 지난 수천 년 동안 가나안에 자리 잡았다가 사라졌던 다른 민족들과 같이 새로운 정복의 물결을 견디지 못하고 소멸될 위기에 처한 것이다.

60 사울은 한때 이스라엘 지파 동맹의 결속을 더 강화시키기 위해 가나안 정복 전쟁 시기부터 동맹 세력으로 삼았던 기브온 주민들을 '이스라엘 사람'이 아니라는 이유로 학살하기까지 한다.(사무엘하21:2) 이 사건은 야웨의 이름으로 맺은 동맹을 깬 것일 뿐 아니라 비이스라엘계 주민들이 사울 왕국에 등을 돌리는 기폭제 역할을 하였다. 또한 사울은 야웨 신앙의 수호자임을 내외에 알리고자 왕국 안에서 행해지던 이방 제의를 금지하고 이 제의를 담당하던 사람들을 죽이거나 추방하였다. 그런 사울이 자신이 금지하고, 박해하던 이방 제의의 담당자를 찾아 땅속에서 죽은 사무엘의 신을 불러냄으로써 그 자신이 야웨의 신앙에 등을 돌린 자가 된 것이다. 왕 사울이 거듭 범하는 자기 모순이 사울 왕권뿐 아니라 이스라엘 왕국의 안위를 위협하는 원인이 되고 있음을 알 수 있다.

이스라엘 왕국의
분열, 멸망, 유배

통일을 위한 피 흘림
─통일 왕국의 창건자 다윗

1 ─ 영웅에서 망명자로

길보아 산에서 전사한 이스라엘의 첫 왕 사울의 시신은 그 아들들과 함께 벧산 성벽에 못 박혔다. 이즈음 유다의 지도자 다윗은 부하들과 함께 자신의 성읍 시글락을 약탈한 아말렉을 급습한 뒤, 약탈물을 되찾고 전리품까지 얻은 뒤 귀환하고 있었다. 길보아 산 전투의 패배로 이스라엘이 상당 기간 지리멸렬의 상태를 면치 못할 때에 유다에서 다윗의 지위는 확고해졌다. 유다는 지파의 중심 도시 헤브론에서 다윗을 왕으로 옹립하였다. 한편 요르단 강 동편으로 피신하였던 사울 왕가의 잔존 세력은 길르앗의 마하나임에서 사울의 아들 이스보셋을 이스라엘의 새 왕으로 즉위시켰다. 지파 동맹으로나마 정치적 통합을 유지하던 이스라엘이 유다와 이스라엘이라는 두 왕국으로 나뉜 것이다.

다윗은 유다 지파가 블레셋의 정치적 영향력 아래 있을 때에 이새 집안의 막내로 태어난 인물이다. 평범한 소년 목동이던 다윗이 역사의 격랑 속에 휩쓸려 들어가 오히려 새로운 격랑을 만들어내는 인물이 된 것은 이새 집안이 '독립파'에 가담하기로 결정하고 그 형들이 이스라엘 왕 사울의 군대에 합류하면서부터이다. 이미 제사장 사무엘이 다윗의 머리에 기름을 부은 뒤, 이스라엘의 새 지도자가 이새 집안에서 나올 것임을 예언한 뒤였다. 그럼에도 다윗은 여전히 집안의 양

★ 이 편의 기본 텍스트는 사무엘 상16:1~열왕기상2:11, 역대상11:1~29:30.

떼를 돌보는 목동으로 남아 있었다. 사울이 하나님이 보내신 악신에게 고통받다가 수금 소리로 그 번민을 잠재울 사람으로 다윗이라는 소년을 추천받은 것도 사울의 지지 세력이 된 유다 독립파 군인들의 정보를 다리 삼아서였다.

다윗은 청동 갑옷과 투구로 무장하고 거대한 철제 창을 든 채 전장에 나온 블레셋 가드의 전사 골리앗을 목동의 물맷돌로 쓰러뜨림으로써 일약 전쟁 영웅이 되었다.[01] 이로 말미암아 유다 독립파는 철제 무기와 전차로 무장한 블레셋군에 대항하는 것도 가능하며 유다의 독립도 이룰 수 있다는 생각을 지니게 되었다. 물론 이를 실현시킬 수 있는 인물은 다윗밖에 없다고 여겼다. 사울 왕정의 군인이 된 지 얼마 되지 않아 다윗은 이스라엘군의 주요 지도자로 부상하였다. 뿐만 아니라 분열된 유다의 미래를 짊어질 영웅적 존재로 받아들여지게 된 것이다.

사울 왕정에서 지위가 높아지고 중요성이 커질수록 사울의 의심도 커졌으므로 다윗의 미래는 오히려 불안해지고 있었다. 사울의 사위가 되어 왕국 안에서의 지위가 그 어느 때보다 확고해졌다고 여기는 순간 사울과 다윗의 사이는 파국으로 치닫게 되었다. 이제 망명객 다윗은 소수의 무리만을 거느린 채 유다 광야를 방랑하는 신세로 전락하였다. 다윗과 그의 무리는 살아남기 위해 때로는 지방 재력가의 용병이 되어 양식을 구하기도 하고, 유다 주변 유목민을 습격하여 얻은 약탈물로 생계를 잇기도 하였다. 산악지대의 길목을 지키다가 지나는 상인들에게 통행세를 받아 부족한 먹을거리와 입을거리를 보충하기도 하였다.[02]

사울 군대의 추적과 압박이 집요하고 강하게 진행되자 다윗은 오직 '살아남

---

01 거인 골리앗을 쓰러뜨린 물맷돌은 목동들의 호신용 무기로도 쓰였지만, 전투용 무기로도 사용되었다. 이스라엘뿐 아니라 아시리아나 바빌론에는 물맷돌꾼으로 구성된 전투부대가 별도로 구성되어 전장에 투입되었다. 성경에는 분열 왕국 시대에 북이스라엘 왕 여호람이 주도한 이스라엘, 유다, 에돔 연합군의 모압 정벌 때에도 물맷돌 군부대가 활약했음이 언급되고 있다.(열왕기하3:25)

기 위해, 전략적으로 블레셋 5대 도시 왕국의 하나인 가드의 왕 아기스의 봉신이 되기로 하였다.[03] 다윗은 봉신 서약의 대가로 가드의 성읍 도시 시글락을 새 삶의 터로 얻는다. 블레셋 가드의 동맹 세력이라는 든든한 배경을 갖추게 된 다윗은 자신을 따르는 유다 병사들을 동원하여 유다 및 블레셋 남방의 이방 세력 공략에 전력을 기울인다. 그술과 기르스, 아말렉이라는 이름으로 알려진 가나안 남부에서 시나이 및 이집트로 이어지는 통로 지대의 유목 세력을 세력권에 넣으려 노력하였다. 다윗의 시도는 일정한 성과를 거두고 유다의 정치적 영향권은 남으로 크게 확대된다.

유다 독립파의 지도자로 부상했던 다윗이 그의 종자들과 함께 블레셋에 망명을 신청한 뒤 가드 왕의 봉신을 자처하자 유다에 남아 블레셋과의 공존을 주장하던 동맹파들은 다윗을 호의적으로 바라보기 시작한다. 더욱이 다윗은 가나안 남부 변경 지대를 공략하여 얻은 탈취물들을 유다 전역의 유력자들에게 나누어주고 유다의 영향권을 넓혀가는 등 유다 지파 사람들의 호의를 받을 만한 행동을 계속하였다. 이제 동맹파를 포함한 유다 사람들이 다윗을 보는 시각은 호의에서 출발하여 신뢰와 존경으로 옮겨간다.

이스라엘 공략을 앞두고 블레셋과 다윗 세력 사이에는 불화가 일어난다. 이

---

02 유다 남부의 성읍 아둘람 인근의 동굴을 터전 겸 피난처로 삼아 주변에 출몰하던 다윗의 무리는 어떤 의미에서는 산적에 가깝다. 다윗의 무리가 바란 광야에 머무르며 마온 사람 나발과 별 다른 계약도 맺지 않은 채 갈멜의 양 떼를 지켜주었다는 명목으로 식량을 요구하다가 갈등을 빚는 사건도 이들의 존재 방식을 드러내는 좋은 사례에 해당한다.(사무엘상25:2~42) 모압 왕이 다윗 무리의 후견자가 된 것은 이스라엘이 지파 동맹에서 왕국으로 완전히 전환하여 모압을 압박하게 되는 사태를 예방하기 위해서였다고 할 수 있다.(사무엘상22:3~5)
03 1996년 에그론(에크론)에서 발굴된 신전 석비에는 아기스(아키쉬) 왕을 비롯한 도시국가 에그론 통치자들의 족보와 신전 봉헌문이 새겨져 있었다. 성서고고학자들은 석비에 등장하는 에그론의 아기스가 다윗에게서 봉신 서약을 받은 가드의 아기스 왕일 가능성이 높은 것으로 보고 있다.(『김성 교수의 성서고고학 이야기』)

어 블레셋과의 전쟁에서 사울 왕이 전사하여 이스라엘 왕국은 일시적 권력 공백 상태에 빠진다. 유다는 이러한 정치 상황의 변화를 틈타 헤브론에서 다윗의 머리에 기름을 부어 왕으로 옹립한다. 제사장 사무엘의 예언이 결국 실현되기 시작한 것이다.

2 — 통일국가로 가는 길

사무엘을 통해 기름 부음을 받고 신 내림을 경험한 뒤, 다윗은 자신이 어떤 결단을 내려야 할 순간이면 먼저 야웨께 묻는 모습을 보여준다. 다윗이 블레셋 전사 골리앗에게 던진 '너는 칼과 창과 단창으로 내게 오거니와 나는 만군의 야웨의 이름 곧 네가 모욕하는 이스라엘 군대의 하나님의 이름으로 네게 가노라. … 또 야웨의 구원하심이 칼과 창에 있지 아니함을 이 무리로 알게 하리라'[04]는 말은 종교공동체로 출발한 이스라엘의 정체성과 지향성을 유다의 전사 다윗이 매우 잘 인식하고 이를 마음에 새기고 있음을 상징적으로 드러낸다. 그림 44

다윗의 이러한 자세는 이스라엘의 제사장 세력뿐 아니라 일반 백성들이 다윗을 이스라엘의 전통과 이념을 계승, 발전시킬 인물로 인식하고 받아들이는 가장 주요한 요인으로 작용한다. 놉의 제사장들이 다윗을 도왔다는 이유로 학살당할 때에 살아남은 아비아달은 다윗에게로 피신한다. 아비아달이 다윗 집단의 제사장이 된 것도 야웨께 묻는 다윗에 대한 신뢰의 결과라고 할 수 있다. 사울이 이스라엘 왕으로 인정받은 뒤, 자신의 정치적 후원자로 여겨지던 사무엘의 제사권을 침해함으로써 스스로의 입지를 좁히고 만 것과 비교되는 부분이다.

야웨의 사람을 자처한 다윗은 이미 이스라엘 사회의 새로운 질서로 자리 잡기 시작한 불평등과 차별의 피해자들을 배려할 만한 시야를 갖추고 있었다. 사울

04 사무엘상17:45~47.

그림 44
블레셋 가드의 전사 골리앗을 죽인 다윗, 베네치아 산타마리아 대성당 천장화, 티치아노, 1543년

왕정을 탈출하여 급히 블레셋의 가드로 망명을 신청하였다가 역시 목숨을 위협받자 유다의 아둘람 요새로 피신한 다윗에게 '환난 당한 모든 자와 빚진 자와 마음이 원통한 자가 다 그에게로 모여들었다.' [05] 이런 자들은 다윗이 자신과 같은 사람들을 받아들일 것으로 믿고 찾아왔던 것이다. 다윗은 자신의 성읍 시글락을 약탈한 아말렉 사람들을 뒤쫓는 과정에서 낙오한 사람들에게도 승전의 탈취물들을 공정히 나누어준다. 이후 이러한 관습은 이스라엘에 자리 잡게 되는데, 이 역시 사회적 약자와 패자를 도태물로 여기지 않으려 한 다윗의 자세에서 비롯된 것이다.

다윗은 이스라엘 사회의 기초이자 골격인 야웨 신앙과 제의의 담당자에게 신

---

05 사무엘상22:2.

뢰받고 사회적 약자층의 광범위한 지지를 받았다. 더욱이 뛰어난 군사 전략가이기도 했던 다윗이 유다의 왕으로 등극하고 지도층의 권력투쟁으로 공황 상태에 빠진 이스라엘의 새 왕으로 받아들여진 것은 어쩌면 자연스럽고 당연한 결과인지도 모른다. 유다 지파는 에브라임과 베냐민이 주도한 이스라엘 건국 과정에 적극적으로 참여하지 않고, 사실상 블레셋에 종속된 상태로 남아 있었다. 이런 유다가 다윗의 등장으로 왕국 체제를 받아들인 것이다. 이스라엘에서 사울 왕가가 단절되자 이스라엘 장로들은 유다 왕 다윗을 이스라엘 왕으로 기름 붓는다. 다윗이 통일 왕국 이스라엘의 창건자가 된 것이다.

3 — 제국의 확장이 가져온 삶의 덫

통일 왕국의 왕이 된 직후 다윗은 두 차례에 걸친 대 블레셋 전에서 승리한다. 이어 다윗은 판관 사무엘 시대 이래 아비나답의 집에 보관되어 있던 야웨의 궤를 도성 예루살렘으로 옮기도록 한다. 우여곡절 끝에 야웨의 궤를 다윗 성으로 들여오는 과정에 다윗은 '야웨 앞에서 힘을 다하여 춤을 추는' [06] 모습을 보여준다. 이로 말미암은 왕비 미갈과의 언쟁에서 잘 드러나듯이 왕가의 권위를 중요시하는 사울의 딸 미갈과 달리 다윗은 자신이 '야웨의 백성'을 다스리도록 야웨로부터 위임받은 자라는 사실을 우선시 한다. 야웨 앞에서 다윗은 주권자가 아닌 자녀이므로 뛰놀 수 있다는 것이다.

다윗은 이스라엘 성립의 기초인 야웨 신앙에서 모범을 보임으로써 이스라엘의 지도층과 일반 백성 모두에게 신뢰를 받고 그들로부터 권위를 부여받을 수 있었다. 다윗 시대에 이스라엘의 영역은 급속히 확장된다. 북으로 유프라테스 강 상류의 서안, 남으로 시나이 반도 및 아라비아 북부, 동으로 트란스요르단 전역을

---

06 사무엘하6:14.

그림 45
다마스커스, 성경 삽화, 12세기

왕국의 영향권에 넣게 된다. 국가의 모든 역량을 왕권 아래로 집중시킬 수 있었던 다윗의 지도자로서의 역량과 이 시기 이스라엘 사회의 분위기가 상승작용을 일으킨 결과이다. 이스라엘의 존립을 위협하던 블레셋의 기세를 꺾은 뒤, 모압, 암몬, 아말렉, 에돔, 소바, 다메섹 아람을 정복하여 해당 지역에 수비대를 주둔시키는 등 사실상 영역화한다. 그림 45 이로써 이스라엘은 기원전 10세기 초에 이르러 일약 중근동의 신흥 강국이 된다. 한 세대 전까지만 해도 이스라엘과 그 주변의 어느 나라도 상상할 수 없었던 일이 현실이 된 것이다.

다윗의 통치 영역이 크게 확장되고, 수비대를 둔 정복 지역에서 조공, 혹은 조세 형식의 재물이 왕국으로 대량 유입되었다. 이스라엘의 국고國庫는 가득 차게 되었으며 특별히 왕실의 부富는 급격히 늘게 되었다. 레바논에서 수입한 백향목으로 화려한 왕궁이 건축되고, 야웨의 집 곧 성전 건축이 추진되는 것도 이 무렵이다. 그러나 선지자 나단에게 내린 야웨의 계시를 통해 많은 피를 흘린 자의 손으로 성전이 지어지는 것이 거부됨으로써 성전 건축은 다음 세대의 과제로 넘겨진다.

실제 계속된 대규모 토목건축은 확장, 상승일로를 달리던 이스라엘의 사회 경제에 가속 엔진을 달아 통제 불능 상태에 이르게 할 수도 있었다. 지나치게 부풀려진 경제 규모를 유지하기 위한 대규모 정복 전쟁이 다시 추진되고, 대규모 강제 징병과 물자 징발, 외국 용병의 고용, 전시 체제의 유지, 평민층의 몰락, 빈부차의 확대 등이 잇따라 일어난다면 궁극적으로 이스라엘 공동체의 신앙과 이념이 도전받고, 무력화될 수도 있었다. 국가 운영상의 호흡 조절이 필요했던 것이다.

이스라엘 공동체의 이념과 지향을 상징하는 하나님의 궤가 다윗 성으로 불리던 예루살렘에 지어질 대형 건축물에 들어가는 것도 전통을 중시하는 세력들로서는 받아들이기 어려웠다. 비록 국가의 도성이 되었지만 당시까지 예루살렘은 다윗 개인의 군대로 정복된 개인 영지에 가까웠기 때문이다.[07] 야웨의 성전이 다윗 왕국이라는 세속 권력의 틀 안에 자리 잡는 것으로 비쳐질 수도 있었던 까닭이다. 제사장들을 비롯한 전통주의자들은 고정적 형태의 성전이 건축되어 그 안에 성궤가 안치되는 것이 그리 달갑지 않았다. 야웨 신앙 공동체로 출발한 이스라엘의 정체성 상실이 야기될 수도 있는 새로운 대규모 토목공사가 다윗 성, 곧 예루살렘에서 성전 건축이라는 이름으로 계속 진행되는 것은 위험하다는 견해가 선지자 나단을 통해 왕 다윗에게 전해졌다. 왕은 야웨의 이름으로 전해진 이 '말씀'을 받아

---

[07] 사무엘하5:6~10. 어떻게 보면 한 도시에 불과할 수도 있는 예루살렘이 성경 속에서 유다와 나란히 언급되는 것은 일차적으로는 성전이 자리 잡은 이스라엘 신앙의 중심으로서의 예루살렘의 특별한 위치로 말미암는다. 다른 한편으로는 개별 지파가 아닌 다윗 왕가의 소유지라는 사실을 강조하려는 의도에서 비롯된 측면도 있다.

들인다.

그러나 통일 왕국의 창건에 성공하여 '가나안 정복'을 사실상 완결하고[08] 유프라테스 강 상류 서안의 패자霸者가 되기 위한 발걸음을 내딛는 과정에서 다윗은 방심의 덫에 걸린다. 다윗은 이스라엘에 반기를 든 암몬과 아람 연합을 와해시킨다. 이어 암몬의 수도 랍바-암몬의 함락도 시간문제가 된다. 한가한 마음으로 왕궁 지붕 위를 거닐던 다윗 왕의 눈길에 부하의 아내가 아름다운 여인으로 비쳐 들어왔다. 다윗 왕국에 충성하던 외인부대의 장교들 가운데 한 사람인 헷 사람 우리아의 아내 밧세바를 왕 다윗이 사적으로 취하는 일이 일어났다.[09] 그림 46 이들 사이에 맺어진 관계로 말미암아 이스라엘의 지역 패권 확립 전략은 크게 흔들리게 된다.

충성스런 신하의 아내를 뺏기 위해 다윗은 적과의 전투에서 아군이 패배하고 그 신하를 포함한 일부 지휘관이 전사하도록 조정한다. 왕으로서의 다윗의 자질이 근본적으로 의심받을 사건이 일어난 것이다. 선지자 나단을 통해 다윗 왕가에는 '칼이 네 집에서 영영히 떠나지 아니하리라'는[10] 야웨의 저주가 내린다. 조만

---

08 모세와 아론의 시대에 '트란스요르단' 정복으로 시작된 가나안 전쟁은 판관 시대를 거쳐 사울 시대에 이르러서도 끝나지 않았다고 할 수 있다. 판관 시대 내내 이스라엘은 내외의 적으로부터 심각한 도전을 받았으며 결국 지파 동맹 체제를 포기하기에 이르렀다. 사울 왕정은 블레셋의 전면 공격을 견뎌내지 못하고 무너졌으며, 민족으로서 이스라엘 자체가 존립의 위기를 맞기에 이르렀다. 다윗 왕은 유프라테스 강 상류 서안 지역을 사실상 통일함으로써 이스라엘에 의한 가나안 정복 전쟁을 실질적으로 마무리 지었다. 뿐만 아니라 야웨 하나님의 시나이 광야에서의 언약 '광야에서 하수까지'를 문자적으로 성취시켰다고 할 수 있다.(출애굽기23:31)
09 다윗 왕의 친위 부대에는 외인 용병들이 다수 포함되어 있었다. 다윗에게 끝까지 충성을 바친 사람들로 언급되는 그렛 사람은 크레테, 블렛 사람은 블레셋 출신으로 이해되고 있다. 사회적 약자에게도 세심한 배려를 아끼지 않았던 다윗의 성품이 정복지 주민들에게 널리 알려지면서 히타이트 사람 우리아와 같은 인물들이 다윗의 수하로 모여들어 외인부대를 이룬 것으로 보인다. 그런 면에서 우리아 사건은 다윗의 기존 이미지를 근본적으로 바꾸게 할 수도 있는 것이었다.
10 사무엘하12:10.

그림 46
왕 다윗과 선지자 나단, 비잔틴 성화, 950년경

간 이 예언은 다윗의 왕위 계승을 둘러싼 반란과 권력투쟁이라는 형태로 가시화된다.

30세에 유다 왕으로 등극한 뒤, 다윗은 통일 왕국의 창건, 주변 세력의 위협 제거, 왕국의 확장, 국가 부의 증대, 권력의 집중 등에는 일단 성공하였다. 그러나 왕국의 안정과 유지를 위한 기본 조건이라고 할 수 있는 왕위 계승의 원칙을 세우고 이를 관철시킬 수 있는 장치를 마련하는 데에는 실패하고 말았다.[11] 비정상적인 방법으로 우리아를 전사시키고 그 아내 밧세바를 왕궁에 들임으로써 왕가의 질서는 혼란에 빠졌다. 외인부대를 포함한 군의 충성도는 약화되었으며, 왕국 세력의 확장 및 세력권의 유지는 큰 어려움 속에 진행될 수밖에 없게 되었다. 제국의 창건 이후에도 이스라엘의 왕 다윗은 많은 자녀들 가운데 왕자 암논이 배다른 여동생 다말을 강제로 욕보이자 다말의 오빠 압살롬이 암논을 살해하고, 망명에서 돌아온 아들 압살롬이 반란을 일으키는 바람에 왕 자신이 일시적 망명길에 오르고, 반란군을 진압하려고 대규모 살육전을 벌이는 와중에 압살롬이 죽는 등 여러 사건을 겪으며 고통스러운 말년을 보내게 된다.

---

11 다윗 자신의 카리스마 위에 세워지다시피 한 통일 왕국이었던 까닭에 세습을 전제로 계승자를 찾기는 어려울 수밖에 없었다. 이스라엘은 현상적으로는 세속 왕국의 모습을 띠고 있지만 내용상으로는 이스라엘 민족의 하나님을 왕으로 모시는 신정 왕국에 가까웠다. 서로 다른 두 가지 속성들을 조화시킬 수 있는 지도자를 어디서 어떤 방식으로 찾을 것인지가 다윗과 이스라엘 지도자들의 고민이었을 것이다. 왕자들 사이의 치열한 권력투쟁은 통일 왕국의 새 지도자를 다윗의 왕자들 속에서 찾아야 한다는 세속적인 판단과 의견이 지도층 안에서 암묵적인 동의를 받은 데에서 비롯되었을 것이다. 왕국의 지도층이 보여준 이러한 시각과 태도는 이후 솔로몬 시대의 이스라엘이 어떤 길을 걸을 것인지를 예시해 준다고 하겠다.

황금시대의 그늘
─ 솔로몬 통치의 명과 암

1 ─ 권력투쟁에서의 승리

다윗 왕조의 2대 왕 솔로몬은 다윗과 밧세바 사이에 두 번째로 태어난 아들이다. 솔로몬은 다윗의 대외 정복 전쟁이 한창 진행되던 시기에 태어나 궁중에서 자랐다. 이런 까닭에 다윗과 그의 가족이 겪었던 망명자의 삶, 뿌리 없이 떠도는 나그네 생활, 삶의 밑바닥을 오르내리는 생활의 고충을 제대로 알지 못했다. 다윗에게 모여들었던 삶의 패배자들, 변두리 인생들 이야기는 솔로몬의 삶과는 이어질 수 없는 오직 '이야기'일 뿐이었다. 솔로몬에게 익숙했던 것은 두 가지였다. 하나는 제왕으로서의 자질 함양을 위한 엄격하고 진지한 궁중 교육의 현장과 그로부터 얻은 지식의 세계였다. 다른 하나는 권력 쟁취를 둘러싼 궁중의 음모와 암투, 그 와중에서 살아남는 지혜였다.

솔로몬이 다윗으로부터 왕위를 물려받는 과정은 순탄치 않았다. 지금까지 이스라엘은 야웨의 신 내림을 경험하면서 발휘되는 한 개인의 카리스마를 일반 백성들이 인정하는 과정을 거쳐 공동체의 지도자를 선출하였다. 판관 시대 말기까지 야웨의 신은 아무도 알지 못하는 상황에서 어떤 개인에게 내리는 것이 일반적이었다. 왕국 시대 초기에 이르러서는 야웨의 명을 받은 제사장이 특정한 인물

★ 이 편의 기본 텍스트는 열왕기상1:1~11:43, 역대하1:1~9:31. 다윗과 밧세바 사이의 첫 아들은 난 지 이레 만에 죽었다.

의 머리에 기름을 바르면 그에게 야웨의 신이 내려 지도자로서의 카리스마를 드러내는 식으로 통치자가 선출되었다. 야웨의 신 내림이 확인되지 않은 상태에서 이루어지는 지도자직 세습이란 이스라엘 백성들에게는 아직까지는 매우 낯선 이방 관습에 불과했다. 판관 시대에 몇 차례 시도되었던 부자 사이의 지도자직 세습은 어떤 경우에든 사실상 실패로 돌아가고는 했다.[12]

여러 부인으로부터 태어난 다윗의 아들들 사이의 계속된 권력투쟁은 통일 이스라엘의 창건자 다윗의 말년을 괴롭게 했다. 다윗 왕의 통치 말년까지 다윗의 어느 아들도 야웨의 신으로 말미암은 카리스마를 보여주지 못했다. 압살롬이나 아도니야나 하나같이 자신을 지지하는 패거리의 힘으로 왕위를 차지하겠다는 의도를 드러냈을 뿐이다. 이들은 이스라엘의 전통적인 지도자 선출 과정에 걸맞은 모습을 보여주는 데에 실패하였다.

다윗 왕이 더 이상 국가 통치에 필요한 건강을 유지하지 못하는 지경에 이르렀을 때 아도니야는 왕위 계승 의식을 치른다. 그러나 이 의식은 이스라엘 주변 세속 왕국의 그것과 크게 다르지 않았다. 실제 아도니야 일파에 의한 이 행사는 왕위 찬탈과 유사한 방식으로 진행되었다. 아도니야의 거사에 대항하여 솔로몬이 다윗의 동의, 혹은 명령을 근거로 시행한 왕위 계승 의식에서 머리에 기름 부음을 받는 절차가 포함된 것이 그나마 이스라엘의 전통적인 지도자 선출 과정에 부합하는 부분이었다. 선왕의 동의와 기름 부음의 절차라는 두 가지 요건을 갖춤으로써 새 왕 솔로몬은 왕위 계승상의 적법성, 정통성을 주장할 수 있게 되었다. 이를 결여한 왕자 아도니야의 지지 세력은 급격히 구심력을 상실하고 왕국 권력의 중심부에서 밀려나고 말았다.

---

[12] 판관 기드온의 뒤를 이으려던 아비멜렉, 엘리의 두 아들 홉니와 비느하스, 사무엘의 두 아들 요엘과 아비야는 각각 주위의 추대를 받거나 부친으로부터 직위를 물려받는 방식으로 판관의 자리에 오른다. 그러나 이들은 지파 동맹 전체의 동의를 받아내지는 못했다.

2 — 황금시대의 개막

짧은 공동 통치 기간을 마치고 다윗 왕이 죽자, 솔로몬은 왕위를 위협할 만한 정적들을 철저히 제거한다. 뒤이어 기브온 산당에서 야웨를 향한 1,000번제 드리기를 시작하였다. 이로써 솔로몬 왕은 자신의 왕위가 야웨의 기름 부음을 받은 자라는 자격을 바탕으로 얻은 것임을 다시 한 번 내외에 주지시킨다. 1,000번제를 마쳤을 때에 자신의 꿈에 나타난 야웨에게 솔로몬은 '송사를 듣고 분별하는 지혜'를 구한다. 왕 솔로몬은 하나님으로부터 지혜와 함께 부와 영광도 주리라는 약속을 받는다.[13] 이 이야기가 시사하듯이 솔로몬의 통치기에 이스라엘은 이른바 황금시대를 경험하였다. 이 황금시대는 후대의 이스라엘 사람들에게 솔로몬의 '지혜'로운 통치술에 힘입어 펼쳐졌다고 믿어졌다. 그림 47

부친 다윗으로부터 넓은 영토와 많은 주민을 물려받은 솔로몬은 왕국이 자리 잡고 있는 점이지대적 이점을 십분 활용하였다. 이스라엘 왕 솔로몬은 자신의 왕국을 이집트, 아라비아와 동아프리카, 메소포타미아, 아나톨리아, 지중해 연안에서 생산되는 물품 교역의 중개지로 부상시켰다. 막대한 부가 이스라엘로 흘러들어와 솔로몬의 궁정에 쌓이게 되었고, 솔로몬의 명성이 중근동과 아프리카, 지중해 연안에 널리 퍼지게 되었다. 메소포타미아와 아나톨리아의 강국에게도 결혼 동맹을 허용치 않았던 이집트가 파라오의 딸을 솔로몬의 왕비로 출가시킬 정도로 이스라엘의 부강함은 내외의 인정을 받게 되었다.[14]

1,400대의 전차를 동원할 수 있고, 마병 1만 2,000을 유지할 수 있을 정도로

---

13 열왕기 상3:4~15.
14 다윗과 솔로몬에 의해 이스라엘이 중근동의 지역 강자로 부상하던 시기에 이집트는 내부 혼란으로 말미암아 더 이상 제국으로서의 지위를 유지할 수 없게 되었다. 메소포타미아의 아시리아와 비빌론 역시 장기간의 침체 상태에 빠져 있었다. 솔로몬과 결혼 동맹을 맺은 이집트의 파라오는 21왕조의 시아문으로 추정되고 있다.

그림 47
솔로몬의 심판, 바티칸 궁전 장식화, 라파엘로, 1508년

이스라엘의 국방력은 막강하였다. 아나톨리아로부터 이베리아에 이르기까지 지중해 연안 전역에서 식민 활동을 벌이던 페니키아의 티레조차 중근동의 새 강자 이스라엘과의 동맹을 적극 추진할 지경이었다.[15] 아라비아 반도 남부와 동아프리카의 무역로를 장악하고 있던 시바의 여왕도 솔로몬의 궁을 방문하고자 하였다. 중근동의 새 강자이자 무역의 중심으로 떠오른 이스라엘과 협력하지 않고는 기존 무역권의 유지가 어려워지리라는 판단 때문이었을 것이다.

왕권을 공고히 하고, 주변 세력과의 경제적·군사적 협력 관계를 안정시킨 뒤 솔로몬은 선왕 다윗이 추진하다가 중단했던 예루살렘에서의 성전 건축을 다시 시도한다. 이미 판관 시대 이스라엘 동맹과는 차원이 다른 국가 체제, 곧 '제국帝國'의 왕으로 등극하여 1,000번제를 통해 자신이 야웨의 축복으로 왕권을 위임받은 자임을 내외에 확인시켰다고 솔로몬은 믿고 있었다. 더욱이 국가와 왕실의 부는 솔로몬 왕 시대에 크게 증가한 상태였다. 국가 제의의 중심으로 여겨질 성전의 건축을 더 이상 미룰 이유가 없었다. 야웨의 성전이 건축됨으로써 파괴된 부족 동맹의 성소는 실로가 아닌 예루살렘에서 국가의 성소로 새롭게 다시 탄생할 것이다. 이로써 다윗 왕조의 입지는 더욱 굳건해지리라. 언약의 성궤가 새로 지어진 건물, 곧 성전 안에 놓이면서 시나이 산 계약에서 비롯된 가나안 정복의 긴 여정은 비로소 완결점을 찍게 되고 이스라엘의 방랑 생활은 끝나지 않겠는가. 솔로몬과 그 측근들의 머릿속을 떠나지 않던 생각들은 이런 것이었을 듯하다. 이 대규모 토목 사업에는 페니키아 티레의 기술과 물자, 이스라엘 영역 내 주민 다수가 동원되었다. 솔로몬 통치 제4년(기원전 959년경)에 시작되어 7년 만에 왕의 주재

---

15   티레는 이스라엘과의 동맹을 통해 페니키아 지중해 선단의 교역 범위를 홍해, 동아프리카 연안까지 넓혔다. 이는 이스라엘에도 큰 이익이 되었으므로 솔로몬 당내에 이스라엘 왕국 동남단 홍해로의 출구에 개척된 에시온-게벨은 남방 무역 항구도시로 크게 번성하게 되었다.

아래 성대한 성전 봉헌식이 거행되었다. 이스라엘로서는 전대미문의 대형 토목 사업이었다. 그림 48

3 — 중심의 상실, 그늘의 확대

성전이 건축되어 봉헌됨으로써 예루살렘은 이스라엘 정치, 종교, 문화의 중심으로 인식되고 자리 잡게 되었다. 예루살렘은 또한 다윗의 개인 군대에 의해 점령되고 재정비된 다윗 왕실의 개별 소유지나 마찬가지였으므로 예루살렘이 이스라엘에서 지니는 의미와 역할의 변화는 다윗 왕가에 대한 인식의 변화를 의미했다. 예루살렘이 야웨의 능력이 임재하는 이스라엘의 성스러운 공간으로 자리매김되자 다윗 왕가 역시 말 그대로 이스라엘의 하나님이 세속 통치권을 위임한 성스러운 가문으로 여겨지게 되었다. 예루살렘에 세워진 야웨의 성전은 현실 속에 세워진 하나님 나라 이스라엘의 지속을 기원하기 위한 제의의 중심이 되는 동시에 다윗 왕가의 정통성을 확인하는 제의의 공간이 되었다. 성전 봉헌식에서 솔로몬 왕이 야웨에게 드린 기도는 다윗과 솔로몬 통치기의 이스라엘에서 자리 잡기 시작했던 야웨 하나님과 이스라엘 국가, 다윗 왕조 사이를 불가분의 관계로 보는 인식의 중심 줄기를 잘 드러낸다.

그러나 성전 건축 외에도 자신을 위한 왕궁과 왕비들의 궁, 각종 국고성國庫城, 병거성兵車城, 마병馬兵의 성들을 짓는 대형 토목 사업을 계속 진행함으로써 다할 수 없는 부를 자랑하던 솔로몬의 국고도 바닥을 드러내기 시작한다.[16] 크게 늘어

---

[16] 왕궁과 성전 건축에만 21년이 소요되었고, 이를 위해 막대한 인력과 비용이 투입되었다. 비이스라엘계 주민은 국가 노예로 전락하였고, 이스라엘계 주민조차도 강제 노력 동원의 대상이 되었다. 통일 이스라엘의 왕, 자유 히브리인의 왕이 자유민을 노예화함으로써 이스라엘은 왕국 존립의 기본 정신, 이스라엘 민족 공동체 성립의 역사적 근거를 잃게 된다. 솔로몬 당대에 출애굽 정신은 왕 자신의 손으로 철저히 훼손되었다.

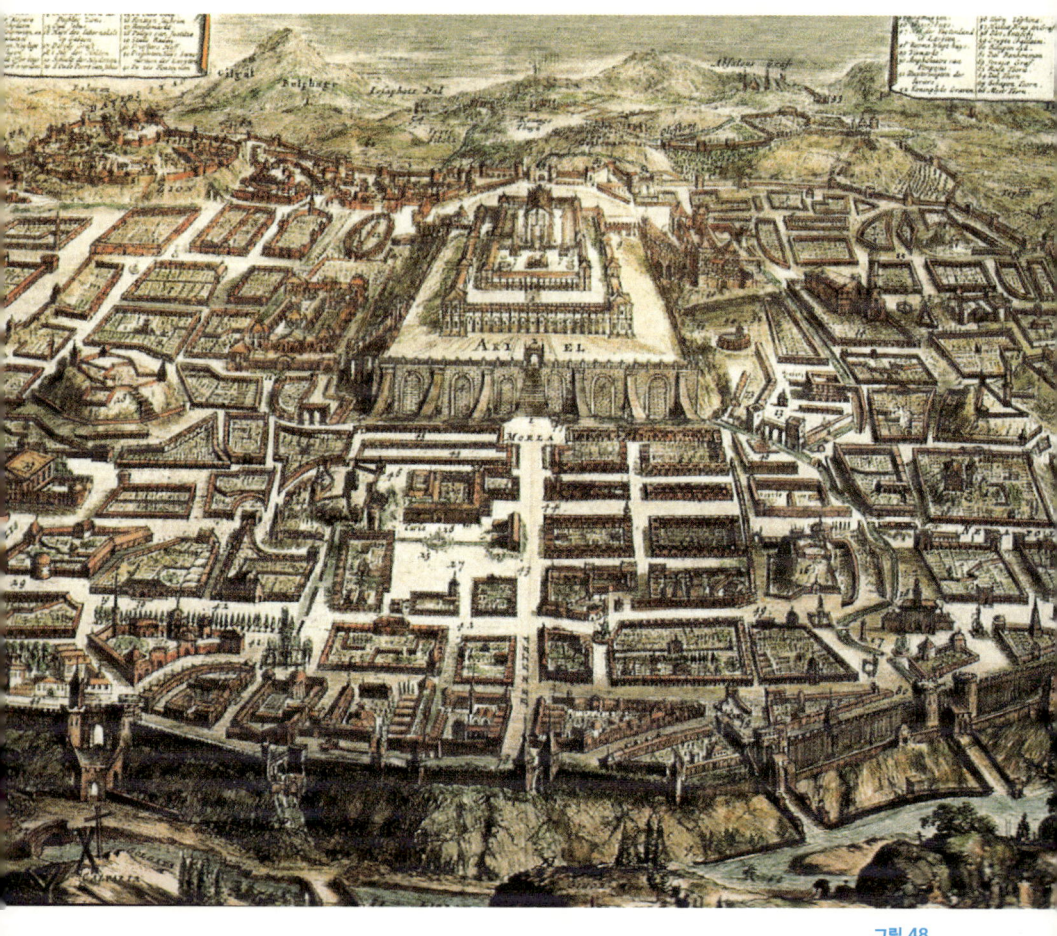

그림 48
솔로몬 성전으로도 불린 예루살렘 성전, 유화, 오귀스트 칼메, 1727년

난 관료층, 넓은 제국을 지켜내기 위한 대량의 상비군, 호화로운 왕궁과 그에 딸린 대규모 식솔들에게 요구되는 비용 역시 국가 및 왕실 재정에 큰 부담으로 작용하게 되었다. 더 이상의 정복 사업이 추진되지 못하는 상태에서도 제국의 지배를 받는 군소 국가들에서 들어오는 정기적인 공물, 솔로몬 통치기에 확장되고 활성화된 이스라엘 중심의 무역망을 통해 들어오는 수입은 만만치 않았다.[17] 그러나 이러한 수입만으로는 지속적으로 증대되는 지출을 점차 감당하기 어렵게 되었다.

재정 적자가 누적되자 솔로몬은 토목 사업을 줄이고, 왕궁 소요 경비를 절감하는 등의 지출 감소를 추진하기보다는 새로운 재원을 찾아 수입을 늘려 이 문제에 대처하려는 태도를 보인다. 20여 년 만에 성전과 왕궁 건축을 마치면서 받아든 지출 청구서의 규모는 예상을 훨씬 웃돌았다. 이스라엘 왕 솔로몬은 갈릴리 지역의 성읍 20곳을 티레 왕 히람에게 넘기는 대가로 금 120달란트를 받고, 티레에 갚아야 할 백향목과 잣나무 비용을 상쇄받는다.[18]

대규모 토목 사업과 왕궁의 사치, 국가 관리 비용의 증대를 감당하기 위하여 솔로몬은 제국을 열두 개의 행정구역으로 나누어 각 구역이 한 달분의 왕궁 유지비를 부담하게 하였다.[19] 또한 제국 안의 비이스라엘계 주민을 국가 노예로 삼아 궁과 성, 요새의 건축에 투입하는 등의 방편을 썼다.[20] 그럼에도 불구하고 재정

---

17 솔로몬은 더 이상의 정복 전쟁을 일으키지 않았다.
18 히람 1세(재위 기원전 986~기원전 935년)는 티레를 지중해 상업 교역의 중심 도시국가로 성장시킨 인물로 평가받는다. 히람 1세의 재위 기간 동안 키프러스, 시칠리아와 같은 지중해의 큰 섬들이 티레의 식민지로 개척되었으며, 바알-멜카롯 신과 아스다롯 여신 신앙이 페니키아의 영향력이 미치는 지역에 널리 퍼졌다. 히람의 딸이 솔로몬에게 시집오는 결혼 동맹을 통해 티레의 멜카롯·아스다롯 신앙 역시 이스라엘에 흘러들었다.
19 기존 개별 지파의 영역을 존중했다고 하더라도 12행정구역 설정은 12지파 동맹체라는 이스라엘 민족의 구성 원리를 뿌리째 흔드는 행위였다.
20 솔로몬이 비이스라엘계 주민을 국가 노예화한 것은 이집트가 자국으로 흘러든 이방인을 국가 노예로 삼아 과다한 지출을 줄이려 했던 전철을 그대로 따르는, 바람직하지 못한 행위였다.

지출이 수입을 크게 초과하는 일이 계속되자 국가와 왕실의 재정 적자를 메우기 위해 황금시대로 불리던 솔로몬 당대에 이스라엘의 '영토'를 파는 일까지 일어난 것이다.

솔로몬은 그의 당대에 제국의 안팎에서 이스라엘의 하나님 야웨의 축복을 한 몸에 받은 '지혜'의 왕으로 일컬어지던 인물이다. 솔로몬의 통치기에 이스라엘은 중근동 최고의 부국富國으로, 문화와 산업의 중심으로 여겨졌다. 솔로몬이 세운 예루살렘의 성전과 왕궁은 당시까지 알려진 최고의 건축 기술, 조형 능력의 결정체로 인식되었다. 솔로몬은 예루살렘에서 은을 돌같이 흔하게 하고 백향목을 평지의 뽕나무같이 많게 한 통치자였다. 금으로 만든 커다란 방패 200개와 작은 방패 300개가 레바논 나무궁으로 불리던 솔로몬의 왕궁에서 번쩍거렸으며, 궁중에서 사용되는 모든 그릇은 금제품이었다고 한다.

그러나 절정기 이스라엘 경제와 문화의 이면에는 이미 커다란 그늘이 드리워진 상태였고 그로 말미암은 어둠도 짙어지고 있었다. 솔로몬이 후비后妃 700인, 빈장嬪嬙 300인을 만족시키기 위하여 국력을 허비하는 동안, 이스라엘 제국 안의 많은 평민들이 강제 노역과 무거운 빚에 시달리다가 노예가 되거나 부랑자가 되고 있었다. 솔로몬은 파라오의 딸과 모압, 암몬, 에돔, 시돈, 헷의 여인들에게 그들을 위한 '궁'과 '신전'을 지어주고 그들의 신 아문-라, 바알, 아스다롯, 몰록, 그모스를 위해 분향하고 제사하도록 허용하였다. 예루살렘은 야웨 하나님의 성전이 있는 성스러운 도시에서 중근동과 지중해 연안 모든 민족, 모든 신의 신전과 제의를 만날 수 있는 세계 종교의 전시장으로 바뀌고 말았다. **그림 49** 수많은 지혜의 말과 노래를 지어 성경 속 잠언과 전도서, 시편에 이스라엘 황금시대의 문학과 철학의 편린들을 남긴 솔로몬은 자신의 통치기 후반에 이미 제국 이스라엘의 미래가 보이지 않도록 만들었다.

자신이 이룩한 경제와 문화적 번영에 취하여 제국 이스라엘의 왕 솔로몬은 마

그림 49
- 시리아, 앗시리아의 신들, 이라크 자말 출토, 기원전 9세기, 베를린 페르가몬 박물관
- 이집트의 신들, 이집트 룩소르, 기원전 13세기, 베를린 알테 박물관

음을 돌이켜 이스라엘의 하나님 야웨를 떠나고 말았다. '다른 신을 좇지 말라'[21] 는 야웨의 명령, 두 번에 걸친 권유에도 불구하고 솔로몬은 왕비들과 함께 그들의 신을 좇는 모습을 보여준다. 기름 부음 받은 다윗의 계승자, 야웨 하나님의 축복으로 제국의 번영을 가져온 지혜의 왕이라는 자신의 본래 자리에서 떠난 것이다. 결국 솔로몬은 야웨로부터 제국의 분열을 선언받는다.

---

21 열왕기상11:10.

분열·이산·상실의 시대 1
— 분열, 2류 국가 이스라엘과 유다의 등장

1 — 분열

왕과 온 이스라엘이 다 야웨 앞에 희생을 드리고, 그들이 받은 은혜로 말미암아 기뻐하며 마음에 즐거워하던 성전 봉헌의 시간은 이제 과거의 사건이 되어버렸다. 솔로몬 당대에 이스라엘의 속주로 편제되었던 에돔에서 반란이 일어나고, 다마스커스를 중심으로 한 아람족의 시리아가 독립하였다. 성의 수축을 비롯한 대형 토목 사업의 감독자로 임명한 에브라임의 여로보암이 다윗 왕가의 왕권에 도전하는 일도 일어났다. 제국의 황금 시대는 늙은 솔로몬의 눈앞에서 벌써 그 막을 내리고 있었다.[22]

여로보암의 반란은 새 의복을 열두 조각으로 찢고 그 가운데 열 조각(이스라엘 열 지파)을 취하도록 한 실로 사람 선지자 아히야의 예언에 용기를 얻어 일으킨 것이었다. 반란이 시도되었다는 사실만으로도 지혜의 왕 솔로몬의 명성과 권위는 크게 손상되었다. 솔로몬 시대 초기에 행해진 행정구역의 개편으로 이스라엘의 각 지파는 지파로서의 독자적 영역마저 부정당하였다. 이에 더하여 솔로몬

★ 이 편의 기본 텍스트는 열왕기상12:1~14:31, 역대하10:1~13:22.
22 솔로몬 말년의 거의 같은 시기에 이집트와 상부메소포타미아의 아시리아가 부흥을 꿈꾸고 재기를 시도한다. 물론 이집트 제22왕조의 파라오 시삭(기원전 935~기원전 914년)이나 아시리아 왕 아슈르-단 2세(기원전 935~기원전 913년)의 주된 관심사 가운데 하나는 유프라테스 강 상류 서안에 대한 패권 확보였다. 두 강대국이 가나안과 시리아 지역에 대한 관심을 구체적 행동으로 옮기려 할 즈음 이스라엘은 남북으로 분열한다.

통치 말기에 이르러서는 '이스라엘계' 조차 제국의 토목 사업에 강제 동원되었다. 이 지경에 이르자 자유와 평등의 히브리적 공동체 전통을 중시하던 이스라엘계 주민들의 제국과 왕가에 대한 불만은 극에 달하였다. 에브라임 지파 출신의 역군 감독 여로보암의 반기는 기름에 젖은 섶에 불을 붙이는 격이 될 수 있었다. 제국의 기초가 바닥에서부터 흔들리고 있다는 감을 잡고 있던 솔로몬과 그 휘하의 빠른 대응으로 반란의 불길은 미처 번지지도 못하고 진화되었다. 에돔의 하닷이 신복들과 함께 이집트를 망명의 터로 삼았듯이 여로보암 역시 이집트로 달아나 제22왕조의 파라오 시삭에게 몸을 의탁하였다. 제국 분열의 불씨는 이집트로 옮겨가 보존되었다.

유다의 왕이자 이스라엘 왕이던 솔로몬이 죽고 르호보암이 그 뒤를 잇게 되자 이스라엘계 주민들은 벼르고 벼르던 '요구'를 새 왕 인정의 조건으로 내세운다. 전통에 따라 세겜에서 성스러운 계약 의식을 통해 이스라엘의 왕으로 등극하려던 유다 왕 르호보암은 귀국한 여로보암을 대표로 한 이스라엘 회중의 세금 및 부역 경감 요구를 거절한다. 이로 말미암아 르호보암은 세겜에서 즉위식을 거행할 수 없었다. 제국의 두 축 가운데 하나였던 이스라엘이 유다와 통합 왕국 유지를 거부한 것이다. 잠깐 사이에 제국은 사라졌다. 기원전 922년경 유프라테스 강 서안의 패자 이스라엘은 사라지고 가나안 북부와 중부를 중심 영역으로 한 북이스라엘과 가나안 남부 및 유다 광야를 근거로 한 남유다라는 두 개의 크지 않은 나라들이 제국의 옛터 위에 세워졌다.

아나톨리아와 메소포타미아, 아라비아, 동아프리카 연안과 인도양 일대, 이집트, 지중해 연안 대부분의 지역을 무대로 거대한 상업 교역망을 형성해내고 이를 꾸려나가던 솔로몬의 제국은 역사의 뒤편으로 퇴장하였다. 아라비아와 동아프리카를 향한 상업 선단의 기항지 에시온-게벨에 오빌의 황금과 백단목, 보석이 내려지는 것도, 이집트의 전차와 길리기아의 말이 이스라엘을 중계지로 삼아 히

지도 5

이스라엘 왕국과 유다 왕국

타이트와 아람의 모든 왕에게로 건네지는 일도 이제는 기대할 수 없게 되었다. 다윗과 솔로몬 제국 해체의 잔재로 남은 북이스라엘과 남유다, 두 나라를 둘러싼 아람 국가들과 암몬, 모압, 에돔, 블레셋 사이에서 벌어질 지루하고 소모적인 투쟁이 예상될 뿐이었다.

2 — 북이스라엘의 정체성 혼란

유다 왕 르호보암이 보낸 또 다른 역군 감독 아도니람이 이스라엘을 제국에 복귀시키는 데에 실패하고 죽임을 당하였다. 이로써 분열을 막기 위한 첫 시도는 일단 실패로 돌아갔다. 이어 에브라임의 지도자 여로보암이 세겜에서 이스라엘의 왕으로 추대받고 즉위함으로써 분열이 공식화되었다.[23] 유다의 르호보암은 전쟁을 통해서라도 왕국의 재통합을 이룰 생각으로 군대를 소집한다.

그러나 분열된 제국에서 좀 더 큰 영역이 북이스라엘에 속했고, 속주와 식민국에 파견된 수비대를 포함한 주요 병력들이 남유다 왕의 통치력을 벗어난 곳에 있었다. 유다를 제외한 나머지 지파들 모두가 북왕국 성립에 참여하였으므로 르호보암에게 남은 것은 '다윗 왕가'의 후손이라는 명분뿐이었다. 전쟁으로 북이스라엘을 굴복시킬 가능성은 그리 높지 않았다. 더욱이 남쪽에는 이스라엘의 분열을 노리며 망명객을 받아주던 이집트가 있었다. 새 왕조를 세운 파라오 시삭이 다윗이 다진 중근동에서의 정치적 주도권, 솔로몬이 쌓아 놓은 '부'와 그 원천을 탈취할 때를 기다리고 있지 않은가. 하나님의 사람 스마야가 남북 분열을 야웨의 뜻이라고 선언하자 유다는 이스라엘과의 전면전쟁을 포기한다.

비록 제국의 병력과 영토 대부분을 차지하였지만 북왕국은 이스라엘의 정체

---

23 세겜이 에브라임 지파의 중심 도시였음을 고려하면 통일 왕국의 남북 분열에는 에브라임의 패권주의도 한몫했음을 짐작할 수 있다.

성과 관련하여 없어서는 안 될 것을 가지고 있지 못했다. 이스라엘이 언약의 백성임을 확인시키는 '언약의 궤'는 다윗 왕가의 도시 예루살렘에 있었던 것이다. 예루살렘에 세워진 야웨 하나님의 성전, 그 안의 언약궤는 지파적 자립과 자치 이전의 본질적인 문제, 히브리 공동체의 출발점이자 지향점, 종착점과 관련된 존재였다. 북왕국이 정치, 경제적으로 남왕국과 구별된 체제와 제도를 유지한다 하더라도 히브리 공동체의 일원이라고 믿는 사람이라면 누구나 정기적으로든 부정기적으로든 예루살렘의 성전에 나아가 제사 드리며 야웨 하나님으로부터 축복받기를 원하기 마련이었다.

실제 남북 분열 뒤, 예루살렘 성전 순례가 어려워질 것을 우려하여 북왕국에 거주하던 다수의 레위인 제사장들이 남왕국으로 삶 터를 옮겼다. 일부 열성파 이스라엘 사람들 역시 예루살렘이나 그 근처의 성읍으로 이주했다. 예루살렘의 성전이 지니는 구심력이 남북 분열 뒤 강력한 힘으로 북왕국 주민들을 끌어당기고 있었다. 북이스라엘 성립을 주도한 여로보암과 중북부 지파 지도자들로서는 이 상태로는 왕국의 미래를 가늠할 수 없다고 판단하게 되었다. 국가 차원의 어떤 특별한 조치 없이는 예루살렘 성전으로 향하는 눈길과 발길을 막기가 어려울 게 분명했다.

여로보암 왕의 명령으로 두 마리의 금송아지가 만들어져 한 마리는 북방의 라이스 단에, 다른 한 마리는 남방의 벧엘에 놓이고 이스라엘의 숭배 대상으로 지정되었다. 그림 50 금송아지는 히브리 사람들을 이집트의 노예 생활에서 해방시킨 야웨 하나님의 임재를 상징하는 존재였다. 보아서도 안 되고 볼 수도 없는 하나님이 오셨음을 알리는 전령이자, 하나님이 임하는 자리이기도 했다. 이 금송아지는 이미 언약의 절차를 밟기 위해 모세가 호렙 산의 신비 속으로 사라진 뒤 40일 동안 돌아오지 않자 아론과 다른 지도자들에 의해 만들어졌다가 모세에 의해 부수어져 가루가 되었던 짐승이다. 광야 훈련 중이던 다수의 히브리 사람들을 우상숭

그림 50
바빌론 이슈타르 문 벽에 장식된 황소, 기원전 6세기, 베를린 페르가몬 박물관

배에 빠지게 하여 모세로 하여금 첫 번째 언약의 돌판을 깨뜨릴 수밖에 없게 만들었던 상서롭지 못한 존재이다. 이집트 및 가나안 우상숭배의 상징이기도 하던 이 금송아지가 수백 년 만에 다시 이스라엘 역사 속에 공식적으로 모습을 드러낸 것이다.[24]

북왕국의 지도자들은 지파 동맹 시대 이래의 지방 성소인 벧엘과 단에 이 금송아지들을 두어 제사의 대상으로 삼았다. 이 두 곳에 새 신전들을 세워 레위 사람이 아닌 일반 백성들도 자원하기만 하면 이런 곳의 제사장을 맡을 수 있도록 하

였다.[25] 또한 통합 왕국 시대의 절기인 7월 15일에서 한 달을 늦춘 8월 15일을 새로운 절기로 삼아 국가적 제의를 행하게 함으로써 히브리적 전통에서 크게 벗어난 사실상 새로운 종교 체계를 고안해냈다. 북이스라엘은 과중한 세금과 강제 부역이 히브리적 자유와 평등의 이념에서 벗어난다는 이유로 다윗 왕가의 왕권을 부정하고 새 왕국의 성립을 선언하며 출현한 나라이다. 이런 나라가 오히려 히브리적 정신의 본질인 계약 공동체의 종교 이념과 체계를 부정하고 무너뜨리는 데에 앞장선 것이다. 북왕국을 독립국가로 남게 하기 위해 이스라엘이라는 새 민족 성립의 바탕이 되었던 히브리 계약 공동체의 기본 이념, 하나님과 히브리 사람 사이의 언약 가운데 가장 주요한 부분, 곧 야웨 하나님 외에 다른 신을 섬기지 말라는 계명이 지도자들에 의해 국가적 차원에서 지켜지지 않게 되었다. 이제 남아 있던 레위 사람들마저 너나없이 남유다로 옮겨갔다. 이로써 북왕국은 솔로몬 시대에 예루살렘 성전을 중심으로 새롭게 정비되었던 히브리적 종교 전통에서 크게 멀어지게 되었다.

3 ― 남북 상쟁의 어부지리

제국의 소멸은 제국의 틀 안에 있던 어느 민족이나 나라에도 도움이 되지 않았다.

---

24 금송아지의 재등장으로 말미암아 북이스라엘에서는 야웨 하나님에 대한 신앙과 풍요의 신 바알을 향한 제의가 뒤섞일 가능성이 더욱 높아졌다. 이스라엘 백성들로서는 바알을 야웨 하나님의 속성 가운데 하나로 인식하고 받아들이게 하려는 유혹을 쉽게 뿌리치기 어렵게 된 것이다. 이후의 북이스라엘 사회가 종교 혼합주의적 성향을 보이게 되는 것도 단과 벧엘에 금송아지가 다시 등장한 데서 비롯된다고 해도 과언이 아니다.

25 북왕국은 제사 담당자로서의 레위 지파의 특수한 지위를 공식적으로 부정하였다. 레위 지파의 제사장 직무는 지파 동맹 성립 당시의 약속이기도 했으므로 여로보암 왕가의 결정은 신앙 공동체로 출발한 이스라엘의 공통분모를 부인하고 해체하는 결과를 가져올 수 있었다. 북이스라엘에서 레위 지파의 소멸은 북왕국 주민들이 혼합 신앙에 빠져드는 데에 대한 제동 장치를 제거했음을 의미했다.

이스라엘 백성들은 르호보암으로부터 세금과 부역의 경감은 고사하고 '더 무거운 멍에, 전갈의 징치'를[26] 선언받았다. 이에 분노한 중북부 지파 사람들은 통합 왕국에서 떨어져 나와 북왕국을 세웠다. 그러나 이들에게 돌아온 것은 동족상쟁과 국가 방어를 위한 더 과중한 세금과 부역이었다. 더욱이 더 이상 예루살렘 성전 순례도 할 수 없고, 오히려 금송아지를 모신 신전에서 일반 백성 출신 제관의 주재 아래 야웨 하나님께 제사하는 어처구니없는 사태를 겪게 되었다. 남왕국 백성들도 이전보다 더 무거운 세금과 부역에 시달리게 되기는 마찬가지였다. 더 이상 제국의 속주에서 조공 형태의 부가 흘러들지도 않고 솔로몬 시대의 거대한 상업 교역망도 마비되었으므로 남유다의 경제는 급격히 위축되었다. 인적 자원도 크게 줄어 군사력도 이전과는 비교할 수 없을 정도로 약화되었다.

유다의 속주 상태에서 벗어나려 애쓰던 에돔도 솔로몬 무역망의 한 부분을 맡으면서 보장받았던 경제적 이득을 기대할 수 없게 되었다. 더욱이 유다를 대상으로 한 지루한 독립전쟁으로 말미암은 사회·경제적 피폐도 감수해야만 했다. 암몬과 모압은 세력권을 넓히려는 시리아의 아람과 제국 시대 이래의 지배력을 유지하려는 북이스라엘 및 남유다의 외교적 압력이나 침공에 시달려야 했다. 유다로부터 독립한 블레셋은 이집트의 종주권 주장에 대응해야 했다. 시리아 지역의 다마스커스 아람은 유프라테스 강 동쪽의 아시리아로부터 오는 압박에 대응하면서 서남쪽의 북이스라엘과 유프라테스 강 서안의 정치적 주도권 행사를 둘러싼 신경전을 벌여야만 했다. 다윗 왕가의 제국과 세계적 무역망을 공유하던 페니키아의 티레 역시 분열된 동방의 불안한 정세에 신경을 곤두세우며 그나마 가동이 가능한 지중해 무역망을 유지시켜 국가의 '부'를 관리해야만 했다.

하나님의 사람 스마야의 예언으로 대규모 전쟁은 피하게 되었지만 북왕국을

---

26 열왕기 상12:14.

그림 51
이집트군의 포로가 된 이스라엘인들, 이집트 룩소르 신전 부조, 기원전 10세기

무력으로라도 남왕국에 통합시키려던 르호보암 왕의 의지는 여전히 꺾이지 않고 있었다. 남북의 국경 인근에서는 크고 작은 충돌이 끊이지 않았다. 다른 중북부 지파들과 함께 북왕국의 성립에 참여하려던 베냐민 지파의 시도는 '예루살렘'의 안전을 염려한 르호보암의 강경한 군사 대응으로 말미암아 좌절되었다. 남과 북으로 서로를 치고 올라가려는 북이스라엘과 남유다의 의지가 여전히 살아 있는 가운데 남북 분열의 한계를 드러내는 동시에 남북이 각기 자기 영역을 지키는 것에 만족하게 하는 사건이 기원전 918년(르호보암 통치 제5년)경 일어났다. 이집트 왕 시삭의 북방 원정이다.[27] **그림 51**

제22왕조의 창건자 파라오 시삭은 새 왕조 창건의 여세를 몰아 아시아에서의 영향력을 회복하여 이집트의 영광을 재현하려 하였다. 시삭의 침공군이 블레셋을 점령한 뒤, 남왕국을 항복시키고 북왕국을 강타하였다. 솔로몬이 건설하였던 네게브 광야의 요새들과 무역항 에시온-게벨이 파괴되고 예루살렘이 점령되

었다. 요르단 강 서안의 므깃도, 동안의 마하나임, 브누엘과 같은 북이스라엘의 주요 도시들이 잿더미로 변했다. 예루살렘 성전과 왕궁의 보물, 솔로몬 왕 통치기에 만든 금방패들은 남왕국이 제시한 조건부 항복의 대가로 이집트의 파라오 시삭의 손에 넘어갔다. 통치 말기의 규모 없는 재정 운영에도 불구하고 상당한 규모로 남아 있던 솔로몬 황금시대의 '부'가 이집트의 국고와 왕실 창고에 옮겨졌다. 뿐만 아니라 남북의 국가 방어망, 유통 교역망을 비롯한 제국 시대의 사회·경제 인프라는 파괴되어 기능을 잃게 되었다. 시삭의 침공군은 곧바로 퇴각하였지만 이제 남북의 어느 쪽도 극적 계기가 마련되지 않는 한 한 세대 안에 상대를 무력으로 굴복시킬 만한 여력을 지니지 못하게 된 것이다.

27 카르나크에서 발견된 시삭의 비문에 따르면 옛 솔로몬 왕국의 요새화된 거점 도시들 대부분이 이집트군에 의해 짓밟혔다. 전통적으로 고대 이집트나 메소포타미아 왕들의 비문 내용이 과장, 왜곡되는 경향이 있다 하더라도 시삭의 침공이 유프라테스 강 상류 서안 군소 국가들이 장기간 분열 상태로 있게 하는 데에 결정적인 영향을 미쳤음은 부인하기 어렵다.

분열 · 이산 · 상실의 시대 2
— 거듭되는 위기와 혼란

1 — 북왕국의 내적 분열

금송아지를 중심으로 세워진 북왕국의 새로운 제의 체계는 '히브리적 가치와 이념의 수호자' 이던 선지자들의 격렬한 반발을 불러일으켰다. 금송아지는 야웨 하나님의 임재를 상징하기보다 바알의 대좌로 인식되기 쉬웠다. 더욱이 금송아지의 등장은 북이스라엘의 가나안계 주민과 사회로 하여금 야웨 신앙과 바알 신앙을 구별하지 못하게 할 수도 있었다.[28] 이스라엘계 주민들도 금송아지 제의로 말미암아 혼합주의적 신앙에 빠질 가능성이 높았다.[29] 여로보암의 북왕국 창건을 예언했던 실로의 선지자 아히야가 북이스라엘에 금송아지 제의를 도입한 여로보암 가문의 멸망을 선언하고 여로보암 왕과의 관계를 끊은 것도 이 때문이다.

외관상 북왕국의 종교 정책은 성공하였다. 단과 벧엘이 북왕국의 새로운 성

★ 이 편의 기본 텍스트는 열왕기상12:1~14:31, 역대하10:1~13:22.

[28] 기원전 16세기부터 기원전 12세기 사이 가나안 사람들에 의해 제작된 청동제 황소나 은박 송아지들이 1954년 이래 하솔, 도단, 아쉬켈론, 벳산 등지에서 발굴되었다. 이 가운데 아쉬켈론 출토 은박송아지는 기원전 16세기에 건설된 신전 터에서 발견되었다. 북이스라엘 왕 여로보암이 만들게 한 금송아지들은 이와 같은 가나안의 송아지 숭배 전통을 이은 것이라고 할 수 있다.

[29] '야웨와 그의 아세라' 라는 구절이 새겨진 돌판과 저장용 항아리가 1967년과 1976년에 중부 이스라엘과 시나이 반도에서 발굴되었다.(『김성 교수의 성서고고학 이야기』) 북이스라엘 성립과 함께 본격화된 '혼합주의적 신앙' 이 남북 왕국에 끼친 영향이 장기적으로 어떠한 결과를 낳았는지를 짐작하게 하는 유물들이라고 하겠다. 두 유물이 만들어진 시기는 기원전 9세기 후반부터 기원전 8세기 중엽 사이로 보인다.

소로 자리 잡았고, 북이스라엘의 주민이 남유다 예루살렘의 성전을 순례하려는 경향도 진정되었다. 이로써 정치·군사적으로뿐 아니라 종교적으로도 남과 북은 분리되었다. 이제 북왕국의 여로보암 왕조가 남왕국의 다윗 왕조처럼 지속되지 못할 이유는 없는 듯이 보였다.

그러나 여로보암 왕이 하나님의 뜻을 전하는 선지자의 예언과 백성들의 지지를 바탕으로 계약의 절차를 거쳐 지도자의 자리에 나아갔듯이 언제 또 다른 인물이 예언을 받고, 예언받은 자임을 확인시키는 강력한 카리스마를 바탕으로 백성들의 환호 속에 새롭게 지도자의 자리에 오르게 될지는 아무도 알 수 없는 일이었다. 다윗 왕가의 왕들도 제사장을 통해 기름 부음을 받은 뒤 백성들 앞에서 계약 의식을 치름으로써 왕위를 잇는 절차를 마칠 수 있었다. 여로보암 왕이 일반 백성 중에서 제의 주관자를 뽑고, 스스로 벧엘 성소에서 행해지는 제의에 나가 직접 분향하는 등 제사장의 역할을 일부 겸하는 태도를 보인 것은 그의 왕권이 제의권 위에 있음을 보여주기 위한 측면이 컸다.[30] 제사장이나 선지자에 의한 '왕권을 부인하는 발언'을 막으려는 의도가 그 안에 담겨 있었다. 실제 북왕국에 남아 있던 제사장과 선지자들 다수가 왕실과 지도자들이 주도하는 혼란스러운 종교 정책에 대해 침묵하였다.

북왕국의 종교 정책에 대한 전면적 비판은 남왕국에서 온 한 선지자로부터 터져나왔다. '하나님의 사람'으로만 알려진 이 선지자가 벧엘 성소에서 분향하던 여로보암 왕에게 던진 저주적 예언이 도화선에 불을 붙였다. 침묵하던 북왕국의 선지자들도 국가의 종교 정책이 야웨 하나님 신앙으로부터 떠났음을 지적하기

---

[30] 이것은 북왕국이 제의권을 왕권에 종속시키는 경향을 지닌 중근동의 세속 왕국에 더 가까워졌음을 뜻한다. 북이스라엘에서 선지자의 활동이 활발해지는 현상도 사제층의 형성을 막아 제관들에 의한 왕권 견제를 원천봉쇄하려는 국가권력의 태도에 대한 대응이라는 측면을 강하게 지닌다.

시작했다. 급기야는 실로의 아히야에 의해 여로보암 왕가의 종말이 선언되었다.

여로보암의 뒤를 이은 나답이 블레셋의 깁브돈 포위 공격 도중 휘하의 바아사에게 죽음을 당함으로써 예언은 성취되었다.[31] 반란에 성공한 잇사갈 지파의 바아사가 여로보암의 가문을 멸절시키고 왕위에 오름으로써 여로보암 왕가는 2대 만에 종말을 고하였다. 그러나 선지자의 예언을 성취시킨 자, 이스라엘의 새 지도자로 선언받고 쿠데타를 통해 왕위에 오르는 데에 성공한 바아사 역시 '여로보암의 길'을 걸었다. 이로 말미암아 바아사는 또 다른 선지자 예후로부터 왕가의 빠른 종말을 선언받는다. 여로보암의 길이란 금송아지 제의를 중심으로 성립한 북왕국의 종교 체계를 말한다.

바아사 왕가의 2대 왕 엘라가 군대 장관 시므리의 모반으로 죽음을 당하고 그 일가친척은 예언대로 멸절된다. 스스로 왕의 자리에 오른 시므리도 왕이 된 지 7일 만에 또 다른 군대 장관 오므리의 공격을 받는다. 왕성을 지키는 데에 실패한 시므리가 디르사 왕궁에 불을 지르고 자결한 뒤에도 이스라엘의 내정은 제자리를 찾지 못한다. 이제는 이스라엘 전역의 모든 파벌이 오므리파와 디브니파 사이의 왕권 쟁탈전에 가담하는 극도의 혼란상을 보이게 된다. 수년 동안 지속된 내전에서 승리한 오므리가 왕위에 오르고 이후 오므리 왕가의 집권은 3대에 걸쳐 유지된다. 이로써 북왕국은 50년 동안 계속된 내정의 혼란과 국가적 분열에서 벗어나 남왕국과는 비교도 되지 않는 짧은 기간이지만 한동안 정치적 안정을 누리게 된다.

---

31 바아사 이후 계속되는 왕위 쟁탈전의 주인공들에게 야훼의 신이 임하였는지, 선지자들에 의해 기름이 부어졌는지는 알 수 없다. 선지자 예후가 바아사 왕가의 심판을 선언한 뒤, 오므리의 즉위에 이르기까지 북왕국은 군사력에만 의존한 군벌들 사이의 내란 상태에서 벗어나지 못했던 것으로 보인다. 이러한 상황이 계속되는 한 왕위 계승의 정통성 여부는 논란의 대상이 될 수 없었을 것이다. 북이스라엘은 전형적인 세속 왕국의 길을 걷고 있었다.

2 — 반복되는 남왕국의 종교적 위기

남왕국은 왕조와 제의상의 정통성에 더하여 주민 구성도 높은 단일성을 띠고 있었다. 때문에 북왕국과 같은 정치·사회적 혼란에 빠질 가능성은 그리 높지 않았다. 실제 남유다는 바빌론에 의해 멸망될 때까지 왕조 교체를 겪지 않았으며, 과도한 제의상의 혼합으로 말미암은 정체성 상실의 위기에까지 이르는 일은 드물었다. 그러나 남왕국 유다에도 혼란과 위기의 물결은 끊임없이 밀려왔다. 그때마다 좁고 척박한 땅을 터로 삼은 이 작은 나라는 외부로부터 가해지거나 내부에서 일어난 크고 작은 위협에 무릎 꿇지 않기 위해 지난한 노력을 기울여야 했다.

남북 분단 직후, 남왕국 유다가 넘어야 했던 첫 번째 고비는 베냐민 지파의 북이스라엘 합류 의지였다. 베냐민이 떨어져나가면 수도인 예루살렘이 남북의 국경선상에 위치하게 되므로 유다는 무력을 사용해서라도 베냐민 지파의 이탈을 막아야 했다. 국경 근처에서의 전투가 몇 차례 진행되었고 베냐민은 유다에 남게 되었다.

두 번째 위기는 남으로부터 왔다. 이집트의 침공이다. 파라오 시삭의 침공군에 의해 에시온-게벨을 비롯한 산업도시들과 전략상 중요한 요새들이 파괴되고 예루살렘이 포위되었다. 남왕국은 솔로몬의 보물창고와 예루살렘 성전에 보관되고 있던 귀중한 물품들을 이집트에 넘기는 대가를 치르고 나서야 독립을 보장받을 수 있었다. 그러나 이런 사건들과는 의미를 달리하는 보다 더 크고 본질적인 위기가 남왕국 안에서 자라나고 있었다. 솔로몬 시대부터 싹트고 자라던 이교적 신앙과 제의들이 지배층을 중심으로 터를 잡고 번져 나가며 유다가 자랑하던 신앙적 일체감을 조각내고 있었던 것이다.

솔로몬은 제국의 관리와 방어망 구축을 위해, 그가 구상하고 실현시켜나가던 세계적 무역망 유지를 위해 주변의 크고 작은 세력들을 왕국의 정치·사회적 세력권 또는 외교적 영향력 안에 포함시키려 애썼다. 고금을 통틀어 세력권이나 영향력 유지에 가장 효과적인 것은 국가 최고 권력자들 사이에 혈연관계나 이에 필적하는 관계를 맺는 일이었다. 솔로몬 역시 왕국 안의 속주들을 포함한 수많은 주변 국가를 결혼이라는 방식을 통해 이스라엘의 동맹 세력으로 삼았다.

동맹을 의미하는 결혼이었으므로 솔로몬에게 시집 온 공주나 왕녀들은 당시의 국제적인 관례에 따라 출신 국가 고유의 제의와 관습을 유지할 수 있었고, 이를 위한 여건 조성을 이스라엘에 요구할 수 있었다. 예루살렘에 수많은 이교 신전들이 세워진 것도 이 때문이다. 결혼 동맹 정책으로 솔로몬의 왕국은 안정되고 커다란 부를 누릴 수 있었지만, 예루살렘은 이교 신전의 집합소가 되었다. 왕국의 지도층 안으로 이교 풍습과 제의가 흘러들었다.

제국의 해체, 통합 왕국의 분열을 자초한 르호보암 왕의 어머니는 암몬의 공주 나아마였다. 르호보암에게 그의 뒤를 이을 왕자 아비야를 낳아준 사람은 아세라 여신의 숭배자로 알려진 마아가였다. 외국 출신 공주나 왕녀들이 행하는 이교적 제의가 적어도 예루살렘 안에서는 죄악시되지 않는 경향이 솔로몬 통치기부터 싹텄으며, 르호보암 시대에 이르러서는 당연시되는 정도에 이르렀다. 남북 분열 뒤, 북왕국으로부터 레위인 제사장들을 비롯한 히브리적 이념에 충실한 전통주의자들이 다수 유다로 넘어왔다. 그럼에도 불구하고 성전이 자리 잡은 예루살렘에서 이교적 제의는 오히려 더 성행하기 시작했다.

아비야가 왕위에 오르자 대비 마아가가 주도하는 아세라 여신 숭배가 남왕국에서는 유행처럼 번지게 되었다.[32] 그림 52 아사가 어린 나이에 아비야의 왕위를 잇게 되어 섭정의 자격으로 국정을 오로지 할 수 있게 된 마아가는 아세라 여신 숭배

---

[32] 가나안의 최고신 엘의 아내이자 바알을 비롯한 70명의 신을 낳은 여신 아세라는 전형적인 모신 母神이다. 나무기둥의 형태로, 혹은 나무기둥에 상이 새겨진 상태로 숭배되었다. 아스다롯은 아세라의 뒤를 이어 출현하는 여신으로 풍요신으로서의 성격을 더 강하게 지닌다.

그림 52
풍요의 여신들, 시리아 일원 출토, 기원전 1000년경, 베를린 알테 박물관

를 국가적 차원에서 장려할 정도였다. 아세라 신전에서의 매음과 같은 이교적 의식이 예루살렘에서도 공공연히 행해졌다. 남왕국이 자랑하던 야웨 신앙 중심의 제의적 정통성, 하나님으로부터 다윗 왕가에 부여된 것으로 믿어지던 영원한 왕권은 유다의 제사장들과 선지자, 일반 백성들로부터 의심받기 시작했으며, 왕가의 미래 역시 의구심의 대상이 되었다.

이교 제의를 허용하고 장려하기까지 하는 왕가와 지도층에 대한 불신과 불만이 쌓였다. 급기야 이교 신앙이 확산되는 데 대한 반발이 표면화할 즈음 성년이 된

아사 왕의 개혁이 시작되었다. 아사의 개혁은 자신의 후견인이던 대비 마아가를 폐출하고, 예루살렘과 유다 전역의 이교 신전을 폐쇄함으로써 본격화한다. 아세라 신상이 불살라지고 이교 제의를 주관하던 제관들이 쫓겨났다. 이로써 솔로몬 시대 이래 남왕국의 내부 분열을 촉진하던 '이교화'의 경향은 일단 중단되었다.

3 ─ 남북의 상쟁相爭

제국 해체의 결과 생겨난 유프라테스 강 서안의 작은 나라들 사이에는 크고 작은 충돌이 끊이지 않았다. 어떤 나라의 궁극적인 목적은 서안에서의 패자적霸者的 지위 확보였지만, 또 다른 나라의 시급한 과제는 독립과 자존의 유지였다. 제국의 옛터를 나누어 가진 나라들 가운데 상대적으로 우세한 국력을 과시한 나라는 다마스커스를 수도로 삼은 시리아 아람과 북이스라엘이었다. 남유다와 암몬, 모압, 에돔, 블레셋은 영역 및 인구의 규모에서 이들 나라보다 약세를 면하기 어려웠다. 여러 세대 동안 이들 나라 사이에 이합과 집산이 계속되었고, 합종과 연횡이 거듭되었다. 지역의 패자가 출현하기에는 조각 난 나라들의 수가 많았고 이들 나라 사이의 관계도 복잡하였다.

　　남왕국과 북왕국 사이의 갈등과 충돌도 주변의 크고 작은 나라들의 움직임과 밀접한 관련을 지닌 가운데 진행되었다. 아비야 왕 시대에 남왕국이 북으로 치고 올라가 북왕국의 성소가 있던 벧엘과 그 주변을 점령할 때에, 북왕국의 왕 여로보암은 북으로부터 가해오는 시리아 아람의 군사적 압력에 대응하는 데에 골몰해야 했다. 아사 왕 시대에 남왕국은 구스 사람 제라의 침입에 대응하기 위해 남으로 군사력을 집중시켜야 했는데, 그동안 북왕국에서는 바아사의 새로운 왕조가 일어나 북이스라엘과 아람 사이의 동맹이 추진되었다. 남왕국이 남으로부터의 침략을 물리치고 안도의 한숨을 내쉴 즈음, 강력한 동맹 세력을 확보한 북왕국은 남왕국에 잃었던 벧엘 일대를 되찾는 데에 그치지 않고 남진하여 베냐민 땅까지 석권하였다. 이어 예루살렘의 턱밑이라고 할 수 있는 라마를 강력한 요새 도시로 탈바꿈시켰다.

이에 대응하여 남왕국은 아람 왕 벤-하닷 1세에게 새로운 동맹 조건을 제시하며 북왕국과 아람 사이의 동맹조약을 파기하도록 유도한다. 아람이 남유다와 새로운 동맹 관계를 성립시킨 뒤, 북이스라엘의 갈릴래아 북부 및 요르단 동안에 대한 침략을 개시하였다. 바아사 왕의 북왕국은 남방으로의 영역 확대를 포기하고 정예 병력을 북으로 돌려 아람의 침입군을 물리치는 데에 몰두하게 된다. 이 사이에 남왕국은 점령되었던 베냐민 땅을 되찾고, 나아가 에브라임 남부 지역까지 군대를 북상시킨다. 아사의 명령으로 라마의 요새 시설은 철거되고 그 자재는 예루살렘 방비를 위한 게바와 미스바의 요새화에 다시 사용된다.

이런 식의 복잡한 외교적 연동 관계가 유프라테스 강 상류 서안 지역을 지배하는 상태에서 이 작은 나라들 사이에서 일어나는 '전쟁'은 민의 피폐를 가져올 뿐이었다. 분열 이래 두 세대 동안 거의 끊임없이 진행된 남북의 상쟁과 내정 혼란으로 이스라엘과 유다의 경제는 더 이상의 전쟁을 감당할 수 없는 지경까지 내려갔다. 일반 백성들의 삶은 말할 수 없이 곤궁해지고 말았다. 그럼에도 남북을 포함한 가나안과 시리아 일대 국가들 사이의 전쟁은 계속될 수밖에 없는 듯했고, 시리아 아람의 상대적 우세는 유지될 것처럼 보였다.

서안 지역 국가, 특히 남왕국과 북왕국 사이의 밀고 당기는 긴장 관계는 지역 바깥에서 새로운 정복의 물결이 유프라테스 강을 건너는 조짐을 보이자 자의반 타의반으로 한 세대 이상 해소되었다. 다윗과 솔로몬 제국의 분열 직후부터 오랜 침체기에서 벗어나기 시작한 메소포타미아의 강국 아시리아가 기원전 9세기 초반에 이르러 적극적인 대외 팽창을 시도한 것이다.[33] 상부 메소포타미아 전역이 지배권 아래 들어오자 아슈르-나시르-팔 2세의 아시리아군은 유프라테스 강을 건너 시리아 아람의 영토를 짓밟았다. 이어 아마누스 산맥을 넘어 지중해까지 진출

그림 53
전차에 탄 아시리아 왕 아슈르바니팔, 이라크 니네베 아시리아 궁전 벽 부조, 기원전 650년경

하였다. 시리아 아람은 군사적인 대응 능력을 상실하였으며 페니키아의 아르왓, 비블로스, 시돈, 티레가 아시리아 군의 말발굽 아래 굴복하였다.[34] 그림 53

　아시리아군의 남하는 더 이상 없었으나 이로써 북이스라엘과 남유다를 포함한 유프라테스 강 서안의 나라들이 개별적으로 아시리아에 대항하는 것은 불가능하다는 사실이 명확해졌다. 서안의 패권, 혹은 자존自存을 위한 작은 나라들 사이의 소모적 전쟁은 중단되었다. 지역 국가 전체의 생존을 위한 논의가 시급해진 것이다. 남왕국과 북왕국 사이에 분열 뒤 처음으로 위기 속의 평화가 찾아왔다. 상쟁보다는 협력이 우선이라는 인식이 두 나라의 지도층과 백성 사이에 큰 공감대를 이루게 된 것이다.

33　제22왕조의 등장과 함께 재개되었던 이집트의 아시아 진출 및 간섭 정책은 오래지 않아 이집트 내정의 혼란으로 말미암아 유명무실해진다. 그러나 아시리아의 재기와 제국주의적 대외 팽창은 기원전 7세기 후반 남부 메소포타미아의 바빌론이 재기할 때까지 계속된다.
34　페니키아 해안 도시들의 몰락, 특히 '섬'을 요새화하여 난공불락을 자랑하던 티레의 함락은 지중해 연안의 소국들로 하여금 아시리아군의 가공할 무력을 절감하게 하는 사건이었다.

분열·이산·상실의 시대 3
— 역사를 통한 심판

1 — 동맹 정책으로 부른 남북의 안정과 번영

북왕국을 갈기갈기 찢어버린 수년 동안의 내란은 마침내 마침표를 찍었다. 오므리는 지파, 혹은 가문 단위로 분열되어 피비린내 나는 상쟁을 벌인 북왕국 최대 내란의 승자였다. 적대적인 파벌들 사이의 끝없는 투쟁은 파벌 단위의 군사력을 소진시켰으므로 마지막 승자인 오므리에게 도전할 군벌이 적어도 한 세대 동안은 북왕국 안에 등장하기 어렵게 되었다. 비록 내란을 전후하여 요르단 강 동안과 갈릴리 북부의 상당한 영토를 상실한 상태였지만 북왕국은 그야말로 오랜만에 더 이상의 정치적 혼란을 겪지 않을 수 있게 되었다.

새 왕조를 연 오므리가 가장 먼저 추진한 일은 북왕국의 동맹 세력 확보였다. 내란을 거치면서 유프라테스 강 서안의 중견 국가에서 소국으로 추락한 북이스라엘의 안전판을 확보하는 것이 급선무였기 때문이다. 다마스커스 아람 왕국의 위협을 동시에 느끼고 있던 북이스라엘과 페니키아 티레 사이의 동맹은 두 왕국 왕실 사이의 혼인을 통해 달성되었다. 오므리의 아들 아합과 티레 왕 엣-바알의 딸 이세벨 사이의 결혼이 성사됨으로써 동북방으로부터 오던 아람의 압력에 대한 두 왕국의 공동 대처가 가능하게 되었다. 북왕국의 농산물이 페니키아로 흘러들 수 있게 되었고, 지중해 선단의 진귀하고 유용한 무역품들과 레바논 산맥의 목재가

★ 이 편의 기본 텍스트는 열왕기상16:15~열왕기하18:12.

그림 54
홍해로 나아가는 길목에 있는 시나이의 누에바

북왕국으로 들어올 수 있게 되었다. 이어 아합의 누이 아탈리아와 남왕국 여호사밧 왕의 아들 여호람 사이의 결혼이 이루어짐으로써 남북 동맹이 체결되었다. 이로써 페니키아, 북이스라엘, 남유다의 공동 선단이 지중해에서 홍해, 인도양으로 이어지는 '솔로몬 무역망'을 재건하는 것도 가능해졌다. **그림 54**

　시리아 아람, 곧 다마스커스를 수도로 한 아람 왕국의 견제가 가능해지자 오므리의 북왕국은 트란스요르단의 옛 영토 및 소국들에 대한 영향력 회복에 나섰다. 모압이 정복되었고, 요르단 강 동안의 잃어버린 영토 일부에 다시 북왕국의 주권이 미치게 되었다. 북으로부터 위협을 받지 않게 된 남왕국 역시 에돔에 대한 지배력을 회복하였고, 지중해 연안 블레셋 영역도 다시 세력권 안에 포함시킬 수 있게 되었다. 북왕국의 재기를 막으려던 시리아 아람의 시도도 좌절되었다. 오므리의 뒤를 이은 아합 왕에 의해 시리아 아람의 침입은 격퇴되었다. 아람 왕 벤-하닷은 북왕국의 포로가 되었다가 북이스라엘에 대한 몇 가지 이권을 포기하는 것을 대가로 놓여나는 수치를 당하였다.[35] 오므리 왕이 구축한 지중해 연안의 남북 동맹체제는 그의 아들이자 후계자인 아합 시대에 이르러 더욱 굳건해졌다. 다마스커스 아람의 왕 벤-하닷마저 꿇림으로써 아합 왕은 북이스라엘을 유프라테스 강 서안의 강국으로 자리매김되도록 하였다.

2 — 시대를 읽는 다른 눈과 입: 선지자들의 경고

기원전 853년경 샬만에세르 3세의 아시리아군이 유프라테스 강을 건너 시리아 아람의 땅을 유린하기 시작했다. 이는 아슈르-나시르-팔 시대의 시리아 및 페니키아 도시국가 정복 작전 및 기원전 859년의 두 번째 진격에 이은 세 번째 서진西進이다. 그러나 북왕국이 파견한 1만 명의 보병, 2,000대의 전차를 포함한 유프라테스 강 서안 국가 연합군에 의해 무적을 자랑하던 아시리아군은 격퇴되었다. 이로써 서안 지역에서 아합 왕 치하 북왕국의 지위는 더욱 확고해졌다.

북왕국이 주도한 서안 국가들의 동맹 체제는 오므리 왕조의 북이스라엘에 정치적 안정과 경제적 번영을 함께 가져다주었다. 안정과 번영의 최우선적 수혜자는 왕실이었다. 오므리 왕가가 사들인 사마리아에 새로운 수도가 건설되었으며 아름다운 상아궁이 들어섰다.[36] 이즈르엘의 별궁은 왕실의 부유함을 알리는 구

---

[35] 아합은 오므리 왕 때에 빼앗긴 성읍들을 돌려받고 다마스커스에 자신의 이름이 붙은 거리를 만들기로 하고 형제의 맹약을 맺은 다음 아람 왕 벤-하닷을 놓아준다. 다마스커스 아람을 완전히 제압하여 속국화할 정도의 힘은 지니지 못한 상태에서 아합으로서는 최대한의 것을 얻은 것이었다. 그러나 선지자는 이를 성전의 원칙을 어긴 것이므로 그 대가를 치를 것이라고 선언한다. 실제 시리아 아람에 대한 북왕국의 우세는 오래가지 못한다.

체적 표지의 하나였다. 아름다운 상아 상감 제품들과 페니키아 선단에서 건너온 사치품들이 사마리아 도성의 부유한 사람들 사이에 관심의 대상으로 떠올랐다.

그러나 상아궁과 별궁이 세워진 북왕국의 두 도성 바깥에는 움막이나 다름없는 가난한 자들의 거처가 줄을 잇고 있었다. 아합이 채소밭을 만들고자 나봇을 죽게 하고 그의 포도원을 빼앗는 것과 같은 사례가 북왕국 이곳저곳에서 일어났다.[37] 가난한 자들이 가뭄이나 흉년을 견디기 위해 땅과 집을 저당잡히고, 몸을 담보로 부자에게서 고리대금을 빌려 쓰다가 기한 안에 돈을 갚지 못해 땅을 잃고 집에서 쫓겨나며 노예로 전락하는 일이 북이스라엘에서는 전혀 낯설지 않았다. 자유와 평등의 공동체적 삶을 추구했던 히브리적 이념과 지향이 북왕국에서는 더 이상 선언적으로도 존재하기 어렵게 되었다. 솔로몬 제국의 번영이 가져왔던 어두움이 오므리 왕가의 북왕국에서는 더욱더 히브리 백성들 위에 짙게 드리워지는 듯이 보였다. 동맹 체제로 이룬 안정과 번영의 이면이다.

선지자들은 부강함의 이면에 깔린 어두움과 그 어두움을 만들고 쏟아낸 통로를 보고 읽으며 광야의 소리를 냈다.[38] 북왕국이 빠져들고 있는 위험에 대해 경고하였고, 회개를 통해 전면적인 파괴와 멸망의 수렁으로부터 빠져나올 것을 촉구했다. 몇 사람만을 부유하게 하고 나머지 모든 사람을 몰락하게 하는 표피적인 '번영'은 문제의 원인이 아니라 결과에 가까운 것이었다. 왕국의 안정과 번영을 가능하게 한 동맹 체제에 이미 어두움의 씨앗이 심겨져 있었다. 선지자들의 눈길

---

36 실제 사마리아 지역에 대한 고고학적 발굴을 통하여 이 시대의 '상아 조각품'이 다수 발견되었다
37 열왕기 상21:1~16.
38 이믈라의 아들 미가야, 엘리야를 따르던 생도들의 사례에서도 볼 수 있듯이 대선지자 엘리야 외에도 다수의 선지자들이 오므리 왕가의 치세에 시대의 흐름을 비판하는 '하나님의 말씀'을 선포하였던 것으로 보인다. 이것이 북왕국 번영에 크게 기여하였다고 자부하던 아합 왕의 왕비이자 페니키아의 왕녀 이세벨로 하여금 '하나님의 말씀을 전하는 자들'에 대한 탄압에 적극 나서게 한 계기가 되었을 것이다.

과 관심도 여기에 쏠리고 있었다.

오므리가 성사시킨 아합과 이세벨의 결혼으로 북왕국에는 페니키아 티레의 주신 바알-멜카롯 및 아세라 여신 제의가 들어왔다.[39] 북이스라엘은 국제적 관례에 따라 사마리아 도성에 바알-멜카롯을 위한 신당을 세웠고, 티레왕 엣-바알 1세의 딸 이세벨은 이곳에서 고향 나라의 신을 위해 제사를 지냈다. 문제는 아합의 즉위로 왕비가 된 이세벨이 바알-멜카롯과 아세라가 북왕국에서도 믿어지기를 원했고 이를 위해 노력했다는 데에 있었다.

북왕국에는 지파 동맹 시대의 히브리적 전통도 부분적으로 남아 있었지만, 가나안적 전통도 강하게 잔존하고 있었다. 이질적으로 보이는 두 갈래 전통이 제의 속에 혼합된 채 시나이 산 계약 및 신앙과는 다른 방식, 이른바 바알-야웨 숭배로 발전한 지역도 있었다. 이런 상태의 북이스라엘 종교 지도에 바알과 아세라 신앙이 큰 영역을 차지하게 된 것이다. 더욱이 북이스라엘은 건국 초부터 벧엘과 단에서 금송아지 제의를 행하고 있었다.

아합 왕 치하의 북왕국이 안정과 번영을 노래하던 그 시기에 선지자들의 외치는 소리가 사마리아 도성의 안과 밖을 뒤흔들기 시작하였다. 수많은 무명의 선지자들이 흥청거리는 도심의 한가운데에서 공개적으로 북왕국의 신앙적 혼란을 꾸짖고 사마리아의 오므리 왕가에 대한 심판을 예언하였다. 왕실을 비난하며 바알-멜카롯 제의를 중단하고 아세라 신당을 제거할 것을 '야웨의 이름'으로 요구하였다. 아합은 주저하였으나 이세벨은 이들의 소리에 대해 단호한 반응을 보였다. 국가의 혼란을 부추기고 사회질서를 어지럽힌다는 이유로 '소리'의 주인공

---

[39] 이세벨의 아버지 티레 왕 엣-바알 1세의 이름 '엣-바알'은 바알의 사람이라는 뜻을 담고 있다. 바알의 사람이란 바알의 제사를 담당한 사람, 바알 제사장을 가리키는 말로 실제로 엣-바알 1세는 본래 바알의 제사장이었다. 티레의 주신 바알-멜카롯은 지하 세계의 왕으로 믿어졌다.

들은 구타를 당하고 구금되었으며, 소리 내기를 그치지 않는 자는 추방되거나 죽음을 당했다. 한 걸음 더 나아가 다른 소리, 곧 바알의 신성을 찬양하고 아세라 숭배를 촉구하는 소리를 낼 것이 야웨의 선지자들에게 요구되었다. 선지자로 남아 있고자 하는 이들에게는 극단적인 선택, 단 두 갈래의 길만이 눈앞에 놓이게 되었다. 죽음, 아니면 바알-멜카롯의 사제.

국가권력의 힘을 빌린 바알 숭배자들의 조직적인 탄압으로 북왕국에서는 야웨의 선지자들을 만나기 어렵게 되었다. 왕비 이세벨의 적극적인 노력에 힘입어 바알과 아세라의 사제들이 국가 관료 체계 안의 성직자로 취급받게 되었다. 페니키아 티레의 바알 계통 신앙이 북이스라엘의 공식 제의로 자리 잡게 된 것이다. 이제 북왕국에서 야웨 신앙은 형식적 틀만 간신히 살아남아 명맥만 유지하게 되었다.

야웨 신앙이 실체를 잃게 됨으로써, 북왕국 안에서 히브리적 자유와 평등은 지난 시대의 기억으로만 남게 되었다. 부자의 가난한 자에 대한 억압과 멸시가 아무 거리낌 없이 행해지게 되었으며, 가난한 농민의 파산, 노예로의 전락이 북왕국에서는 더 이상 특별한 사건이나 소식일 수 없게 되었다. 지하 세계의 지배자 바알-멜카롯에 대한 신앙은 가난한 자들을 배려하지 않았다. 풍요의 신은 가난한 농민들을 저주하였다. 바알과 아세라 숭배자들에게 흉년을 겪고 가뭄으로 농사를 망친 자는 신을 제대로 공경하지 않은 자, 신의 은혜를 입지 못한 불경스러운 존재였다. 북왕국의 크고 작은 성읍에서 왕국 시대의 마지막 히브리 공동체들마저 철저히 분해되고 있었다.

길르앗의 디셉 사람 엘리야는 북왕국에서 히브리적 이념과 전통이 사라지는 것을 막기 위해 나타난 '큰 소리'였다. 침묵이 지혜로운 삶의 태도로 여겨지던 시대에 털옷을 두른 선지자 엘리야는 북왕국에 긴 가뭄이 있을 것을 아합 왕 앞에서 야웨의 이름으로 예언한다. 사마리아에 유행처럼 번진 바알 신앙의 무력함을 드러내기 위해서이다. 풍요를 보장하는 바알과 아세라는 야웨가 명한 가뭄과 이로 말미암은 기근을 해결할 수 없는 무능한 존재임을 북왕국의 백성이 깨닫게 하기 위해서이다.

비를 볼 수 없는 두 차례의 우기雨期를 겪던 북왕국에서 야웨의 선지자 엘리야는 갈멜 산에서 바알과 아세라의 선지자들과 참된 신이 누구인지를 가리기 위한 번제 대결을 벌인다. 바알의 사제들이 신단神壇 주위를 뛰놀며 소리 지르고 칼과 창으로 자기 몸을 상하게 하는 격렬한 제의적 춤과 노래에 몰두했음에도 불구하고 '묵상 중인, 혹은 외출, 여행 중이거나 잠든' 저들의 신은 응답하지 않았다.[40] 물이 흥건한 야웨의 단에 야웨의 불이 내려 번제물과 나무, 돌, 흙을 태우고 도랑의 물까지 마르게 하였다. 이를 본 백성들이 '야웨 그는 하나님이시로다'는 고백을 하자 엘리야는 바알의 선지자들을 칼로 죽이도록 한다.[41]

엘리야는 야웨의 능력을 왕과 백성에게 보여주었으며, 큰 비로 북왕국의 오랜 가뭄을 끝마치게 하였다. 그러나 이 선지자를 기다린 것은 백성의 환호나 아합의 회개, 바알 신당의 제거가 아니라 '바알의 박해자'를 반드시 죽이고 말겠다는 왕비 이세벨의 맹세였다. 유다 광야로 도망쳐 사막 한가운데의 로뎀나무 아래에서 야웨께 죽기를 구하던 엘리야는 결국 시나이 계약의 현장, 호렙 산으로 들어간다. 크고 강한 바람, 지진과 불의 시간을 겪은 뒤 모세와 대화를 나누었던 그 하나님의 '세미한 소리'를[42] 만나 '말씀'을 받는다. 다마스커스 아람 왕국과 북이스라엘의 운명, 선지자의 소리를 새롭게 하라는 야웨 하나님의 말씀을 받고 엘리야는 생명을 위해 도망쳤던 그 자리로 되돌아온다. 그림 55

---

40 실제 고대 중근동의 종교적 관념에 따르면 특정 신에 대한 제의에 아무런 응답이 없으면, 해당 신이 깊이 잠들었거나 묵상 중인 까닭으로 받아들여졌다.
41 열왕기상18:39.
42 열왕기상19:12.

그림 55
호렙 산에서 기도하는 선지자 엘리야, 불가리아의 아이콘, 18세기

3 — 국제 정세의 변화와 북왕국의 멸망

아시리아의 유프라테스 강 서안 지역 정복 작전을 한 차례 저지시킨 뒤 얼마 되지 않아 서안 국가들 사이에 맺어졌던 군사 동맹은 해체되었다. 다마스커스 아람이 지배하던 요르단 강 동안의 옛 이스라엘 영토를 회복하기 위해 북왕국과 남왕국 사이에 동맹이 맺어졌다. 이어 두 나라의 연합군과 아람군 사이의 전투가 길르앗 라못을 중심으로 펼쳐졌다. 이 전투에서 한때 대 아시리아 저항군 결성을 주도했던 북이스라엘 왕 아합은 전사한다.

    성경에는 아합의 목숨을 뺏기 위해 하나님의 영이 거짓말하는 영이 되어 선지자들로 하여금 '길르앗 라못을 되찾으리라'는 거짓 예언을 하게 하였다는 이야기가 전한다.[43] 실제 왕비 이세벨의 적극적이고 단호한 눈길을 받으며 궁성에 출입하던 야웨의 선지자들은 거의 예외 없이 왕의 정책에 이견을 제시하지 않았다. 거짓말하는 영에 관한 이야기를 전한 미가야와 같은 선지자는 '흉한 것을 예언'하는 자라고 하여 왕과 관료들의 미움을 받았다. 늘 길한 것을 말하는 시드기야와 같은 선지자들로부터 공개적으로 모욕을 당하기도 하였다.

아합이 전사한 뒤에도 길르앗 라못을 탈환하려는 북왕국과 이를 저지하려는 아람 왕국 사이의 전쟁은 계속되었다. 그러나 정치적 동맹에 능하고 상업적 교역망의 구성과 운영에 뛰어난 수완을 보였던 아합과 달리 그의 뒤를 이은 아하시야나 여호람은 북왕국의 지위를 그대로 유지하는 데에도 능력의 한계를 드러냈다. 모압이 북왕국에서 독립하였을 뿐 아니라 요르단 강 동안 남쪽의 영토 일부를 북이스라엘로부터 탈취하였다.[44] 비슷한 시기에 남왕국이 에돔의 독립을 막지 못하고 홍해로의 출구를 상실하였지만 북왕국은 이 과정에 개입할 여력이 없었다. 남북의 동맹은 그대로 유지되었으나 아시리아의 서부 진출을 저지하던 시기에 보여주었던 사마리아와 예루살렘의 활기는 이제 남북 어디에도 남아 있지 않았다.

국가의 영역이 줄어들고, 경제적 번영의 원천이던 상업망의 상당한 부분이 파괴되었음에도 사마리아 궁성을 중심으로 한 왕실과 귀족층의 사치와 퇴폐는 개선될 조짐을 보이지 않았다. 조상 전래의 경작지, 야웨 하나님으로부터 위임받아

---

43 열왕기 상22:13~23.
44 오므리 왕 때에 다시 속국으로 삼았던 모압은 여호람 왕 즉위 초 모압 왕 메사(메샤)가 시도한 독립운동을 누르지 못하면서 상실하게 되었다. 1868년 발견된 메사 석비는 기원전 9세기 중엽의 북이스라엘과 모압 사이의 전쟁을 비롯한 요르단 강 양안 사이의 국제 관계의 변동 과정을 이해하는 데에 큰 도움을 준다. 성경은 여호람 왕이 주도한 이스라엘, 유다, 에돔 연합군의 모압 정벌이 모압 왕 메사가 왕위를 이을 맏아들 저들의 신 그모스에게 번제로 바치면서까지 극렬하게 저항하는 바람에 실패로 돌아가는 과정을 전하고 있다.(열왕기하3:2~27)

경작되던 자유 히브리인의 농토가 사마리아의 귀인들에게 사실상 탈취되는 사례가 계속 발생하였다. 그럼에도 왕국의 관료들과 야웨의 선지자들은 이세벨의 잔칫상에 참여하기를 즐길 뿐이었다. 하나님과 왕을 저주했다는 비류들의 거짓 증언을 바탕으로 돌에 맞아 죽은 나봇의 피가 사마리아 못에 흐르고 있었지만 이세벨의 지시를 거절하지 못한 성읍의 장로와 귀인들은 애써 그 현장을 외면할 뿐이었다. 농민들은 병사로 징집되어 왕국 바깥에서 진행되는 기약 없는 전쟁에 끌려나갔다. 왕국 안에서는 남은 농민의 가족들이 날품을 팔며 삶을 잇다가 이도 어려워지면 자신의 몸을 팔아 귀인의 노예가 되는 일이 비일비재하였다.

기원전 842년 장군 예후의 쿠데타로 북왕국의 오므리 왕조는 4대 35년 만에 종지부를 찍었다. 예후가 북왕국의 왕 여호람뿐 아니라 남유다의 왕 아하시야도 죽였으므로 오므리 왕조 내내 유지되었던 남북 동맹은 와해되었다. 길르앗 라못 탈환을 위한 전쟁이 계속되는 가운데 일어난 쿠데타의 여파로 북왕국은 일부나마 지켜내고 있던 트란스요르단의 남은 영토마저 아람의 새 왕 하사엘에게 잃고 말았다.[45] 하사엘은 엘리야의 뒤를 이은 엘리사에게 기름 부음을 받은 뒤, 자신의 주군인 벤-하닷을 물에 적신 이불로 질식사시킨 다음 왕위에 오른 인물이다.

오므리 왕조를 무너뜨리는 과정에서 예후는 태후 이세벨과 그의 종자들, 바알과 아세라의 사제들, 바알-멜카롯 제의에 호의를 보였던 궁정 관료들을 몰살시켰다. 그림 56 바알-멜카롯 신전을 파괴하고 아세라 신상을 불살라버렸다. 남왕국의 왕뿐 아니라 북왕국에 파견된 유다 왕가의 사절들마저 잔인하게 학살하였다.

---

45 1993년과 1994년 라이스 단의 유적지 텔 단에서는 아람 왕의 승전비 조각이 발견되었다. 석비에는 아람 왕이 이스라엘 왕 요람, 다윗 왕조의 왕 아하시야를 죽였다는 글귀가 새겨져 있었는데, 이는 예후의 쿠데타가 아람 왕 하사엘의 지원 아래 이루어졌음을 시사한다. 아마도 장군 예후는 트란스요르단의 남은 영토와 이스라엘 북방의 단 일대를 시리아 아람에 넘겨주는 대가로 아람 왕 하사엘로부터 이스라엘 왕으로의 즉위를 승인받은 듯하다.

그림 56
예후의 쿠데타, 삽화, 기욤 필라스트, 14~15세기

페니키아-북이스라엘-남유다를 시리아 아람의 압력으로부터 지켜주던 3국 동맹은 순식간에 무너졌다. 북왕국 번영의 축 가운데 하나로 여겨지던 교역망 역시 기능을 잃게 되었다. 비록 사마리아에서 페니키아식 바알 제의는 뿌리 뽑히다시피 했지만, 무자비한 숙청의 여파로 북왕국의 국가 기능은 사실상 마비되었다.[46]

지중해 연안 3국의 동맹이 와해됨으로써 다마스커스 아람의 남진은 아무 거리낌 없이 진행될 수 있었다. 북왕국은 트란스요르단뿐 아니라 갈릴리 지방과 지중해 해안평야 지대 대부분을 상실하고 가나안 중부 내륙지대 일부만을 영토로 하는 소국으로 전락하였다. 예후의 뒤를 이은 여호아하스는 아람 왕 하사엘로부터 열 대의 전차와 50명의 기마병, 1만 명의 보병만을 유지하도록 허용받는 신세가 되었다.

기원전 9세기 말, 아시리아의 서방 진출이 재개되고, 그 여파로 다마스커스 아람 왕국이 무력해진 틈을 타 북왕국은 재기하기 시작하였다. 여호아하스의 후계자 요아스가 남왕국에 대한 군사적 우위를 확인한 데 이어, 요아스의 아들 여로보암 2세는 북왕국의 북쪽 경계를 솔로몬 시대의 경계였던 하맛까지 확장시키고, 남으로는 염해 연안까지 영역을 넓히는 데에 성공한다. 암몬과 모압뿐 아니라 다마스커스의 아람까지 북이스라엘의 영향권 안에 들어오게 한 것이다.

그러나 북왕국의 재기는 그리 오래가지 않았다. 아닷-니라리 3세의 서방 원정 이후, 반세기 가량 내정과 동·북방 경략에 치중하던 아시리아의 서방 진출이 재개되기 시작하던 때에 북이스라엘의 내정이 혼란에 빠지기 시작했기 때문이

---

46 예후의 반란은 전형적인 군부 쿠데타의 형식을 띠고 있다. 정통성이 취약한 군부 집권의 기반을 다지고 대중의 지지를 얻기 위해 예후는 바알 신앙과 제의를 중심으로 형성되었던 사제층과 제의의 흔적을 철저히 제거한다. 또한 오므리 왕조와 관련된 모든 인물을 숙청하고 지난 왕조에서 채택했던 제반 정책도 아무런 대안 없이 폐기 처분한다. 결국 예후 왕권은 어떠한 도전도 받지 않을 수 있게 되었지만, 국가는 내용을 잃은 채 형태만 남게 되었다.

다.[47] 여로보암 2세의 아들 스가랴를 마지막으로 예후 왕조는 수명을 다하였다. 스가랴를 죽인 살룸이 쿠데타 한 달 만에 므나헴의 손에 죽는 식으로 북왕국의 최고 권력은 불안정하게 유지된다.

아시리아 왕 티클랏-필레셀에게 막대한 공물을 바친 뒤, 아시리아의 힘을 배경으로 왕권을 유지하려 했던 므나헴 왕조도 므나헴과 브가히야, 2대 12년 만에 문이 닫힌다. 장군 베가가 쿠데타로 권력을 잡고 새 왕조를 연다. 베가 역시 통치 말년에 호세아의 쿠데타를 막지 못하여 목숨과 왕위를 함께 잃는다. 베가의 통치 기간 동안 북왕국은 반反아시리아 연합 결성에 적극 가담하였다가 사마리아 도성과 그 인근 지역 일부, 곧 므낫세와 에브라임 지파 영역 정도를 제외한 대부분의 영토와 주민을 아시리아에 빼앗긴다. 점령된 북왕국의 영토는 아시리아의 속주로 편제되고, 주민들은 아시리아로 끌려간다.

호세아 왕의 치세에 다시 한 번 아시리아군의 발길이 북왕국을 유린하였다. 항복한 뒤 조공을 바치던 북이스라엘이 이집트와 반아시리아 동맹을 맺자 살만에세르 5세 치하의 아시리아군이 북왕국 침공을 재개한 것이다. 3년에 걸친 항전도 헛되이 기원전 722년(호세아 9년) 도성 사마리아가 함락됨으로써 200여 년 동안 9왕조가 들어섰던 북왕국의 역사는 마침내 마침표를 찍는다.

북이스라엘의 남은 자들은 아시리아의 민족 소개 및 혼합 정책에 의해 일부

---

47 북이스라엘이 내적으로 분열하고, 이로 말미암아 외부로부터의 충격을 견뎌내지 못할 가능성에 대해서는 여로보암 2세 시대에 선지자 아모스, 호세아가 이미 예견하였다. 선지자들은 여로보암 2세 시대의 국가의 재기와 부흥이 일시적일 뿐 아니라 실제로는 이스라엘 사회가 내적으로는 더욱더 깊이 곪아들게 만들었음을 직시하고 있었다. 아모스는 '가난한 자의 머리에 있는 티끌을 탐내며… 모든 단 옆에서 전당 잡은 옷 위에 눕는' 상황이 근본적으로 개선되지 않는 한 '이삭의 산당들이 황폐되며 이스라엘의 성소들이 훼파될' 것이라고 선언하였고(아모스2:7~8, 7:9) 호세아는 하나님의 심판을 피하려면 '자기를 위하여 의를 심고 긍휼을 거두라' 고 촉구하였다.(호세아10:12)

그림 57-1
● 바빌론의 신 아다드, 이라크 출토, 기원전 9세기, 베를린 페르가몬 박물관

<u>그림 57-2</u>
●● 아시리아의 신 압칼루, 이라크 칼라(님루드) 출토,
아슈르바니팔 2세 신전 부조, 기원전 9세기, 베를린 페르가몬 박물관

는 제국의 동부로 옮겨지고, 남은 자들은 새롭게 북왕국의 옛 영역에 식민된 외래 민족들과 섞여 지내게 된다. 상부 메소포타미아의 할라, 고산 지역, 이란 고원지대에 있던 메디아의 영역으로 옮겨진 사람들은 새 땅의 원주민들 속에 흩어져 지내면서 이스라엘인으로서의 정체성을 잃게 된다. 북왕국의 옛 주민들은 바빌론, 굿, 아와, 하맛, 스발바임에서 옮겨온 사람들과 함께 살게 된다. 남은 자들은 새 이민자들과 통혼할 뿐 아니라 저들의 하나님 야웨 외에 바빌론 사람들의 신 숙곳 브놋, 굿의 네르갈, 하맛의 아시마, 아와의 닙하스와 다르닥, 스발바임의 아드람멜렉과 아남멜렉에 대한 신앙도 받아들임으로써 고유의 히브리적 전통과 이념, 신앙에서 멀어지게 된다.[48] **그림 57**

---

[48] 이 과정에서 형성된 혼혈 이스라엘인들 가운데 대부분은 '혼합 신앙'의 영향 아래 있게 되며, 일부는 남왕국의 영향 아래 야웨 신앙을 유지하거나 받아들이게 된다. 사미리아의 혼합주의자들은 뒤에 바빌론 포로에서 해방되어 돌아온 유다의 '귀환자들'과 예루살렘 성전 재건을 둘러싸고 '정통성 시비'를 벌이게 된다.

유다의 방황과 사투

1 — 이방 제의와의 투쟁

남유다의 왕 여호사밧이 북이스라엘 오므리 왕가의 아탈리아를 며느리로 맞아들이자 남왕국의 예루살렘에도 페니키아의 바알-멜카롯 제의가 재차 들어오게 되었다. 아합의 혈육인 아탈리아는 페니키아 티레 왕의 딸이자 북왕국의 왕비이던 이세벨의 영향을 강하게 받은 인물이었다. 아탈리아 역시 바알, 아세라 신앙의 신봉자였다.

여호사밧의 왕위를 이은 여호람이 자신의 형제와 그 추종자들을 모조리 죽인 뒤 속을 훑어내리는 고질병으로 죽자, 왕위는 그의 아들 아하시야에게로 이어진다. 그러나 아하시야마저 재위 1년을 채우지 못하고 북왕국의 장군 예후의 쿠데타 과정에서 희생된다. 이때를 틈타 아탈리아는 유다 왕실의 거의 모든 혈육을 죽이고 스스로 왕위에 오른다. 남북을 통틀어 처음이자 마지막 여왕이 된 것이다. 더구나 아탈리아는 유다 왕가의 피를 잇지도 않은 인물이었다.

★ 이 편의 기본 텍스트는 열왕기상22:1~열왕기하20:21, 역대하17:1~32:33. 바알-멜카롯 제의는 통합 왕국 시대 솔로몬 왕이 티레 왕 히람 1세의 딸을 맞아들이면서 예루살렘에 처음으로 소개되었을 가능성이 높다. 그러나 이때 허용된 바알-멜카롯 제의는 예루살렘에 거주하는 티레 사람들을 위한 것이었으므로 그 영향력이 이스라엘 사회로 확산되는 데에는 한계가 있었을 것이다. 다만, 솔로몬 시대에 예루살렘에 세워진 아스다롯, 그모스, 밀곰 신들을 위한 신전들이 이 시대에도 여전히 모습을 유지하고 있었던 점은 유의할 필요가 있다. 이후 유다에서 진행된 수차례의 종교개혁에도 불구하고 제 모습을 잃지 않았던 이들 이방 신전들은 요시야 개혁 시대에 이르러서야 파괴된다.(열왕기하23:13)

아탈리아가 권력을 잡음으로써 예루살렘에서도 솔로몬 시대 이후 사실상 처음으로 바알-멜카롯 제의가 왕실의 공식 제의가 되었다. 야웨의 성전이 있는 예루살렘에서 야웨 하나님을 향한 제의와 바알-멜카롯을 대상으로 한 제의가 공존하게 된 것이다. 6년 만에 아탈리아의 통치는 막을 내린다.

학살을 면하고 살아남아 제사장 여호야다의 손으로 성전 경내에서 몰래 키워졌던 왕자 요아스가 '궁정 쿠데타'의 형식을 빌려 아탈리아를 제거하고 유다 왕가의 계보를 잇게 되었다. 바알을 위해 세워졌던 신전이 파괴되고 제의를 담당했던 제관도 처형되었다. 이미 3국 동맹이 해체된 뒤였으므로 남유다에서의 바알, 아세라 제의 제거는 외부 세력의 저지를 받지 않고 진행될 수 있었다.

7세에 즉위한 요아스는 성년이 되기까지 그의 후견인이자 제사장인 여호야다의 교훈을 받았다. 섭정 정치가 이루어진 것이다.[49] 성전이 정화되고 수리된 것도 제사장 여호야다가 주도함으로써 가능했던 게 틀림없다. 그러나 바알에 대한 신앙과 제의는 가나안이나 페니키아가 아니라 하더라도 농사가 행해지는 곳이면 어디에서도 뿌리를 내릴 수 있는 것이었다. 남왕국에서 공적인 제의는 야웨 하나님을 향해서만 이루어질 수 있었다. 그러나 가뭄과 기근을 두려워하는 자들은 언제 어디에서나 풍년을 보장한다는 바알신에 대한 제의를 시행하려는 유혹을 느낄 수밖에 없었다.

제사장 여호야다가 죽자 요아스는 야웨의 사제들의 영향력에서 벗어나 왕으로서의 독자적인 행보를 하기를 원하게 된다. 요아스 왕은 유다의 방백들이 이교 제의에 대한 지나친 통제를 완화해주기를 요구하자 이를 받아들인다. 나아가 일부 백성들 사이에 일고 있던 아세라 제의에 대한 강한 관심에 호의적 태도를 보이

---

[49] 남왕국에서는 대비나 제사장을 후견인으로 하는 섭정 정치, 전왕과 새 왕이 일정 기간 동안 권력을 공유하는 공동 통치가 관례화되었다. 왕들 사이의 재위 기간 일부가 겹치는 것은 공동 통치 때문이다.

기까지 한다. 당연히 예루살렘 성전의 사제들로부터 반발이 있게 되었고, 이를 주도한 여호야다의 아들 스가랴와 왕 요아스 사이에 갈등이 일어났다. 성경은 스가랴가 왕의 명을 받은 무리들에 의해 성전의 뜰 안에서 돌로 쳐 죽임을 당했다고 전한다.[50] 하나님의 신의 감동을 받아 야웨의 말씀을 전했다는 이유로 성전의 사제가 하나님을 모독하고 계명을 어긴 자에게 적용되는 죽음의 벌을 받은 것이다. 요아스 왕은 다마스커스 아람 군대의 침입을 맞아 싸우다가 부상한 뒤, 신복의 손에 암살된다.

2 — 재기와 고립, 종속

요아스의 뒤를 이어 왕위에 오른 아마지야는 북왕국 이스라엘에서 용병을 모집하여 유다에서 떨어져 나간 에돔의 재정복을 추진한다. 그러나 어떤 하나님의 사람으로부터 야웨께서 에브라임 자손과 함께하지 않으므로 유다 자신의 힘으로 정복 전쟁을 시도해야 한다는 이야기를 듣고 용병들을 해고한 뒤, 에돔 정복에 나선다. 예언대로 유다 군대는 에돔의 수도까지 점령한다. 군대를 데리고 귀환한 아마지야는 해고된 이스라엘 용병들이 국경의 성읍들을 약탈하였다는 소식을 듣게 된다.[51] 곧바로 아마지야는 북왕국에 선전포고를 하지만 남북 사이의 전쟁은 유다의 패배로 마무리된다.[52] 아마지야는 포로가 되었다가 풀려나고, 예루살렘은 약탈된다.

---

50 역대하24:20~22. 이후 제사장 스가랴의 죽음은 하나님의 말씀을 전하던 자의 억울한 죽음을 뜻하는 대명사가 되었다.
51 용병이란 말 그대로 '돈'을 받고 치안을 맡거나 전투에 참여하는 것을 직업으로 삼는 군인이다. 남유다가 은 100달란트로 샀다 낸 북이스라엘의 군인들은 관례에 따라 에돔 정복이 성공할 경우, 많은 재물을 약탈하고 사람들을 포로로 삼는 이득을 얻을 수 있었다. 약탈물과 포로는 용병이 받는 삯에 해당했을 것이므로 해고된 용병들은 사실상 빈손으로 되돌아갈 수밖에 없게 된 것이다. 남왕국 변경 지대에 대한 북왕국 용병들의 약탈이 시도된 것은 이 때문이다.

아마지야 역시 암살되고 웃시야가 그의 뒤를 잇는다. 16세에 왕위에 오른 웃시야는 북왕국 여호아스의 군대에 의해 일부가 헐렸던 예루살렘 성벽을 수리하고, 성이 포위 공격을 당했을 때에 대응할 수 있는 방어용 무기를 새로 개발시키는 등 왕국 수비 체제를 정비한다. 이어 에돔, 서북아라비아 지역, 암몬, 블레셋을 남왕국의 지배권 아래 둠으로써 150여 년 전 남북이 분열된 이래 처음으로 유다 동부 및 서부, 남부의 옛 솔로몬 왕국의 영역을 회복한다.

북왕국 역시 여로보암 2세의 치세에 세력을 크게 확장하여 트란스요르단의 잃었던 영토를 회복한다. 이에 그치지 않고 다마스커스 아람 및 하맛 왕국을 제압하여 유프라테스 강 서안의 경계까지 영향권을 확대한다. 거의 같은 시기에 남북이 세력의 절정기에 이른 것이다. 한 세대 전 북이스라엘 왕 여호아스와 남유다 왕 아마지야 사이의 전쟁으로 예루살렘 성벽이 일부 헐리고 유다의 인질들이 사마리아에 머무르는 사태가 발생한 이래 더 이상 남북 사이의 전면전은 벌어지지 않은 듯하다.

이 시기에는 북왕국 오므리 왕조가 단절되는 동시에 중단되었던 남북 사이의 동맹이 다시 맺어진다. 이를 계기로 페니키아의 티레 및 주변 항구도시들에서 시작되어 홍해로의 출구인 유다의 에시온-게벨 항으로 이어지는 지중해와 홍해를 잇는 무역로가 다시 열린 것으로 보인다. 시리아-트란스요르단-서북아라비아를 잇는 내륙 교역로, 곧 왕의 대로 역시 남북 왕국의 긴밀한 협조 아래 활기 있게 운용되었음이 확실하다. 웃시야 시대에 유다 광야를 개발하기 위한 자원과 인력의 투입이 계속된 것도 경제적 번영에 힘입어 도시와 성읍에 인구가 넘쳤던 까닭일

---

52 성경은 아마지야의 패배가 에돔 정복 뒤 저들의 우상을 경배한 데 대한 하나님의 심판이라고 설명한다.(역대하25:14~16) 고대 중근동에서 전쟁이 신들 사이의 싸움으로 이해되었음을 고려하면 유다 왕이 패배한 에돔인의 신들을 포로로 잡아와 경배 대상으로 삼은 것은 일반적인 시각에서도 받아들여지기 어려운 행위였다.

것이다. 기원전 700년대 중엽에 네게브의 거친 땅이 농업 및 목축 지대로 개발될 정도로 유다의 국력은 충실해졌고 인구는 늘어났다.

하나님의 묵시를 밝히 아는 선지자 스가랴의 자문을 받으며 '기이한 도우심'으로 먼 나라까지 이름을 떨쳤던 남왕국 유다의 왕 웃시야는 말년에 문둥병에 걸린다. 성경은 웃시야가 아론의 자손만이 할 수 있는 성소에서의 분향을 직접 하려고 했기 때문에 향단 곁 야웨의 대제사장 아사랴 앞에서 이마에 문둥병이 생겼다고 전한다.[53] 이스라엘에서뿐 아니라 근동 어디에서나 문둥병은 신이 내린 벌, 신에게 범한 죄의 결과로 여겨졌다. 문둥병이 걸린 뒤, 남왕국 유다의 왕 웃시야는 공적인 자리에 나올 수 없게 되었다. 요담이 문둥병이 걸린 웃시야를 대신하여 왕권을 행사하다가 웃시야가 죽자 유다의 왕위를 이었다.

요담의 치세에도 유다의 번영은 계속되었다. 유다의 지배에서 벗어나려던 암몬을 완전히 굴복시켜 사실상의 속국으로 삼은 것도 요담이다. 그러나 요담이 재위하던 시기를 전후하여 중근동의 국제 정세가 다시금 크게 요동치면서 그 변화의 물결이 남왕국으로 밀려들기 시작한다. 요담에 이어 아하스가 왕위에 오르자 거친 파고가 예루살렘 성벽을 위협하기에 이른다.

기원전 8세기 후반 동방과 북방 평정을 마친 아시리아가 다시 서방으로 눈길을 돌리자 유프라테스 강 서안의 국가들은 또 한 번 반아시리아 연합 전선을 구축하려 시도한다. 그러나 남왕국 유다는 좋은 결과를 얻을지 알 수 없는 이 흐름에 합류하기를 꺼린다. 대 아시리아 전쟁이 벌어졌을 때에 유다가 어떠한 태도를 보일지 예측할 수 없게 되자, 반아시리아 동맹군은 먼저 남왕국을 침공하기로 결정

---

[53] 역대 하26:16~21. 웃시야 왕이 다윗 왕 이래 유다에서는 분리되어 있던 왕권과 제사권을 통합시키려 했음을 시사하는 부분이다. 남왕국의 왕들도 제사권을 왕권에 부속시키거나 통합시켜 북왕국의 왕들이 누렸던 전제권을 행사하고자 하는 유혹을 받았고 때로 이를 시도하기도 했음을 알게 한다.

한다. 다마스커스 아람의 왕 르신과 북왕국 왕 베가의 연합군이 예루살렘을 공략하였고, 이 틈을 타 속국 에돔이 독립을 선포하였다. 해안평야 지대의 블레셋군은 유다 서부의 국경 지대로 진입하였다. 성읍과 요새들이 잇달아 함락되면서 다수의 유다 주민이 아람의 수도 다마스커스로 끌려갔고, 보다 많은 수의 유다인이 북왕국에 포로로 잡혀갔다가 풀려났다.[54] 유다 남방의 무역항 에시온-게벨은 에돔의 영토로 편입되었으며, 유다 서부의 일부 성읍과 남부 광야의 새로 개발된 땅들은 블레셋인의 소유가 되었다.

사면초가의 신세가 된 유다 왕 아하스는 선지자 이사야의 반대에도 불구하고 아시리아에 금은 예물과 함께 사신을 보내 서방에서 일어난 분쟁에 개입해줄 것을 요청한다. 부르지 않아도 이미 오기로 마음먹고 있던 아시리아 왕 티글랏-빌레셀의 군대는 기원전 734년 유프라테스 강을 건너자 곧바로 페니키아에 진입한 뒤, 지중해 연안을 따라 남하하면서 북왕국과 블레셋을 굴복시켰다. 그림 58 다음 해, 아시리아군은 다시 강을 건넌 뒤, 북왕국의 영토 대부분을 정복하여 속주로 만들었다.[55] 이어 다마스커스 아람을 멸망시킨 다음 그 땅 역시 분할하여 아시리아의 속주 체제에 편입시켰다. 북왕국과 아람의 많은 주민들은 제국의 다른 지역으로 강제 이주되었다.

아시리아의 개입으로 서방의 반아시리아 연합은 산산조각 났고, 남왕국 유

---

54 사마리아의 선지자 오뎃이 동족을 노예로 삼으려는 것에 대한 하나님의 진노를 역설하고, 에브라임의 장로들이 이를 거들자 이스라엘 병사들은 포로의 해방에 동의한다.(역대하28:8~15) 오뎃과 장로들의 연설은 이스라엘이 이집트 탈출 이후 히브리 공동체가 지켜나가려 했던 자유정신과 평등한 삶의 세계로 되돌아가야 한다는 시대 비판적인 시각을 바탕에 깔고 있다.
55 북왕국이 맞닥뜨린 이런 파국적 상황을 미가는 '기생의 값으로 모았은즉 그것이 기생의 값으로 돌아가'는 것일 뿐이라고 평가하였다. 미가는 유다의 지도자, 선지자들도 '백성의 가죽을 벗기고 그 뼈에서 살을 뜯으며', '시온을 피로, 예루살렘을 죄악으로 건축'하는 데에서 돌이키지 않으면 '시온은 밭같이 갊을 당하고 예루살렘은 무더기가 되는' 파멸에 이를 수 있음을 경고한다.(미가1:7, 3:2~12)

그림 58
전차에 탄 아시리아 전사들, 이라크 니네베 출토, 티글랏 빌레셀 2세 시대, 기원전 744~기원전 727년, 베를린 페르가몬 박물관

다는 눈앞의 위기에서 벗어났다. 그러나 유다는 오히려 더 심한 고립과 위기에 빠지고 말았다. 북왕국은 완전히 무력해졌고, 다마스커스 아람은 역사의 무대에서 사라졌다. 남왕국은 아시리아를 부른 공로로 약탈과 파괴는 면했지만 북방 제국의 속국으로 연명할 수밖에 없게 되었다. 유다 왕 아하스는 아시리아 왕의 봉신이 되었고, 그 증거로 종주국 대왕의 신들에게 제사를 드려야 했다. 또한 종주국의 신들을 모시기 위한 제단이 속국의 도성에 마련되어야 했으므로 남왕국의 왕 아하스는 아람의 다마스커스에 세워진 아시리아의 신들을 위한 제단과 똑같은 것을 예루살렘 성전 안에 세우도록 대제사장 우리야에게 지시할 수밖에 없었다. 호미

로도 막을 수 있던 사태가 가래로도 막을 수 없는 상황으로 발전하고 말았다. 남왕국의 국가적 정통성과 민족적 정체성을 확인시켜주던 야웨의 성전이 동방의 이교신을 위한 제의 장소로 바뀐 것이다.

3 ― 히스기야의 개혁

아하스 왕은 예루살렘 남쪽 힌놈의 아들 골짜기에서 분향하고 자녀를 불살라 인신 희생의 제물로 삼은 인물이다. 바알과 몰렉에 대한 인신 희생은 이스라엘의 야웨 신앙에서는 저주받아야 할 전형적인 우상숭배 행위이다. 유다 왕 아하스는 야웨에 대한 제의, 하나님 신앙의 순수성 유지에 깊은 관심을 보여왔던 다윗 왕가의 전통과는 거리를 둔 통치자였음을 짐작할 수 있다. 아시리아에 종속된 뒤, 예루살렘을 중심으로 이교 신앙과 풍속이 확산되어 나간 것도 아하스 왕의 불투명하고 편의주의적인 종교관에 힘입었을 가능성이 높다

유다의 왕자 히스기야는 부친 아하스로부터 왕위와 함께 영토는 줄어들고, 경제는 피폐하며 이교적 제의의 침투로 민심은 흐트러진 나라를 물려받았다. 웃시야, 요담 시대의 부강한 유다는 더 이상 존재하지 않았다. 히스기야의 유다는 종주국의 신들을 위한 제단 앞에서 그 왕이 정기적으로 제사하며, 제국이 요구하는 과중한 공물을 마련하기 위해 성전의 금은 기물까지 빼내야 하는 지중해 연안의 작은 왕국에 지나지 않았다.

죽어가는 나라를 살리기 위해 히스기야는 아시리아로부터의 독립, 야웨 신앙으로의 복귀라는, 세속적 시각으로 볼 때에는 다소 무모한 선언을 하였다. 산당을 없애고 바알의 주상을 깨며, 아세라 목상을 찍어 없애는 종교 정화 운동이 히스기야 왕의 주도 아래 남왕국에서 일어났다. 모세 시대에 만들어져 불뱀에 물린 백성을 살리는 데에 쓰인 뒤, 어느 사이엔가 분향의 대상이 된 놋뱀 느훗스단이 조각난 것도 이때이다.[56] 아시리아의 신들을 위해 세워진 성전 안의 제단이 제거

되었고, 정기적으로 아시리아에 바쳐야 했던 공물의 상납도 중단되었다. 블레셋에 대한 영향력을 일부 회복함으로써 유다가 유사시 동서로부터 협공당하는 사태도 예방하였다.

개혁이 궤도에 오르기 시작하자 북이스라엘의 옛 땅 주민들에 대한 영향력 확보도 시도되었다. 예루살렘에서 행해진 대규모 유월절 의식에 아셀과 스불론, 므낫세 지파의 영역이던 북부 이스라엘 주민들이 일부 참가하였다. 그러나 아시리아의 속주 체제가 잘 가동되고 있던 중부 이스라엘, 곧 사마리아와 그 인근 지역의 주민들은 참여를 거절하였다.

남유다가 아시리아와의 종속 관계를 끊겠다고 선언할 즈음 유프라테스 강 서안의 다른 군소 국가들도 아시리아로부터의 독립을 공식화하기 시작하였다. 사르곤 2세의 아들 산헤립(센나케립)이 아시리아의 왕으로 즉위한 지 3년째인 기원전 702년경, 메소포타미아 남부의 큰 세력이던 바빌론이 독립을 선언하였다. 이와 때를 같이하여 서방의 나라들도 반-아시리아 연합을 결성하였으며, 제25왕조 치하의 이집트는 이에 대한 후원을 약속하였다. 이 반아시리아 동맹의 한 가운데에 유다 왕 히스기야가 있었다.[57] **그림 59** 남왕국 유다를 중심으로 동으로는 바빌

---

56 뱀의 이미지는 재생, 부활과 겹친다. 뱀은 이집트 왕권의 상징 가운데 하나이기도 하다. 모세 시대의 유물인 구리로 만든 뱀이 후세의 이스라엘 사람들에게는 야웨 하나님으로부터 말미암은 생명과 구원의 사건을 확인시키는 역사적 증거로 여겨지기보다는 이방 종교적 관념에서 비롯된 재생의 힘, 치유의 힘을 지닌 존재로 믿어지고 숭배되었을 것이다. 히스기야의 개혁은 이스라엘 사람들의 일상생활 속에 깊숙이 파고들었던 이와 같은 유형의 신앙 대상들을 일일이 제거하는 데에까지 이르렀던 것으로 보인다.

57 아시리아군의 예루살렘 포위 공격에 대비하여 다윗 성 바깥의 기혼 샘에서 도성 안 실로암으로 이어지는 지하 수로, 일명 히스기야 터널이 굴착된 것도 이때이다. 525미터에 이르는 지하 터널이 끝나는 실로암 못 입구의 터널 안쪽에서 터널 개통 순간의 정황을 묘사한 히브리어 비문이 발견된 것은 1880년이다. 기원전 701년 뚫어진 기혼 샘부터 실로암 못 사이 이 지하수로의 높낮이 차이는 32센티미터에 불과하다.

그림 59
실로암 수로 완성을 기뻐하는 내용을 담은 비문의 일부, 이스라엘 예루살렘, 기원전 702년

론, 서로는 이집트에 이르는 긴 띠 형상의 동맹 세력권이 형성되었다.

그러나 반아시리아 동맹은 아시리아군의 신속한 공세에 바빌론이 항복하고, 페니키아의 티레가 함락되자 급속히 와해되었다. 페니키아의 비블로스와 아르왓, 블레셋의 아스돗, 트란스요르단의 모압, 암몬, 에돔이 곧바로 아시리아에 대한 반란을 철회하고, 그 왕들은 산헤립에 대한 충성을 다짐하였다. 독립을 고집한 블레셋의 에그론, 아스클론이 잇따라 함락되고 주민들은 강제로 이주되었다. 유다에 대한 산헤립 군대의 공략도 계속되었으며 46개 이상의 성읍이 점령되면서 주민들은 학살되거나 유형에 처해졌다.[58] 그림 60 이제 농성이 가능한 성읍들 가운데에는 예루살렘만 남았다.

막대한 공물과 유다 왕실의 왕녀들을 데리고 아시리아군은 되돌아갔다. 유다 영토의 상당 부분이 가자와 아스돗, 에그론에 할양되었다. 예루살렘은 약탈과

그림 60
적의 성을 공격하는 아시리아군, 이라크 님루드 출토, 기원전 730년~기원전 727년, 런던 대영박물관

파괴를 면했지만 유다는 반신불수에 가까운 상태로 연명하게 되었다. 치욕적인 패배와 좌절을 경험했음에도 불구하고 히스기야는 홀로서기를 포기하지 않았다. 기원전 690년을 전후하여 유다는 블레셋의 도시국가들에게 넘겨졌던 영토를 대

---

58 라기스 유적의 한 구덩이에서는 1,500구의 시체 잔해들이 한꺼번에 발견되었다.(『이스라엘 역사』 上) 산헤립의 전역을 묘사한 니네베 유적의 벽화 부조에는 라기스의 함락 순간을 묘사한 것으로 이해되는 장면도 포함되어 있다.

부분 회복하고 다시 한 번 아시리아로부터의 독립을 선언하였다. 바빌론은 이미 아시리아의 지배를 거부한 상태였고, 이집트의 파라오 티르가카는 히스기야 왕의 유다에 대한 군사적 지원을 약속하고 있었다.

초기의 패전에도 불구하고 산헤립의 아시리아군이 바빌론의 재점령에 성공하였다. 신전들이 파괴되고 바빌론의 주신 마르두크 신상은 아시리아의 니네베로 옮겨졌다. 이집트군 역시 아시리아군을 페니키아와 유다에서 밀어내는 데에 실패하였다. 이집트는 자신의 국경을 간신히 지켰을 뿐이다. 기원전 688년경 예루살렘은 다시 한 번 아시리아군에 겹겹이 둘러싸였다. 이제 구원의 손길을 기대할 곳은 없었다.

그러나 선지자 이사야의 예언대로 아시리아의 대군은 그야말로 하룻밤 사이에 알 수 없는 역병疫病으로 전멸되다시피 했다.[59] 결국 아시리아 왕 산헤립은 예루살렘 점령을 포기하고 귀국하였으며, 아시리아의 주신主神 니스록의 신전에서 제의를 집행하던 도중 암살되었다. 예루살렘은 선지자 이사야의 예언대로 구원되었다. 히스기야의 소원은 이루어지는 듯이 보였다. 비록 지속이 가능할지는 알 수 없었지만 유다의 독립 선언은 일단 유효한 상태가 되었다. 히스기야는 유다에 대한 아시리아의 재침공을 겪지 않은 상태, 곧 독립된 유다의 왕으로 생을 마칠 수 있었다.

---

[59] 의사학자들은 여호와의 사자使者가 아시리아군에게 선물한 것은 시궁쥐가 전염시키는 선腺페스트였을 가능성이 높다고 한다. 선페스트는 고대사회에서 가장 전염속도가 빠르고 치사율이 높은 전염병 가운데 하나였다.(프레데릭 F 카트라이트 · 마이클 비디스 지음, 김훈 옮김, 『질병의 역사』, 가람기획, 2004)

분열의 끝
― 남왕국 유다의 멸망과 유배

1 ― 므낫세 왕의 현실주의

히스기야에 이어 왕위에 오른 므낫세는 현실주의자였다. 비록 수년 동안 독립을 유지할 수 있다 하더라도 세계 제국의 길을 걷고 있는 아시리아의 침공이 다시 이루어진다면 유다가 국가로 살아남을 가능성은 거의 없다고 판단하였다. 유다는 아시리아의 속국이라는 이전의 자리로 되돌아가기로 결정하였고, 아시리아는 남왕국의 '회개'를 받아들였다. 아니나 다를까 기원전 671년, 이집트의 멤피스가 아시리아군에 점령되고 파라오는 나일 강 상류 지역으로 몸을 피하는 사건이 일어났다. 수년 뒤 일어난 이집트 지방 군주들의 반란 역시 진압되었다. 다시 한 번 일어난 이집트의 독립운동은 아시리아군에 의한 고도古都 테베의 점령과 파괴, 제25왕조의 소멸로 마무리되었다. 그림 61

　　므낫세 왕이 독립을 포기함으로 말미암아 부친 히스기야 왕이 제거했던 아시리아 신들을 위한 제단이 예루살렘 야웨의 신전 안에 다시 세워졌다. 바알과 아세라와 일월성신日月星辰을 위하여 만든 그릇들이 신전 안에 놓이고 이 신들을 위한 제단에서 쓰이게 되었다. 신전의 한 곳에는 미동美童의 집이라 하여 우상숭배의 한 방법으로 제의 참여자들과 성관계를 맺는 사제들을 위한 처소가 마련되었다. 이 집은 아세라 여신을 위해 휘장을 짜는 여인들이 일하는 곳으로도 쓰였다. 점성

★ 이 편의 기본 텍스트는 열왕기하21:1~25:30, 역대하33:1~36:23.

그림 61
아시리아 왕 에살하돈의 자비를 구하는 귀족 포로들, 에살하돈 왕의 이집트 원정 기념비, 이라크 자말 출토, 기원전 671년, 베를린 페르가몬 박물관

술이나 연금술과 같이 아시리아에서 널리 행해지던 비술秘術들이 예루살렘에 소개되어 유행되었고, 아하스 왕의 시대에 모습을 나타냈던 인신 희생 제의가 이 시대에 재현되었다.

아시리아 제국의 세력이 절정에 이르는 과정을 목격하면서 유다의 므낫세 왕과 그의 측근들은 아시리아 왕을 대군주로 섬기기로 한 왕국의 결정이 옳았다며 안도의 한숨을 내쉬었을 것이다. 종주국이 요구하는 건설 물자를 제공하고, 제국의 이집트 침입에 협조하면서 므낫세 왕은 아시리아 왕에 대한 자신의 충성을 거듭 확인시킬 수 있었다. 유다 왕 므낫세는 현실 적응의 한 방편으로, 자신의 왕위와 국가의 생명을 유지하는 한 방안으로 아시리아의 종주권을 받아들였다. 종주국이 신들의 나라요 영원한 제국으로 일컫던 이집트마저 속국화할 정도로 세력의 강성함을 과시하자 므낫세 왕은 기존의 입장과 태도에서 한 걸음 더 나아가 아시리아적 가치와 문화의 수입에 적극적으로 나서게 된다.

잘 새겨진 아세라 목상이 성전 안에 세워졌으며, 이를 비판하는 자는 사형에 처해졌다. 제국의 수도에서 유행하는 모든 것들이 서방의 속국 유다로 흘러들었으며, 예루살렘의 왕실과 궁정 관료들이 이를 받아들여 주위에 퍼뜨리는 역할을 맡았다. 성격이 분명치 않은 제의들이 복구된 지방 성소에서 신앙적 정체성이 확실치 않은 사제들의 주관 아래 행해졌다. 백성들은 잡다한 신앙의 혼합 상태를 야웨에 대한 신앙과 굳이 구별할 필요를 느끼지 않게 되었다. 양립할 수 없는 신앙의 세계가 뒤섞이면서 야웨는 별자리 신들을 포함한 온갖 신의 우두머리 신처럼 여겨지기 시작하였다. 적극적이며 냉혹한 탄압과 박해로 말미암아 이러한 흐름에 문제를 제기하는 예언의 소리는 점차 수그러들게 되었다. 므낫세 왕의 치세에 유다는 세계 제국에 충성하는 속국으로 인정받기 위해 '무죄한 자의 피를 심히 많이 흘려 예루살렘 이 가에서 저 가까지 가득하게 하는' 어리석음을 범하고 있었다.[60]

2 — 정세의 변화로 얻은 독립

므낫세를 계승한 아몬 역시 부왕의 정책을 답습하였다. 세계 제국 아시리아는 내외로부터의 도전과 저항에 흔들리고 있었지만 예루살렘에서는 여전히 수많은 해와 달, 별자리의 신들이 성전에 확보한 자신의 자리에 버티고 서 있었다. 아세라 여신을 모시는 난잡한 제의는 계속되었다. 몰렉 신에게 자녀를 불살라 바치며 풍년과 복을 구하는 인신 희생 제의가 예루살렘 힌놈 골짜기에서 거행되었다. 아시리아로부터의 독립을 꿈꾼 사람들의 음모가 있었고, 왕 아몬은 암살되었다.

그러나 아몬 왕이 암살되던 기원전 640년경, 아시리아 왕 아슈르바니팔은 제국 동부의 강국 엘람을 멸망시키고, 북부 아라비아 지역에 대한 원정을 단행했다. 또한 엘람과 바빌론의 주민들을 사마리아를 비롯한 서방에 옮겨 정착시켰다. 반아시리아 운동을 펼칠 만한 시점이 아니었다. 왕의 암살자들이 처형되고 아몬의 아들 요시아가 왕으로 추대되었다.

요시아 치세 초기에도 아시리아는 여전히 세계 제국으로서의 위치를 고수하고 있었다. 그러나 유다 내부에서는 개혁의 소리가 높아갔고, 요시아 왕 자신이 그 필요성을 절실히 느끼고 있었다. 기원전 629년경, 아시리아 왕 아슈르바니팔이 아직 살아 있을 즈음 개혁이 단행되기 시작하였다.[61] 예루살렘에서 바알 제의를 위해 세워졌던 제단이 파괴되고, 태양상과 아세라 목상을 비롯한 아로새긴 우상들과 부어 만든 우상들이 제거되었다. 해와 달, 열두 별자리와 하늘의 별들, 온갖 이방 신들의 제사를 담당하던 제사장들의 무덤이 훼손되고 그 뼈들은 우상들의 단 위에서 불살라졌다. 이러한 조치가 유다 전역으로 확산되면서 지방 산당들

---

60 열왕기 하21:16. 성경은 므낫세 치세에 어떤 선지자가 활약했는지에 대해 언급하지 않는다. 국가권력의 극심한 탄압으로 말미암아 이 시기에는 공개적인 예언 활동 자체가 불가능했던 것으로 보인다. 이사야를 중심으로 세워지고 꾸려졌던 선지자 학교도 폐쇄되고, 이곳에서 배출되었던 선지자들이 흘린 무죄한 피가 유다 예루살렘의 거리를 적셨을 것이다.

은 폐쇄되었다. 이 산당들을 관리하던 제사장들은 예루살렘에 소집되어 이전의 직무를 행하지 못하도록 명령받았다. 태양수레가 불살라지고, 유다의 왕들이 태양을 위해 드린 말들이 제거되었다. 솔로몬 시대에 시돈의 아스다롯, 모압의 그모스, 암몬의 밀곰 신을 제사지내기 위해 세워졌던 산당이 이때에 파괴되었다.

기원전 627년 이후, 아시리아가 왕위 계승을 둘러싼 내분에 빠지자 요시아 왕이 주도하는 개혁은 옛 북왕국의 영역으로 적용 지역이 확대되었다. 예루살렘으로부터 파견된 제사장, 관료, 군대가 므낫세, 에브라임, 납달리 지파가 차지했던 영역, 아시리아의 속주로 편제된 지역에 진입하여 제단들을 없애고, 신상들을 부수며 제사장들을 죽였다. 사마리아로 진입한 유다의 왕과 왕실 관료들이 보는 앞에서 벧엘의 제단과 산당이 제거되었으며, 아세라 목상을 비롯한 이방 신상들이 불살라졌다.

이방 신앙과 그 대상, 이방신을 위한 제의에 종사하던 자들에 대한 제거 작업이 남북 왕국의 전 영역에서 6년에 걸쳐 진행되었다. 이즈음, 아시리아의 왕위 계승 투쟁은 끝났지만 그 여파로 바빌론은 독립하였고 아시리아는 세계 제국으로서의 위용을 잃고 있었다. 잠깐 사이에 유프라테스 강 서안은 힘의 공백 지대가 되었다. 이집트의 제26왕조는 다시금 이 지역에 대한 영향력을 확보할 계책을 마련하는 데에 골몰하고 있었다.

기원전 622년, 예루살렘 성전의 수리가 시작되었다. 성전을 중심으로 한 야

---

61 전면적인 심판이 이루어질 '야웨의 날'을 맞기 전에 유다 백성들이 회개할 것을 촉구한 스바냐의 예언은 이 시기를 전후하여 그리 멀지 않은 시점에 이루어진 것으로 보인다. 스바냐는 '지붕에서 하늘의 일월성신에게 경배하는 자, 야웨께 맹세하면서 말감을 가리켜 맹세하는 자, 야웨를 찾지도 아니하며 구하지도 아니한 자'들은 멸절될 것이며, 부르짖는 사자와 같은 방백들, 성소를 더럽히고 율법을 범하는 제사장들로 가득한 예루살렘은 황폐해질 것이라고 말한다. 이러한 예언은 유다가 회개를 통해 이전의 잘못에 대한 죗값은 치르되 멸망은 당하지 않게 하기 위함이다. (스바냐1:1~3:20)

웨 신앙과 제의를 공식화하려는 의도를 담은 조치이다. 성전 수리 공사 도중 율법책이 발견되었다. 대제사장 힐기야에 의해 건네진 이 율법책은 모세의 인도로 이루어진 히브리 백성과 하나님 사이의 시나이 산 계약을 상기시키는 내용을 담고 있었으며 유다가 빠져 있던 아전인수적 인식과 신앙에 대해 의문을 던지고 있었다. 계약의 말씀을 지키지 않는다면 비록 다윗의 왕가, 유다의 백성들이라 할지라도 재앙을 받고 멸절될 수밖에 없다는 선언이 율법책 안에 담겨 있었다.[62] 여선지자 훌다가 이 책에 담긴 선언적 의미를 재확인시켜 주었다. 요시아 왕과 왕실 관료들은 경악하였고, 하나님과 맺은 계약의 이행을 다짐하는 장엄한 의식이 왕과 모든 백성이 참여한 가운데 예루살렘 성전에서 거행되었다. 국가의 주도로 좀 더 철저한 개혁과 정화 작업이 예루살렘과 남북 왕국의 전 영역에서 추진되었다.[63]

개혁과 정화, 성전 수리가 일단락되자, 이를 확인하고 그 의지를 거듭 다짐하는 의미를 담은 국가적 차원의 유월절 행사가 예루살렘에서 준비되고 거행된다. 유다뿐 아니라 요시아의 유다군이 아시리아로부터 되찾은 옛 북왕국 영역의 주민

---

[62] 역사가들은 이를 흔히 신명기적 역사 인식, 신명기적 신학이라고 말한다. 신명기적 역사 인식의 특징은 다윗 왕가가 영원히 계속되며, 성전 도시로서의 예루살렘의 지위에는 변함이 없으리라는 기존의 인식에 의문부호를 던진다는 데에 있다. 야웨 하나님과 이스라엘 사이에 맺어진 계약은 조건적인 것이며, 다윗 왕가의 성스러운 도시 예루살렘도 이 조건적인 계약의 당사자라는 것이었다. 요시아 왕과 제사장들, 유다의 백성들이 이 책의 내용과 의미를 확인하면서 당혹감을 감추지 못한 것도 이 때문이다.

[63] 요시아 왕은 이 일련의 종교개혁 작업을 통해 예루살렘 성전을 야웨 하나님에 대한 제의가 행해질 수 있는 유일무이한 성소로 자리 잡게 하려고 했던 것으로 보인다. 그러나 지방 신당들을 폐쇄하고, 지방 제관들의 자격을 박탈하거나 이들 가운데 일부를 예루살렘에 살게 하면서 예루살렘 성전 제관들의 하급 제관으로 종사하게 한 행위는 지방 주민들의 신앙생활에는 부정적 영향을 미쳤다. 요시아 왕의 개혁으로 말미암아 지방 주민들은 일상생활 속에서 제관들과 접촉하거나, 제의에 참여할 기회를 사실상 박탈당했기 때문이다. 이런 상태에서는 더 세속적인 형태와 내용을 띤 이방 신앙 제의와 접촉할 경우, 이에 빠질 위험이 높아진다. 실제 사마리아 지역에서는 요시아 왕이 전사한 뒤 유다의 행정력이 더 이상 북이스라엘 영역에 미치지 않게 되자 주민들이 이방 신앙에 경도되는 경향이 오히려 강화되었다.

들도 참여한 상태에서 '선지자 사무엘 이후' 처음으로 유월절과 무교절이 지켜졌다.[64] 본래 유월절은 이집트 노예살이에서의 해방을 기념하고, 이를 가능하게 한 야웨 하나님의 은혜와 역사를 기억하기 위한 행사였다. 이스라엘이 야웨 하나님과 계약을 맺은 언약의 백성임을 확인하는 장치이기도 했다. 이러한 사실을 염두에 둘 때, 요시아 시대의 유월절 행사는 이스라엘과 유다가 이방의 힘과 신앙에서 해방되어 야웨 하나님에게로 되돌아오게 되었음을 확인하고 기념하는 의미를 지녔다고 할 수 있다.

요시아 왕이 남북이 함께하는 유월절 행사를 통하여 제2의 이집트 탈출, 이방 제국의 압제와 종교·문화적 침투에서 벗어남을 기념하고 있을 즈음 중근동의 정세는 다시 한 번 크게 요동치고 있었다. 아시리아는 상부 메소포타미아의 지역 국가로 영역이 축소되고 있었다. 아시리아가 누리던 세계 제국의 지위를 잇고자 이란 고원부터 메소포타미아, 아나톨리아, 이집트에 이르는 중근동 전역에서 지역 강국들 사이의 합종과 연횡이 추진되고 있었다. 어떤 나라가 마지막 승자, 중근동의 패권 국가가 될지는 아직 아무도 알 수 없었다. 바빌론과 메디아, 리디아, 이집트 같은 나라들 사이에 세력 균형이 성립될지, 이들 가운데 어느 한 나라만 역사의 승자, 새로운 세계 제국으로 성장할지, 죽어가던 아시리아가 극적으로 재기하여 이들 나라 모두를 다시 제압할지 모든 것은 오리무중이었다.[65]

지난 20여 년 사이에 급격히 해체되어 가던 제국 아시리아의 몰락이 기정사실이 되어가자, 이집트는 메소포타미아와 유프라테스 강 서안 전체를 지배하는

---

64 역대하35:18.
65 기원전 7세기 후반의 어느 시기엔가 이루어졌을 선지자 나훔의 예언은 이와 같은 상황에서 특별한 의미를 지닌다. 나훔은 이집트의 고도 테베가 아시리아군에 의해 함락되어 도시 전체가 불타고 약탈당하였듯이 아시리아의 수도 니네베도 '파괴하는 자'에 의해 텅 비어 황폐한 곳이 될 것이라고 선언한다.(나훔1:1~3:19)

그림 62
니네베 성벽의 수호신 세두-라마수, 이라크 니네베 출토, 기원전 9세기, 베를린 페르가몬 박물관

패권 국가의 출현을 막고자 아시리아의 생존을 돕기로 결정한다. 기원전 614년 메디아에 의해 아시리아의 옛 수도 아슈르가 점령되었다. 2년 뒤 메디아와 바빌론의 동맹군에 의해 아시리아의 심장 니네베가 파괴된다. 그림 62 이제 아시리아는 제국 서부의 무역도시 하란에서 마지막 숨을 몰아쉬는 신세가 되었다.

바빌론-메디아 동맹군의 하란 공략이 시작되었고, 기원전 610년 아시리아의 잔존 세력은 하란마저 포기하고 유프라테스 강 서안으로 물러났다. 기원전 609년, 이전에 맺었던 군사동맹에 의거하여 파라오 네코 2세가 이끄는 이집트군이 아시리아의 하란 탈환을 돕고자 유프라테스 강변의 카르케미시를 향해 나아가기 시작하였다. 남북 통일에 성공한 유다 왕 요시아는 이집트-아시리아 동맹이 역사의 수레바퀴를 되돌리고 유다를 다시 속국으로 만드는 것을 막기 위해 이집트군의 진격을 저지하고자 므깃도로 군대를 이끌고 나아간다. 전쟁의 결과는 유다의 패배, 요시아 왕의 전사였다. 개혁과 독립, 통일의 군주 요시아는 전장에서 생을 마치고 만다.

이집트-아시리아 동맹군의 하란 탈환전이 실패로 돌아감으로써 아시리아의 재기는 좌절된다. 기원전 20세기, 상부 메소포타미아의 유력한 도시국가의 하나로 역사에 그 모습을 처음 드러냈던 아시리아는 한때 이집트마저 지배하는 세계 제국으로 성장했다가 천수백 년 만에 역사의 무대 뒤편으로 사라지고 말았다. 메소포타미아의 패권은 바빌론에게 돌아갔고, 유프라테스 강 서안은 다시금 이집트의 지배 아래 들어갔다. 요시아의 뒤를 이은 유다 왕 여호아하스는 이집트의 파라오 네코 2세에 의해 폐위되어 유배되었다. 여호아하스를 대신하여 그의 형제 엘리아킴이 여호야김이라는 이름으로 왕의 자리에 올려졌다. 유다는 다시 한 번 독립을 잃었고, 이번에는 재기한 이집트의 속국이 되었다.

3 — 무모한 도전, 멸망, 유배

기원전 605년 바빌론군이 유프라테스 강 서안 카르케미시에 머물던 이집트군을 완파하였다. 다음 해 말, 지중해 연안 지역에서 친이집트 세력의 거점 구실을 하던 블레셋의 아스클론이 바빌론군에 의해 점령되었으며, 주민들은 바빌론으로 붙잡혀갔다. 이집트군은 또다시 시나이 반도 서쪽의 국경 안으로 물러났고, 유프라테스 강 서안 전역이 바빌론의 영향권 안에 들어왔다. 그림 63 유다는 바빌론의 속국으로 연명할 수밖에 없게 되었다.[66]

수년 뒤, 이집트군이 다시 국경 밖으로 나왔다. 바빌론이 이에 대응하여 군을 출동시켰지만 승부는 가려지지 않았다. 유다는 속국 상태에서 벗어날 수 있는 기회라고 여겨 '이집트의 후원을 기대하며' 바빌론에 대한 충성을 철회하였다. 기

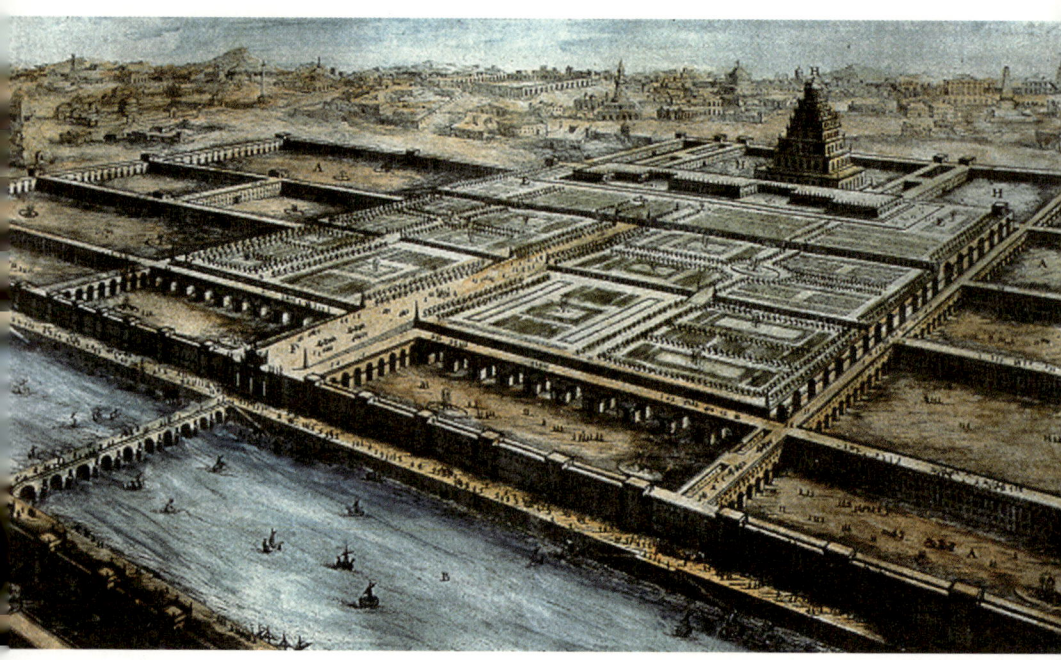

그림 63
바빌론 성 복원도, 요한 베른하르트 피셔, 1721년

원전 598년 바빌론군의 유다 침공이 시작되었다. 예루살렘의 포위를 전후하여 제국에 대한 반란을 주도했던 여호야김 왕은 죽었으며 그 아들 여호야긴이 왕위에 올랐다. 기원전 597년 3월, 유다의 왕과 백성들이 예루살렘 지키기를 포기하고 바빌론 왕 앞으로 나아가 항복하였다. 이로써 유다의 운명은 신바빌로니아 제국

66 아시리아에 이어 바빌론이 중근동의 패권 국가로 자리 잡는 과정을 보면서 선지자 하박국은 이도 역시 하나님의 뜻인지를 '항의조'로 묻는다. '힘으로 자기 신을 삼는 자'들에게 하나님의 백성이 고통받고 살육당하는 일이 계속되는 것도 야웨의 역사의 일부로 받아들여야 하는지를 알고 싶어 한다. 유다가 내외적으로 암울한 상황 아래 있음에도 '밭에 식물이 없으며 외양간에 소가 없을지라도 야웨를 인하여 즐거워하고 하나님을 인하여 기뻐하리라'는 신앙고백을 통해 하박국은 유다 사람들에게 '상황을 넘어서는 믿음'을 가질 것을 권유한다. (하박국1:1~3:19)

그림 64
바빌론 유배, 성 엘리자베스 성시집 삽화, 튀링겐-색슨 화파, 1200~1217년

의 왕 느부카드네자르에게 맡겨지게 되었다.

느부카드네자르는 여호야긴의 삼촌 맛다니야를 시드기야라는 이름으로 유다의 왕위에 오르게 하고, 제국에 저항했던 여호야긴과 그의 관료들, 기술자와 병사들을 바빌론으로 끌고 가도록 하였다. 바빌론으로의 제1차 유배이다. **그림 64** 성전과 왕궁의 보물들도 철저히 약탈되었다. 그렇지만 많은 수의 유다인이 유배되었음에도 불구하고 바빌론이 왕국 체제를 유지하게 하였으므로 유다는 때가 되면 재기할 수도 있었다. 아시리아가 멸망하듯이 바빌론도 언젠가는 역사 무대의 뒤편으로 퇴장할 것이고, 그때에 야웨 하나님이 택한 백성의 나라 유다는 홀로 섬으로서 역사의 승리자로 남을 수 있을 것이다. 선지자들은 이때를 기다려야 한다고 보았고, 이를 위해 당분간은 유다가 바빌론에 종속된 상태를 감수하라고 주장하였다. 이 또한 하나님의 뜻이라는 것이다.

그러나 이집트의 새 파라오 호프라가 유프라테스 강 서안의 국제 질서에 다시 개입하려는 의사를 보이자, 유다의 강경파들은 독립 투쟁을 벌일 시기가 무르익었다고 판단하였다. 이들은 왕 시드기야를 압박하여 반바빌론 투쟁을 선언하도록 하였다. 기원전 589년경, 티레-유다-암몬의 반바빌론 동맹이 출범하였다. 에돔과 모압은 이 위험한 동맹에 가입하지 않았다. 바빌론군이 유다 땅에 진입하였고, 예루살렘은 포위되었다. 예루살렘 구원을 위해 북진하였던 이집트군은 바빌론군에게 패하여 다시 시나이 국경 안으로 물러났다. 기원전 587년 7월, 바빌론군이 예루살렘 성벽을 뚫고 쏟아져 들어옴으로써 유다의 운명은 파국을 맞고 말았다.[67]

바빌론군의 지휘자 느부자라단에 의해 예루살렘이 불타고 성벽은 허물어졌다. 성전과 왕궁, 귀족과 평민의 모든 거처가 숯과 돌의 무더기로 바뀌었다. 바빌론으로의 2차 유배가 단행되었고, 예루살렘은 사람이 살 수 없는 곳이 되었다. 유다는 바빌론의 속주가 되었으며, 유다의 귀족 그달리야가 유다 주의 총독으로 임명되었다. 바빌론에 대한 저항 의지를 굽히지 않던 일부 강경론자들에 의해 그달리야마저 암살당하고 바빌론의 수비대가 공격받아 피해를 입는 사태가 발생했다. 이에 대한 보복으로 바빌론은 유다 주를 분할하여 그 일부를 사마리아 주에 통합시킴으로써 '유다'라는 이름이 지도에서조차 사라지도록 만든다. 기원전

---

[67] 반바빌론 동맹에 가입하지 않았던 모압과 에돔은 바빌론군에 의해 유다의 성읍들이 유린당하는 기회를 틈타 유다의 변경을 노략하고 백성들을 붙잡아간다. 유다 사람들은 다윗 시대 이래 오랜 기간 유다의 속국이거나 동맹국이었던 에돔의 침입을 형제 나라에 대한 일종의 배신 행위로 여기고 분개하였다. 선지자 오바댜는 이러한 에돔에 대해 하나님의 심판이 있을 것이라고 선언한다.(오바댜1:1~21) '바위틈에 거하고 높은 곳에 사는 자' 에돔 사람들은 기원전 5세기경부터 아랍인들의 침입으로 터전을 잃고 유다 남부로 옮겨와 살게 된다.

582년경 바빌론으로의 3차 유배가 이루어졌다.

  3차에 걸친 유배로 말미암아 유다 사람들을 공동체로, 한 민족으로 묶어낼 수 있는 사람들, 유다 땅에서 구심력을 발휘할 수 있는 사람들은 모두 사라졌다.[68] 끌려가지 않은 자들도 이집트, 암몬, 모압 땅으로 흩어졌다. 유다는 제 삶 터를 떠날 꿈조차 꾸지 못했던 소수의 농민만 남은 '거의' 비어버린 땅이 되었다. 이로써 국가로서의 이스라엘 역사, 이집트에서 탈출한 히브리 노예들이 꿈꾼 공동체를 지키고자 세웠던 다윗 왕국의 역사는 700여 년 만에 막을 내리게 되었다. 선지자 예레미야의 예언대로 황폐해진 유다의 땅은 오랜만에 '안식년을 누림같이' 긴 안식을 누리게 되었다.[69]

---

[68] 고대사회의 관례대로 멸망당한 나라의 재기를 막기 위해 바빌론은 유다의 지도층 인사, 주요 분야의 기술자, 병사로 활약할 수 있는 자들을 모두 끌고 갔다. 제의를 주관함으로써 지역 단위의 구심적 역할을 담당할 수 있는 제관들도 모두 데려갔으므로 유다의 남은 백성들은 절기에 따른 제의조차 거행할 수 없게 되었다.

[69] 역대하36:21.

디아스포라와 메시아 운동

시대와 불화한 사람들 1
— 새 하늘과 새 땅의 조건, 심판

1 — 시대를 거스르는 소리

메아리 없는 소리를 쉼 없이 질러야 할 때, 그 기분은 어떠할까. 자신이 속한 무리가 가는 길을 온몸으로 가로막으며 동료의 사나운 눈길과 거친 비난을 받는 마음은 어떠할까. 아무도 함께할 수 없는 삶을 선택받고, 그 길을 걸어야 하는 자의 심정은 어떠할까.

히브리 민족의 선지자들은 시대와 불화한 사람들이었다. 평범한 농부나 목자, 혹은 그러한 사람의 아내였던 사람, 귀족의 집에서 태어나 미래를 보장받은 채 삶을 즐기던 사람, 제사장의 직분을 이어받아 거룩하고 평온한 삶을 영위하던 사람이 어느 날 갑자기 '야웨 하나님의 부르심'을 받고 생판 다른 삶의 세계로 끌려 들어가버린다.[01] 아무도 말하지 않을 때 말해야 하고, 아무도 문제로 느끼지 않는 관습에 이의를 제기해야 하며 모두가 축복을 말하는 자리에서 저주의 말을 뱉어야 한다. 희망이 전혀 보이지 않을 때 미래가 열려 있다고 말하고, 파멸이 임박하였음에도 불구하고 회복을 약속해야 한다. 누구나 즐기고 있는 현재를 부정하고 아무도 믿지 않는 내일을 꿈꾸어야 한다.

★ 이 편의 기본 텍스트는 이사야 1:1~66:24.
01 아모스는 유다 광야의 변두리에서 양을 치던 목자였고, 예레미야는 아나돗의 제사장 힐기야의 아들이었다.

아모스의 아들 이사야는 기원전 742년경, 유다 부흥의 영주 웃시야가 죽던 해에 선지자로 살도록 부르심을 받은 인물이다. 그림 65 그로부터 40년 동안, 중근동의 국제 질서가 변화에 변화를 더하고, 그에 따라 국가로서의 유다의 운명 또한 반전에 반전을 거듭하는 시기에 유다 사람들이 보지 못하는 것을 보고, 시대가 읽지 못하는 것을 읽은 사람이다. 시대는 그를 이해하지 못했고, 사람들은 이 '거스르는 자'를 받아들일 수 없었다. 그럼에도 외치는 소리, 거부하는 몸짓은 계속되었다.

기원전 735년경, 남유다가 유프라테스 강 서안 국가들의 반아시리아 동맹에 가입하기를 꺼리자, 남왕국의 배신을 염려한 시리아 아람-북이스라엘 연합군의 유다 침공이 단행된다. 예루살렘의 운명이 풍전등화의 상태가 될 것을 염려한 유다 왕 아하스와 왕실 관료들은 아시리아의 개입으로 위기를 넘길 생각을 하게 된다. 이사야는 현실의 힘에 의지하지 말고, 보이지 않는 능력에 도움을 청할 것을 주장한다. 아람이나 북이스라엘이나 아시리아는 보이는 힘으로 서로를 누르려고 겨루겠지만, 야웨 하나님은 이들의 힘 너머에 있는 분이라는 것이다. 유다가 아시리아를 의지하면 현실의 힘에 의해 규정되는 질서의 세계로 편입되어 들어가겠지만, 야웨 하나님의 개입을 구하면 보이지 않는 능력이 작용하는 세계의 일원이 된다는 뜻이다.[02]

이사야는 아하스 왕에게 '너는 네 하나님 야웨께 한 징조를 구하되 깊은 데서든지 높은 데서든지 구하라'고 하지만, 왕은 '나는 구하지 아니하겠나이다. 나는 야웨를 시험치 아니하겠나이다'라고 대답한다.[03] 경건한 얼굴로 믿음의 훈련

---

02 이러한 사고방식은 모세, 아론, 훌이 이끈 광야 시대의 대 아말렉 전쟁, 여호수아가 이끈 히브리 민족의 가나안 정복 전쟁에서도 논쟁의 대상으로 떠올랐다. 기브온 도시 동맹과의 동맹 이후 히브리인들은 현실 힘의 논리에 바탕을 둔 가나안 정복 전쟁을 진행할 수밖에 없었다. (앞의 '약속의 땅에 도사린 위험' 참조) 선지자 이사야의 주장은 선민選民으로서 이스라엘 민족의 역사적 궤적에 대한 깊은 통찰을 바탕으로 펼쳐진 것이라고 할 수 있다.
03 이사야7:10~12.

그림 65
이사야, 바티칸 궁전 장식화, 라파엘로, 1512년

을 거부한 것이다. 선지자는 자신의 둘째 아들이 태어나자 이름을 '마헬-살랄-하즈-바즈(급히 노략하라, 서둘러 강탈하라)'라고 지음으로써 예루살렘을 위협하는 아람과 북왕국 연합군의 패배를 예언한다. 그러나 유다는 아시리아의 개입을 구하는 공물을 사자의 손에 들려 보내고 만다.

2 ― 심판의 선언

선지자로 처음 부름을 받을 때, 하나님을 본 이사야는 '화로다. 나여 망하게 되었도다. 나는 입술이 부정한 사람이요 입술이 부정한 백성 중에 거하면서 만군萬軍의 야웨이신 왕을 뵈었음이로다'고 말한다.[04] 이미 이사야는 자신이 속해 살던 사회의 사람들이 어떻게 살고 있는지에 대해 심각한 문제의식을 지니고 있었음을 알 수 있다. 자신도 그들 속의 한 사람, 그들의 일부로 살고 있는 사람이었던 것이다.

'내가 누구를 보내며 누가 우리를 위하여 갈꼬'라는 하나님의 목소리에 '내가 여기 있나이다. 나를 보내소서'라고 답하였지만[05] 이사야 자신도 이 백성의 미래에 대해서는 안타까운 불안함으로 바라보고 있었다. 이 선지자는 듣기는 들어도 깨닫지 못하고, 보기는 보아도 알지 못할 사람들, 성읍이 황폐하고 그 땅에 사는 사람들이 멀리 옮겨져 토지가 모두 못 쓰이게 될 때까지 지금과 같은 삶의 방식을 돌이키지 않을 사람들 속으로 되돌아가 하나님의 말씀을 전하도록 요구받았다. 선지자는 그에 응답하였으며 그렇게 살도록 운명 지어졌다.

아시리아를 부름으로써 유다에 닥쳤던 눈앞의 위기는 지나갔다. 그러나 그 대가로 남왕국은 건국 이래 겪어보지 못한 '속국 시대'를 맞게 되었다. 아시리아

---

04 이사야 6:5.
05 이사야 6:8.

의 신들을 위한 제단이 예루살렘 성전에 마련되었고, 왕 아하스는 그 앞에서 제의를 올려야 했다. 이제 유다는 현실의 힘에 지배받는 나라가 되었으며, 유다 사람들은 중근동의 가장 강력한 힘, 아시리아의 위세에 의존하여 살아가는 백성이 되었다. 야웨 하나님은 현실 너머에서 당신의 백성을 바라보시는 신이고, 아시리아의 신 니스록은 현실을 지배하는 힘의 질서에 직접 관여하는 신인지도 몰랐다.[06] 비록 아시리아에 바쳐야 하는 공물은 과중하였지만 이웃 시리아 아람 왕국의 끊임없는 침략에 시달리는 것보다는 나을 수도 있었다. 아시리아의 속국 유다의 백성으로 사는 것이 사람들에게 참을 수 없는 불만은 아니었던 듯하다.

궁극적으로 시리아 아람과 북이스라엘의 멸망을 부른 남왕국의 아시리아 초대 이후에도 선지자 이사야의 소리는 계속되었다. 이사야는 야웨 하나님께서 현실 세계의 사건들에 개입하신다는 믿음을 버리지 않았다. 다윗의 자손 가운데서 하나님 백성이 겪는 고난과 굴욕을 영원히 끝낼 위대한 존재가 출현할 것이라는 확신에서 물러서지 않았다. 지금 유다는 정화를 위한 징벌의 터널을 통과하고 있으며, 단련의 시간을 견뎌낸 깨끗한 자들을 위한 빛의 세계를 야웨 하나님께서 준비해놓으셨다는 것이다. 선지자는 쉼 없이 외쳤지만 듣는 자의 반응은 미미하였다.

기원전 714년경, 20년에 걸친 아시리아 속국 시대를 끝내려는 움직임이 유프라테스 강 서안 전역에서 불일 듯 일어났다. 이집트 제25왕조의 부추김 속에 광범위한 반아시리아 연합 결성이 시도되었다. 남왕국 역시 이 흐름에 가담할 것이 요구되었고, 유다 왕 히스기야도 예루살렘을 찾는 다수의 서안 국가 사절들의 권유를 긍정적으로 검토할 준비가 되어 있었다. 아시리아로부터 독립할 절호의 기회

---

06 고대의 여러 사회에서 지고의 신, 창조의 신은 현실의 이런저런 일에는 개입하지 않는 것으로 여겨지는 경우가 많았다. 현실에서 겪게 되는 온갖 자연현상과 세속적인 사건들은 창조신에 의해 출현한 기능신이나 문명신들이 일으키거나 조절할 수 있는 것으로 받아들여졌다. 바알, 그모스, 아세라 등은 모두 이미 창조되어 질서가 부여된 세계에 비로소 모습을 드러낸 신들이다.

가 왔다는 분위기가 이 시기에 이르러 유다를 포함한 서안 전역에 널리 번졌는지도 모른다. 그러나 선지자 이사야는 오히려 왕에게 반아시리아 연합에 가담하지 않도록 권유한다. 하나님이 정하신 때가 되지 않았으며, 야웨 하나님은 아직 아시리아를 심판의 바위, 징벌의 막대기로 쓰고 계신다는 것이다.

예루살렘의 백성들이 한창 임박한 독립의 꿈에 젖어 있을 때, 선지자 이사야는 허리에서 베를 끄르고, 발에서 신을 벗은 상태, 곧 전쟁 포로의 몰골로 거리를 쏘다닌다. 이집트의 포로, 구스의 사로잡힌 자가 아시리아 왕 앞으로 끌려가는 모습이다.[07] 반아시리아 동맹 구축이 논의되는 기간 내내, 벗은 몸, 벗은 발로 거리를 걷는 선지자의 흉한 몰골이 예루살렘에서 사라지지 않는다. 블레셋의 아스돗이 중심이 된 반아시리아 연합의 독립 전쟁은 실패로 끝나고, 이 흐름에 적극 가담하지 않았던 유다는 아시리아의 보복을 받지 않는다.

기원전 705년경, 유프라테스 강 서안에서 다시 한 번 반아시리아 연합이 결성된다. 유다는 이 모임에 깊숙이 개입했다. 이집트가 이 작은 나라들의 독립 전쟁을 후원하는 큰 나라였다. 지하 세계를 관장하며, 사람의 삶과 죽음에 관여한다고 믿어지던 이집트 신들의 이름으로 '이집트의 참여'를 약속하는 동맹이 맺어졌다. 수년 뒤 전쟁은 시작되었다. 이사야는 야웨로 말미암지 않은 맹약, 하나님의 신으로 비롯되지 않은 계교는 열매를 맺지 못하리라고 선언한다. '이집트는 사람이요 신이 아니며, 그 말들은 육체요 영이 아니라'는 것이다.[08] 아시리아의 가혹한 지배로부터 벗어나고 싶으면 이집트의 마병과 전차, 신 아닌 신에게 의지하지 말고 이스라엘의 거룩하신 자를 바라보고, 야웨께 구하라고 호소한다. 하지

---

[07] 이집트와 함께 언급될 때의 구스는 나일 강 상류 지대에 자리 잡고 있던 '누비아'를 가리키는 것이 일반적이다. 이집트 제25왕조는 구스에서 온 세력들이 세우고 이끌었다.
[08] 이사야31:3.

만 그는 '선견하지 말라'는 차가운 반응을 얻는다. 선지자에게 돌아온 것은 '우리에게 정직한 것을 보이지 말라. 부드러운 말을 하라. 거짓된 것을 보이라. 정로 正路를 버리며 첩경捷徑에서 돌이키라. 이스라엘의 거룩하신 자로 우리 앞에서 떠나시게 하라'는 식의 조롱 섞인 답변이었다.[09]

결국 저항을 포기한 유다 왕 히스기야는 예루살렘을 살리기 위해 성전과 왕궁을 샅샅이 뒤져 마련한 엄청난 공물을 아시리아 왕에게 바쳤다. 아시리아의 수도 니네베로 왕녀들도 보내야 했다. 기원전 701년에 막을 내린 전면적인 대 아시리아 독립 전쟁의 결과, 아시리아에 대한 유다의 예속은 더 심해졌다. 남왕국의 영토는 크게 축소되었으며 경제는 말할 수 없이 피폐해졌다. 선지자 이사야의 예언대로 제국 이집트의 죽음의 신, 지하 세계의 신은 야웨 하나님의 말씀을 외면한 나라 유다를 구할 수 없었다.

3 — 새 하늘, 새 땅을 향한 소망

기원전 688년경, 예루살렘은 다시 한 번 아시리아군에 포위되었다. 히스기야 왕이 주역의 하나로 참여한 또 한 차례의 반아시리아 동맹에 대한 아시리아 측 반응의 결과였다. 외부로부터 구원군이 올 가능성은 보이지 않았다. 동맹 세력들은 흩어졌으며 고립되었다. 몇 남지 않은 유다의 요새들마저 함락을 눈앞에 두고 있었다. 예루살렘이 돌무더기로 바뀌지 않으려면 말할 수 없이 가혹한 조건을 감수하고라도 항복하는 수밖에 없었다. 아시리아 왕 산헤립과 그가 경배하는 신의 자비에 모든 것을 내맡겨야만 하는 상황이 유다의 '현실'이 되었다. 그림 66

그러나 이사야는 이 현실을 거부하였다. 아시리아에 대한 섣부른 반란을 반

---

09 이사야 30:10~11.

그림 66
아시리아의 신 우갈루, 이라크 니네베 출토, 기원전 645~기원전 640년, 런던 대영박물관

대하며 독립을 꿈꾸던 자들의 맹목성을 비난하던 선지자가 항복하지 않으면 아무도 살아남기 어려운 상황 앞에서 끝까지 버티라고 소리치는 것이 아닌가. 아시리아의 거대한 공성용 기계로부터 날아온 돌덩어리들이 예루살렘 성벽 곳곳을 허물어 내리고, 점령군의 잔인한 발길로 집과 거리가 더럽혀지는 최악의 상황 전개는 이미 초읽기에 들어가 있었다. 그럼에도 불구하고 이사야는 다윗의 성에는 아시리아군의 화살 하나도 쏘아지지 않을 것이며 성을 공략하기 위한 흉벽胸壁도 쌓아지지 않을 것이라고 주장한다. 유다의 죄를 묻기 위해 하나님이 쓰시는 심판의 도구인 아시리아가 자신의 역할을 벗어나 오히려 야웨를 모독했으므로 이제는 더 이상 쓰이지 않게 되리라는 것이다. '갈고리로 코를 꿰고 입에 자갈을 먹여 오던 길로 되돌아가게 하겠다' 는[10] 야웨 하나님의 말씀이 이사야로부터 히스기야 왕에게 전해졌다.

유다 바깥에서 구원군은 오지 않았으나 예루살렘은 구원되었다. 아시리아군은 물러갔으며 도성은 점령되지 않았다.[11] 히스기야 왕의 호소는 전해졌고, 기도는 응답되었다. 선지자 이사야의 예언대로 아시리아가 하나님 심판의 도구에 불과했음이 확인된 것이다.[12] 왕과 백성들에게 예루살렘의 구원은 유다 사람들이 믿는 야웨 하나님만이 참된 신임을 천하만국으로 하여금 알게 하는 사건이었다.

선지자 이사야는 하나님이 다윗과 그의 나라를 축복하였다는 사실을 왕과 백성들이 온전히 믿고 의지했기 때문에 예루살렘이 구원받았다고 믿었다. 유다가

---

10 이사야37:29.
11 예루살렘을 둘러싸고 있던 아시리아군의 진지는 하룻밤 사이에 공동묘지가 되었다!(열왕기하 19:35, 역대하32:21)
12 유다가 일상 접하던 가나안의 소국들이나 세속 문명의 대명사 이집트가 아닌 북방의 강대한 제국조차도 저들의 하나님의 손길 안에 있다는 인식은 유다 사람로서는 새로우면서도 경이로운 것이었다. 세계 제국 아시리아조차 하나님의 도구로 쓰일 수 있다는 이사야의 선언은 유다 사람들, 특히 선지자 학교의 생도들로 하여금 주변 세계를 보는 눈, 인식의 지평을 크게 넓혀 놓았을 것이다.

아시리아를 유프라테스 강 서안 지역의 분쟁에 불러들이지 말 것을 주장하고, 남왕국이 반아시리아 동맹에 가입하지 않도록 권유한 것은 이러한 정책이 왕과 백성들이 야웨께서 저들을 지키시겠다고 한 약속에 대해 의심한다는 증거가 되기 때문이었다. 저들의 하나님을 의심함으로써 신과 그들 사이에 맺어진 언약에 등을 돌렸으므로 야웨께서 자신이 선택한 백성이 아시리아의 압제를 받게 하였다는 것이다.

이사야가 보기에 하나님과 이스라엘 백성들 사이에 맺은 언약은 사람이 그 틀과 내용을 믿지 않음으로써 깨지게 되었다. 바깥으로부터 온 위협은 안에서 시작된 위기로부터 비롯되었다. 계약 당사자의 한 축인 이스라엘이 저들의 하나님과의 관계를 불성실하게 꾸려나간 까닭에 계약을 확인하고 새롭게 하기 위한 야웨의 심판이 준비되었다는 것이다. 이제 이스라엘은 자신들의 그릇된 믿음과 행위로 말미암은 고난과 단련의 시간을 견디내고 새로워져야 한다고 선지자는 말한다.

저들의 하나님은 이미 너무나 오랫동안 형식에 불과한 무수한 제물에 질렸다고 이사야는 선언한다. 숫양의 번제와 살진 짐승의 기름에 배불렀고, 수송아지나 어린 양이나 숫염소의 피로 흘러넘치는 제단을 외면할 지경이 되었다. 이제 야웨는 헛된 제물을 싫어하게 되었다. 분향의 연기를 가증스럽게 여기며, 악이 제거되지 않은 성회를 견딜 수 없게 되었다. 씻지도, 깨끗하게 하지도 않은 채 계속되는 절기의 행사와 제의가 하나님에게는 무거운 짐이 되었다는 것이다. 손에 묻은 피와 자신이 지은 악행을 그대로 둔 상태에서는 제사장과 백성들이 부지런히 성전에 나아와 손을 펴고 기도하더라도 하나님은 눈을 가리고, 귀를 막아 보지도 듣지도 않겠다고 한다. 저들은 하나님의 성전에 제물을 바친 그 손으로 산당 곁 상수리나무 앞에서 사람의 손으로 만든 우상에게 제의를 행하고 술객들, 신접한 자들과 어울린다. 마을에 돌아가서는 가난한 자의 목을 조르고, 고아와 과부를 학대하면서 자신의 육신의 즐거움에 빠져든다는 것이다.[13] 이미 하나님의 백성이라고 보기에는 편의적이고 이중적이며 사악하기까지 한 사고와 행동에 젖어 있는 이런 사람들에게 필요한 것은 엄한 징계의 회초리뿐이다.

그러나 선지자가 보기에 이스라엘 백성에 대한 하나님의 심판은 야웨와 이스라엘 사이에 맺었던 언약의 관계를 회복하기 위한 과정이다. 아시리아와 같은 징계의 도구는 쓰임새가 없어지면 버려지고 이스라엘은 야웨의 빛 속에 다시 들어갈 것이다. 무리가 그 칼을 쳐서 보습을 만들고, 그 창을 쳐서 낫을 만들며, 이 나라와 저 나라가 다시는 칼을 들고 서로 치지 않으며, 전쟁을 연습하지 않는 때가 반드시 올 것이다.[14] 그때에 야웨의 산, 하나님의 전이 있는 유다와 예루살렘은 모든 나라의 중심이 된다는 것이다.

정성 들여 가꾸었지만 좋은 포도가 아닌 들포도를 맺은 포도나무, 자유와 평등을 주었지만 공평 대신에 포학을, 의로움 대신에 압제받는 자의 부르짖는 소리를 들리게 한 자들에게 돌아갈 것은 찍는 도끼, 찌르는 칼과 창, 쇠사슬과 유배일 것이다. 그러나 그루터기는 뽑히지 않으며, 남겨진 자는 돌아올 것이다.[15] 공의로운 심판이 끝나면, 이리가 어린 양과 함께 살며, 표범이 어린 염소와 함께 눕는 세상, 사자가 소처럼 풀을 먹고, 독사굴에 어린아이가 손을 넣어도 아무런 해함도

---

13 이사야는 이러한 사람들을 '소돔의 관원들, 고모라의 백성'이라고 힐난한다.(이사야1:10)
14 이사야2:4의 내용은 시대와 지역에 관계없이 무장평화가 상식으로 통하는 인간 사회의 영원한 꿈이기도 하다. '병기를 녹여 농구를 삼고'라는 구절이, 『삼국사기』「신라본기」문무왕 下에 실린 문무왕의 유조에도 보인다.
15 이하 유다의 해방과 귀환, 심판으로 시련과 고통을 받은 이스라엘의 회복을 선언하는 부분 가운데 일부는 성서 비평학자들에 의해 제2이사야(40~55장), 제3이사야(56~66장)의 저작으로 이해되고 있다. 필자는 이사야서 후반부의 저자가 누구인가에 관계없이 이사야서 자체는 이른바 '이사야 선지자 학교'를 꾸려나갔던 중심인물들과 이사야의 선지자 정신을 계승한 자들에 의해 문서로 정착되었을 것으로 본다. '새 하늘 새 땅'과 관련된 언급들도 대선지자 이사야가 지니고 있던 시각, 인식이 씨앗이 되어 이사야 예언 정신을 이은 사람들에 의해 맺어진 열매로 이해하고 있다. 이른바 '평화의 나라', '새 하늘 새 땅'의 모습은 이사야서 초반부부터(이사야11:6) 마지막까지(이사야65:26) 여러 차례에 걸쳐 반복되어 그려진다.

상함도 없는 그런 시대가 온다고 이사야는 선언한다. '새 하늘과 새 땅'이 열리고[16] 이전 것은 기억되거나 마음에 생각나지 않을 것이라고 선지자는 예언한다. 붉은 산, 메마른 산골짜기에서 샘이 솟고, 그 물이 강이 되어 죽음의 땅을 푸른 초원으로 바꾸며, 사막을 백향목과 잣나무의 숲으로 바꾸는, 그런 상상할 수 없는 일이 야웨 하나님에 의해 일어나리라는 것이다. 버림을 입고, 미움을 당하여 아무도 돌아보지 않게 되었던 자에게 구원의 옷을 입히고, 의의 겉옷을 더하는 '은혜의 해, 신원의 날'이 올 것이다. 오직 야웨가 영영한 빛이 되며, 하나님이 자신의 영광이 되는 시간이 예정되어 있다고 선지자는 말한다.

    기원전 688년경의 위기는 '기적적으로' 극복되었다.[17] 이사야가 선언한 것과 같이 히스기야 왕과 백성들의 간절한 기도, 온전한 믿음은 하나님으로부터 응답받았다. 그러나 심판의 도구는 다시 쓰일 수 있으며, 징계의 회초리는 새 것으로 교체될 수도 있었다. 선지자 이사야는 이 사실을 잘 알고 있었다. 그러나 유다 백성들은 이 부분에 크게 유념하지 않았다. 저들은 약속이 지켜졌다는 사실과 이로 말미암아 유지된 현실 세계에 보다 큰 관심을 기울이고 있었다. 약속 이행의 전제조건은 온전한 '믿음'이며, 이를 확인하게 하는 '공의'였지만, 위기를 넘긴 이스라엘 사람들이 공의가 행해지는 질서를 지향하고, 이를 가능케 하는 삶을 지향할지는 확실하지 않았다. 늙은 이사야는 이 부분에 대한 불안한 예감을 떨칠 수 없었고, 선지자로서의 예언 활동이 이제는 마무리될 수 있을지도 예측할 수 없었다.

---

16 이사야 65:17.
17 산헤립의 아시리아 대군이 '하룻밤' 사이에 몰살되도록 한 것이 구체적으로 무엇이었는지를 성경은 전하지 않는다. 열왕기의 기자는 '하나님의 천사'가 이 무적의 대군을 쳤다는 유다의 전승, 이 전역을 겪은 자들의 신앙고백을 전할 뿐이다.

시대와 불화한 사람들 2
— 죽은 나라와 새 백성을 위한 눈물의 외침

1 — 하나님의 말, 선지자의 입

유다는 이미 사형을 선고받은 나라였다. 되살려질 가능성은 어디에도 보이지 않았다. 유다 왕 므낫세와 아몬의 현실주의에 힘입어 나라와 백성은 아시리아 제국의 그늘 아래에서 안정과 번영을 구가하였다. 그러나 생각이 깊은 사람들의 눈에 남왕국은 더 이상 야웨 하나님이 지켜주는 '다윗의 나라'가 아니었으며, 유다 사람들은 언약의 백성이라고 할 수 없었다. 예레미야는 요시아 왕이 이들 지각 있는 사람들의 지지를 받으며 개혁 정책을 펼쳐 나가기 시작할 즈음 '나라의 죽음, 백성의 버려짐과 흩어짐'을 선포하기 위해 선지자로 부름을 받은 인물이다.

베냐민 땅 아나돗의 제사장 가문 출신인 예레미야는 태어나기 전부터 야웨 하나님에 의해 '열방의 선지자'로 쓰기로 예정되었다고 성경은 전한다.[18] 이 젊은 제사장 가문의 인물은, 소명을 받을 때에 말을 잘하지 못한다며 예상되는 특별한 삶을 피하려 하였다. 그러나 하나님이 직접 그 손으로 그의 입에 '하나님의 말'을 넣음으로써 예레미야는 선지자로서의 가시밭길에 들어서게 된다. 이제 이 선지자는 보고 싶지 않은 것을 보고, 전하고 싶지 않은 말을 그가 사는 세상의 사람들에게 알리게 된다.

★ 이 편의 기본 텍스트는 예레미야1:1~52:34, 예레미야애가1:1~5:22.
18 예레미야1:5.

세계 제국 아시리아는 내란의 소용돌이 속에 정복지에 대한 통제력을 잃어가고 있었다. 이와 같은 흐름을 읽으면서 새로운 통일 이스라엘을 꿈꾸는 유다 왕 요시아는 종교, 사회, 문화 모든 방면에서 개혁을 추진하고 있었다.[19] 하나님에 의해 심판의 막대기로 쓰였던 아시리아는 부러져 불쏘시개로 던져질 시간만 기다리는 신세가 되었다. 유다는 속국 시대라는 고난의 광야를 지나 야웨가 약속한 푸른 숲과 초원에서의 삶을 누릴 때가 된 듯했다. 다수의 유다 사람들에게 요시아 왕의 개혁 정책과 그로 말미암은 성과는 '젖과 꿀이 흐르는 땅에서의 삶'을 회복해 가는 과정이자 그 단계적 실현으로 이해되었다.

그러나 선지자는 자신의 시야가 닿는 어디에서도 생명의 푸른빛을 볼 수 없었다. 예레미야의 눈길 안에서 광야는 끝 간 데 없이 이어지고 있었고, 흙도 돌도 산도 계곡도 죽음의 붉은 빛에 쌓여 있을 뿐이었다. 북이스라엘의 옛 영토로까지 확대된 개혁의 기운이 실제로는 마을과 성읍, 백성과 제사장들의 겉모습만 바꾸어놓고 있음을 선지자 예레미야는 꿰뚫어보았다. 선지자는 하나님의 백성으로 일컫는 자들 가운데 많은 수가 실제로는 묵은 땅을 갈지도 않고, 마음 가죽을 베지도 않은 채 예루살렘에서 주도하는 개혁의 흐름에 함께하는 시늉만 한다는 사실을 읽어내고 있었다. 선지자가 보기에 유다는 여전히 거짓을 고집하고, 야웨 하나님께 돌아오기를 거절하고 있었다.

요시아 왕의 개혁 운동 과정에서 이방 신상이 제거되고, 잡스러운 제의들이 중단되었다. 그럼에도 불구하고 백성들의 마음속에서 유다의 성읍 수만큼 많은 이방신들의 자리는 치워지지 않았다. 저들이 주관한다는 복과 풍요를 저들에게 빌어 약속받고 싶은 생각은 유다 사람들 사이에 그대로 남아 있었다.[20] 예레미야

---

19 요시아 왕이 주도한 종교개혁 운동의 내용과 성과에 대해서는 열왕기하23:4~20, 역대하34:3~7 및 앞의 '분열의 끝 – 남왕국 유다의 멸망과 유배' 2절 참조.

는 요시아 치세에 행해지는 전면적인 개혁이 '현재의 유다'를 내용까지 바꾸지는 못하고 있음을 느꼈다. 곪은 곳을 짜내고, 썩은 부분을 도려내지 않은 채, 겉상처만 소독한 치료로 말미암아 환자는 죽을 것이다. 나라는 멸망하고 민족은 파멸될 것을 선지자는 두려워하고 있었다. 유다는 이미 난파선에 가까웠다. 시온의 성전에서 야웨 하나님이 떠나실 때가 다가오고 있었다. 성전이 파괴되고, 다윗의 왕궁이 불타 재가 될 시간이 되어간다고 선지자는 소리쳤다. 그림 67 그는 그런 사실을 알리고 싶지 않았다. 그러나 하나님의 말씀은 예레미야의 입을 빌려 거침없이 쏟아져 나왔다. 온 땅이 황폐해지고 사람이 없으며, '공중의 새까지 다 날아가 버리는'[21] 재앙의 날이 곧 오리라는 것이다.

2 — 호소, 외면, 절망

현실 질서의 파괴와 사회의 멸망을 선언하는 예레미야의 외침이 이를 듣는 자들에게는 회개를 촉구하는 고뇌에 찬 설교가 아니라 무책임한 선동, 잔인한 저주였을지 모른다. 사람들은 '오라 우리가 꾀를 내어 예레미야를 치자. 혀로 그를 치고, 그의 아무 말에도 주의치 말자'며[22] 선지자의 예언의 소리를 외면하였다. '야웨의 말씀이 어디 있느냐. 이제 임하게 할지어다'라는 식의 말로 주의 이름으로 일컬음을 받는 자를 놀리며 그 마음을 괴롭게 하려 한다. 친한 친구조차도 예레미야가 유혹을 받아 타락하기를 기다렸다. 어떤 사람들은 그를 산 자의 땅에서 끊어서 그 이름으로 다시 기억되지 못하게 하자며 선지자의 살해를 모의한다.

---

20 '아세라 목상들과 아로새긴 우상들을 빻아 가루로 만들며 온 이스라엘 땅에 있는 모든 태양상을 찍고 예루살렘으로 돌아왔다'(역대하34:7b)는 성경 구절은 역으로 이스라엘에 만연했던 아세라 여신 및 태양신 숭배를 확인시켜준다. 물론 아세라 여신 및 태양신 숭배는 이집트에서처럼 풍요·다산 제의와 깊은 관련이 있다.
21 예레미야4:25.
22 예레미야18:18.

그림 67
예루살렘 구성벽 지역

예레미야는 자신이 하나님으로부터 받은 소명대로 살고자 애를 쓰지만, 이로 말미암아 받는 고통과 상처로 괴로워한다. 비록 주의 말씀을 받는 것이 본질적으로는 기쁘고 즐거운 일이라고 할지라도 그 말씀을 세상에 전하는 순간, 선지자는 그의 이웃, 동족으로부터 외면당하고, 비난받으며, 저주의 소리를 듣는다. 예레미야는 하나님의 분노를 자기 민족에게서 돌이키고자 야웨 앞에서 유다 백성들을 위하여 기도하고 동족에게는 길 아닌 길에서 나와 온전한 믿음의 길을 걸을 것을 거듭 촉구한다. 하지만 그에게 돌아오는 것은 모욕과 다툼, 박해, 죽음의 위협뿐이다. 선지자는 어찌하여 자신이 어머니의 배 속에서 죽어 나오지 않았는지를 안타깝게 여길 정도로 자기 연민에 빠진다. 죽고 싶을 정도의 절망에서 한순간 헤어 나오지 못하기도 한다. 소명받은 자로서의 삶이 그에게는 슬픔과 수욕의 나날이기도 했다.

그러나 '다시는 야웨를 선포하지 아니하며, 그 이름으로 말하지 아니하리라'고 생각하며 결심을 하려 하는 순간이면, 선지자 예레미야는 하나님의 말씀이 가슴에 불을 지르고, 뼈를 사르는 것 같은 느낌을 받고는 했다.[23] 야웨의 말씀을 토해내지 않으면 가슴이 뜨겁고 마음이 답답하여 견딜 수 없는 것이다. 결국 평범한 제사장의 삶으로 되돌아가고자 하는 선지자의 개인적 소망은 뒤로 밀려나고, 하나님 앞에 선 자로서의 삶은 재개된다. 예언은 계속되고, 조롱과 외면 또한 반복되는 것이다.

기원전 609년경, 정력적으로 개혁과 통일을 추진했던 유다 왕 요시아가 므깃도에서 벌어진 이집트군과의 전투에서 전사한다. 유다군에 가로막히는 바람에 아시리아군의 하란 탈환전을 제대로 돕지 못한 파라오 네코 2세의 이집트군은 뒤늦게 바빌론군과 맞부딪친 카르케미시 전투에서 대패한다. 이로써 이집트는 유프라테스 강 서안 전역의 지배권을 다시 확보하는 데에 실패한다. 아시리아는 완전히 멸망하고 메소포타미아의 패권은 바빌론에 돌아간다. 비록 시리아 일대에 대한 영향력은 지니지 못하게 되었지만 이집트는 레바논과 팔레스티나에 대한 간섭은 가능하게 되었다. 파라오 네코 2세는 요시아 왕의 뒤를 이은 유다 왕 여호아하스를 폐위시킨 뒤 이집트로 데려가고, 그 형제 엘리아김을 여호야김이라는 이름으로 유다의 왕위에 오르게 한다.

요시아 왕이 주도했던 남북의 통일과 사회 전 분야의 개혁은 왕의 전사, 유다 내정에 대한 이집트의 간섭으로 말미암아 그 성과의 유지를 가늠할 수 없게 되었다. 더구나 요시아 왕의 치세에 추진되었던 개혁은 하나님 백성으로 일컫는 자들의 생활과 의식 깊숙한 곳에 이르기까지 영향을 미치지는 못하였다. 유다와 이스

---

23 예레미야20:9.

라엘 주민들의 삶을 속속들이 새롭게 하는 데까지는 이르지 못했던 것이다. 그런 상황에서 유다는 다시 온갖 형상과 기능을 지닌 신들의 나라, 갖가지 신들을 위한 제의로 낮과 밤을 보내는 나라 이집트의 속국이 되고 말았다.

예레미야는 이와 같은 상황의 반전을 내다보고 있었다. 꼭두각시 왕 여호야김의 치하에서 요시아 시대 개혁의 성과는 물거품이 되고 말았다. 아시리아의 민족 혼합 정책으로 정체성을 잃어가던 옛 북왕국 땅의 주민들이 통일 유다의 주민이라는 인식을 가지지 않으려 하는 것은 어쩌면 올 수밖에 없는 현상인지도 몰랐다. 이스라엘이 야웨의 말을 듣지 아니하고 하나님의 법을 버렸으면서도 당사자는 그런 사실조차 깨닫지 못하고 있었다.

유다의 지도자와 백성들이 스스로 '율법을 알고 있다' 고 생각하는 까닭에 심판은 계속 진행된다고 선지자는 선언하였다. 길과 행위를 바르게 하고 이웃들 사이에 공의를 행하며, 이방인과 고아와 과부를 압제하지 않고, 무죄한 자의 피를 흘리지 않으며 다른 신들을 좇아 스스로 해하지 않아야 하나님이 저들의 조상에게 준 땅에 영원히 살게 할 텐데, 이스라엘의 삶이 그렇지 않다는 것이다. 도적질, 살인, 간음, 거짓 맹세에 익숙한 자들이 하늘 황후를 위하여 과자를 만들며, 또 다른 신들에게 분향하고 전제奠祭를 부으면서, 야웨의 성전에 들어와서는 '우리가 구원을 얻었나이다' 라고 고백한다.[24] 이러한 동족의 모습을 보면서 예레미야는 절망하였다. 선지자의 눈에 저들은 끓는 가마로부터 쏟아져 내리는 뜨거운 물로 마지막 남은 자까지 멸망당하도록 버려질 존재였다.

선지자 예레미야의 간절한 호소가 유다의 왕과 제사장, 선지자, 백성들에게는 번거로운 참견에 불과했다. 제사장이 허리에 두르는 베띠를 유프라테스 강가에 묻었다가 꺼내 썩어서 쓸모없게 된 상태를 확인시킴으로써 선지자는 예루살렘

---

24 예레미야7:10.

의 멸망을 예언하였다. '모든 병이 포도주로 차리라'고[25] 함으로써 안일과 향락의 보장이 아닌, 부패와 타락의 말로가 어떠할지를 알리려 하였다. 예레미야는 하나님이 자신의 집을 버리며 산업을 내던져 사랑하시는 것을 그 대적의 손에 붙이기 전에, 빛이 사망의 그늘로 변하여 침침한 흑암이 되도록 하시기 전에 유다가 자신이 전하는 말에 귀를 기울이고 야웨 앞으로 돌아오라고 소리쳤다.

그러나 예레미야는 예루살렘 성전이 실로의 성소처럼 파괴될 것이며, 다윗의 성이 세계 열방의 저주 거리가 되리라는 야웨의 전 뜰 앞에서의 예언으로 말미암아 제사장과 선지자, 백성들에게 붙잡혔고, 곧 성전을 모독하고 반국가적 발언을 했다는 이유로 고발당한다. 방백과 장로, 일부 백성들이 '하나님 야웨의 이름을 의탁하여 말하였으므로 죽일 수 없다'며 변호하고 보호함으로써 예레미야는 죽음 직전에서 간신히 구출된다.[26] 실제 기럇여아림 출신 선지자 우리야의 경우와 같이 이 시대의 유다에서는 유다의 어두운 미래에 대한 예언을 했다는 이유로 외국의 망명지에서 붙잡혀 와 왕의 명령으로 죽임을 당하는 경우도 있었다.

3 ─ 죽음의 시간 너머로 본 소망

선지자들은 사망의 길에서 돌이켜 야웨에 대한 온전한 신뢰라는 생명의 강 곁으로 돌아오라고 외쳤다. 그러나 이들의 호소는 하나님이 바빌론을 물리치고 유다에 자유를 주리라며 평화를 예언하는 또 다른 선지자들, 왕의 상 곁에서 음식을 먹는 직업적 예언자들의 희망의 소리에 파묻힌다.[27] 예레미야가 구술하고 바룩이 기록한 하나님 말씀의 두루마리가 왕 앞에서 낭독되지만 유다 왕 여호야김은 들었던

---

25 예레미야13:12.
26 예레미야26:16~19.
27 이들은 흔히 '평화의 예언자들'이라 불렸다.

부분을 차례차례 칼로 잘라내 화로에 던져 불태워버린다. 왕과 백성이 하나님의 말씀을 듣고 두려워하며 옷을 찢고 악한 길에서 돌이키는 일은 일어나지 않았다.

기원전 597년 3월, 예루살렘은 바빌론에 항복하였다. 이집트의 속국이 되었다가, 바빌론에 조공하는 나라가 되었던 유다가 다시 이 북방 제국의 수하에서 벗어나려고 했던 결과이다. 바빌론군의 전면 침공으로 예루살렘 외의 성읍 가운데 온전한 곳은 남지 않게 되었다. 왕과 관료, 제사장과 기술자들, 예루살렘의 유력한 백성들과 병사들이 대거 바빌론으로 잡혀갔다. 국가는 과육을 잃고 껍질만 남은 과일과 같아졌다.

선지자 예레미야는 포로로 잡혀간 이들에게 그 땅에서 정착할 것을 권유하는 편지를 보낸다. 예레미야는 편지에서, 그들과 함께 잡혀간 선지자들이 하나님의 손길이 오래지 않아 바빌론을 멸망시키고 포로가 된 자들의 귀환을 가능케 하리라고 예언하여도 믿지 말라고 쓴다.[28] 포로 생활은 70년이라는 기간 동안 계속되리라는 것이다. 선지자는 줄과 멍에를 만들어 목에 얹은 모습으로 백성들 앞에서 예언한다. 바빌론 제국이 유다와 다른 민족들의 목에 얹은 멍에를 하나님의 심판으로 알고 감수해야 한다는 뜻이다. 또 다른 선지자 하나냐가 예레미야의 목에서 멍에를 벗기고, 그것을 꺾으며 두 해 안에 바빌론이 멸망할 것이라고 예언하자 이 선지자는 조용히 그곳을 떠난다. 예레미야에게 다시 임한 하나님의 말씀은 꺾어

---

[28] 예레미야는 야웨 하나님의 이름으로 거짓 예언한 인물로 아합, 시드기야를 거론하고 있다.(예레미야29:21~23) 이로 보아 당시의 국제 정세와 유다 사람들이 처한 상황에 대한 판단, 대처 방식을 두고 선지자 그룹 안에서도 의견이 극단적으로 갈리고 있었음을 짐작할 수 있다. 예레미야는 유다 사람들이 당하는 고난이 하나님 백성의 오랜 배교 행위에 대한 심판이므로 해방은 근본적인 회개라는 과정을 거쳐야만 가능하다고 본 반면, 다른 선지자들은 심판받음으로 이미 해방의 조건은 갖추어졌다는 입장을 고수하고 있다. 이러한 시각 차이로 말미암은 논쟁은 이후 존재하는 모든 크리스천 사회의 현재에 대한 평가, 미래에 대한 전망을 둘러싸고 반복되고 있다고 해도 과언이 아니다.

그림 68
폐허가 된 이집트의 신전 유적, 이집트 룩소르

진 나무 멍에를 대신할 쇠멍에가 준비되었다는 것이다.

　예레미야의 만류에도 불구하고 반바빌론 동맹은 다시 결성되었고, 전쟁은 재개된다. 예루살렘은 다시 한 번 포위되지만, 구원을 약속하며 출정했던 이집트 군은 바빌론군을 꺾지 못하고 이집트 강 건너로 물러난다. 그림 68 기원전 588년 1월, 바빌론군에 의해 예루살렘이 포위될 즈음부터 선지자 예레미야는 유다 왕과 백성들에게 항복을 권유한다. 그렇게 하지 않으면 성은 함락되고 많은 사람들이 죽음을 면치 못하리라는 것이다. 백성들의 항전 의지를 꺾어버리는 이 예언으로 말미암아 예레미야는 진흙 구덩이에 던져졌다가 다시 시위대 뜰에 갇혀 사는 신세가 된다. 심판의 시간이 지나면 회복의 때가 온다는 사실을 백성들로 하여금 알게 하기 위해 예레미야는 연금 상태에서 고향 아나돗에 있는 숙부의 아들 하나멜의 밭을 산다. 선지자는 예언한다. '사람이 이 땅에서 집과 밭과 포도원을 다시 사게 되리라.'[29] 기원전 587년 7월, 성은 함락되고 왕궁과 집들은 불타 재가 되며, 왕과 백성들은 붙잡혀 북방의 먼 땅 바빌론으로 옮겨진다. 그림 69

자신의 눈앞에서, 자신이 예언한 대로 다윗의 나라가 사라지고 백성이 흩어지는 것을 본 예레미야는 하나님과 이스라엘 사이의 새 언약을 선언한다. 다윗의 집안에서 한 의로운 가지가 나와 죄와 불의로 더럽혀졌던 땅, 이방 제국을 통한 심판으로 오랜 시간 동안 휴식을 취하게 된 땅에 공평과 정의를 실행할 것이라고 예언한다. 포로 된 자의 해방과 구원이 있을 것임을 말한다. 그러나 지금은 포로되어 옮겨진 땅에서 집을 짓고, 씨를 뿌리며 포도원을 가꿀 때였다.

예루살렘의 함락과 함께 시위대 뜰에서 놓여 난 예레미야는 유다에 남든지, 바빌론으로 옮겨가든지 자유롭게 선택하라는 바빌론 측의 제안을 받고 유다에 남기로 한다. 유다에 남겨진 자들에게 희망을 주고자 함이다. 그러나 총독으로 임명된 그달리야가 흩어졌던 백성들을 유다 땅으로 모아들이던 중 항전파 유다인들에게 암살되자 유다는 다시 혼란에 빠진다. 유다의 남은 지도자들은 바빌론의 보복을 우려하여, 선지자가 이집트로의 망명이 하나님의 뜻이 아님을 강조하였음에도 불구하고, 예레미야를 데리고 유다 땅을 떠나 이집트의 다바네스로 들어간다.

40여 년에 걸친 예레미야의 예언은 메아리 없는 외침이 되고 말았다. 유다는 멸망을 향한 달음질을 그치지 않았고, 결국 깊은 파멸의 나락으로 떨어져버렸다. 남은 자들이 중심이 된 새 공동체 수립의 꿈도 좌절되었다. 포로 된 자들처럼 유다 땅에 남은 자들도 바빌론의 침공과 유다의 멸망을 하나님의 심판으로 여기지 않기는 마찬가지였다. 저들은 야웨의 징계가 어떤 신앙적 의미를 담고 있는지를 알지

---

29 예레미야32:15.

그림 69
바빌론 이슈타르 문 모형, 베를린 페르가몬 박물관

못했고, 때문에 자신들의 삶과 생각을 되돌아보고 이를 새롭게 할 수도 없었다.

그러나 그 외침대로 따르기는 거부하였지만 많은 유다 사람들이 예레미야를 하나님의 소리를 전하는 자로 여기고 있었다. 유다 사람들에게 어떤 이는 하늘 여신의 뜻을 전하는 자였고, 또 다른 어떤 인물은 바알과 아세라의 요구를 알려주는 사람이었다. 선지자 예레미야는 야웨의 말씀을 선포하는 이였다. 저들에게는 이런 사람들이 일상의 삶 속에서나, 특별한 순간에 모두 필요했다.[30] 예레미야는 이런 생각을 지닌 사람들에게 강제로 끌려 이집트로 들어간 것이다.

선지자의 소리는 이집트에서도 그치지 않았다. 예레미야는 이집트가 바빌론에 정복될 것을 예언하였다. 나라의 멸망을 회개의 기회로 삼지 않고 이집트로 망명한 유다 사람들에 대한 엄격한 심판을 선언하였다. 하늘 여신에 대한 제의의 중단이 저들이 마주친 재앙의 원인이라고 여기는 유다의 망명자들에게 칼과 기근으로 말미암은 멸절을 예고하였다. 이집트에 사는 유다 사람들의 입에서 '주 야웨의 사심으로 맹세하노라' 는[31] 말이 더 이상 나올 수 없게 될 정도로 심판은 철저하게 이루어질 것이라고 선지자는 말한다. 이 예언을 끝으로 선지자 예레미야는 역사의 현장에서 모습을 감춘다. 선지자의 삶이 어떻게 마쳐졌는지는 알 수 없다. 기원전 567년경, 바빌론의 이집트 침공이 이루어지고 이집트의 주요 도시들은 초토화된다. 신들의 집은 불타고, 이집트인뿐 아니라 유다인을 포함한 수많은 외래 이주민들이 죽임을 당하거나 포로가 되며 노예로 팔려간다.

---

30 유다 사람들은 오래전부터 종교 혼합주의에 빠져 있었다. 야웨 하나님도 저들의 삶을 지켜주는 여러 신들 가운데 하나였다. 예레미야는 요시야 왕의 개혁이 이와 같은 혼합주의적 사고를 불식시키는 데까지는 나가지 못했던 점을 우려하고 이를 지적하였다. 요시야 왕의 전사 이후, 종교개혁의 성과들이 잠깐 사이에 '없었던 일'이 되어버리고 유다가 멸망을 향해 치달을 것임을 이 선지자는 예측하고 있었던 듯하다.
31 예레미야44:26.

정화된 소수의 귀향

1 — 유배된 자들의 삶

기원전 597년, 한 무리의 유다인 포로들이 바빌론에 도착하였다. 바빌론 행정관의 명령으로 먼 남방에서 끌려온 이 포로들은 다시 몇 무리로 나뉘어 바빌론과 남부 메소포타미아의 크고 작은 마을들로 옮겨져 그곳을 터전으로 삼아 살아가도록 조치되었다. 유다 사람들은 듣지도 보지도 못한 낯선 땅이었지만 이곳에 이르기까지 목숨을 부지시켜준 저들의 하나님 야웨께 번제를 드리며 감사하는 기도를 올렸다. 이들은 고향 땅으로 되돌아갈 날을 꿈꾸며 머나먼 이국에서의 새 삶을 시작하였다.

바빌론에 의한 1차 유배 이후에도 남왕국 유다는 바빌론의 속국 상태로나마 국가 체제를 유지하고 있었다. 고국에서 선지자 예레미야로부터 사로잡혀 간 땅에서 정착하라는 편지가 전해졌다.[32] 그러나 유배된 유다 사람들은 하나님의 백성을 고난에 빠뜨린 바빌론이 하루 빨리 심판의 뜨거운 풀무 불에 던져져 포로가 된 자들의 귀환이 가능해지기를 바랐다. 기원전 594년 전후, 바빌론에서 일어난 유대인의 폭동도 해방과 귀환이 눈앞에 있다는 유배자 집단 안에서의 선동적 믿음에서 비롯된 것이었다.

★ 이 편의 기본 텍스트는 에스라1:1~6:22, 에스겔1:1~48:35, 학개1:1~2:23, 스가랴1:1~14:21.
32 예레미야29:1~23.

1차 유배 당시 예루살렘 성전 제관들과 함께 먼 북방 땅으로 끌려온 에스겔은 바빌론에서의 폭동이 진압된 지 얼마 지나지 않아 하나님의 말씀을 전하도록 부름을 받았다. 그림 70 선지자의 첫 번째 예언은 다윗의 나라에 내릴 하나님의 엄격한 심판에 관한 것이었다. 사로잡힌 자들의 기대와는 너무나 다른 말씀이 에스겔의 입에서 쏟아져 나왔으나 유다 사람들은 오래지 않아 고향 땅으로 되돌아갈 수 있다는 꿈을 버리지 않았다. 저들은 자신들이 받을 고난은 이미 충분히 받았으므로 남은 것은 회복의 시간뿐이라고 믿고 있었다.

에스겔은 진흙 벽돌 위에 예루살렘 지도를 그린 다음, 둘레에 운제雲梯를 세우고, 토둔을 쌓고, 진을 치며, 공성퇴攻城槌를 둘러 세워 성도聖都가 포위되어 공략당하는 상황을 연출함으로써 돌이킬 수 없는 심판의 시간이 다가왔음을 알린다. 또한 390일 동안 모로 누워 지내면서 쇠똥으로 피운 불에 여러 가지 곡식 가루를 뒤섞어 반죽한 빵을 구워 포위당한 성읍 사람들처럼 일정하게 양을 달아 먹고, 물도 그렇게 마신다. 선지자는 또한 삭도로 수염과 머리털을 깎은 뒤, 저울에 달아 나누었다가 1/3은 성읍 안에서 불사르고, 1/3은 성읍 사방에서 칼로 짓이기고, 1/3은 바람에 날리며, 나머지는 자신의 옷자락에 싸두었다가 다시 일부를 불에 던져 사르는 식으로 유다가 겪을 고난을 예시하였다. 예루살렘은 잿더미가 되며, 유다 백성들은 학살되고, 흩어지는 비운을 겪게 되리라는 것이다. 에스겔은 또한 한낮에 행구를 집 바깥에 내놓았다가 저물 때에 성벽을 뚫고, 캄캄할 때에 행구를 내다가 이웃 사람들의 눈앞에서 어깨에 메고 성벽의 뚫린 자리로 나갔다. 유다 사람들이 예루살렘의 함락 뒤, 사로잡힌 자 되어 먼 땅으로 끌려가는 모습을 연출한 것이다.

유다를 비롯한 유프라테스 강 서안 작은 나라들에서 최후의 반바빌론 항쟁이 논의될 즈음, 에스겔은 아내를 잃고도 슬퍼하거나 울거나 눈물을 흘리는 모습을 보이지 않았다. 고통스러울 정도로 심한 슬픔으로 '감정의 표현이 불가능해진 상

그림 70
에스겔, 바티칸 시스틴 성당 장식화, 미켈란젤로, 1512년

태'를 나타낸 것이다. 유다의 멸망이 눈앞에 닥쳤다는 것이다. 기원전 587년 7월, 예루살렘 성벽이 뚫리고 바빌론군이 성내로 진입함으로써 유다의 역사는 종말을 고했다. 2차 유배가 단행되어 다시 많은 유다 사람들이 바빌론으로 끌려왔다. 유다 총독 그달리야의 암살을 둘러싼 소요를 계기로 기원전 582년, 3차 유배가 이루어졌다. 또 한 무리의 유다 사람들이 남부 메소포타미아로 옮겨졌다. 유다는 이제 바빌론의 속주로도 존재하지 않게 되었다.[33] 역사 지도에서 유다는 완전히 사라지고 말았다.

    선지자 예레미야의 편지대로 바빌론 그발 강가로 옮겨진 유다 사람들은 고향으로부터 멀리 떨어진 이 땅을 새 삶터로 삼을 수밖에 없게 되었다. 집을 짓고 땅을 갈아 농사를 지으며 새 땅에서 번성하기를 꾀하라는 당부가 불가피한 현실이 되고 말았다. 유다 사람들은 농사를 짓거나 장사를 하며 정기적으로 회당에 모여 저들이 야웨 하나님과 언약을 맺은 민족의 후손이라는 사실을 재확인하고는 하였다.[34] 다윗의 나라가 존재하지 않게 된 이 마당에 저들을 하나의 공동체로 남아 있게 하는 것은 저들의 야웨 하나님에 대한 신앙, 그로부터 비롯된 새 공동체로서의 이념뿐이었다. 저들은 어떤 면에서는 이스라엘 건국 이전의 상태로 되돌아가 새로 시작하고 있었다. 히브리 공동체가 아닌 '유다 공동체'로 출발한다는 점이 다르다면 다른 점이었다. 이 차이가 보기에 따라서는 매우 작을 수도 있고, 다른 측면에서는 대단히 큰 부분일 수도 있었다.

---

33 유다 주는 사마리아 주에 통합되었다. '분열의 끝' 3절 참조.
34 예루살렘 성전에서의 제의가 불가능해진 상태에서 유배당한 자들, 포로로 잡혀온 자들은 정기적으로 특정한 장소에 모여 율법을 듣고 배우는 것으로 제의를 대신할 수밖에 없었다. 공동체 단위로 만들어진 이 정기적인 율법 강독의 장을 유다 사람들은 '회당(시나고그)'이라 불렀다. 포로 생활 이후, 회당은 유다 사람들이 종교·문화적 의미의 공동체성을 확인하고 강화시키는 데에 핵심적인 기능과 역할을 담당하게 된다.

2 — 소망을 담은 성찰

나라를 잃은 민족, 나라를 세우지 못한 겨레에게 역사는 공동체로서의 존속을 허용하지 않는다. 제국으로 성장하는 데에 성공한 나라들은 '제국'을 유지하기 위해 이주와 혼혈로 피정복 민족의 저항, 피정복 국가의 재기를 막으려 했다. 실제 대부분의 경우, 이러한 정책은 정복당한 자들이 정복한 자들과 한 나라에 속해 살고 있다고 믿게 하는 데에 큰 도움이 되었다. 옮겨지고, 흩어져, 섞여 살면서 한 민족으로 꾸려나갔던 역사는 잊혀지고, 새로운 말과 문화에 익숙해질 즈음이면 한때 존재했던 특정 민족은 사라진다. 저들이 있던 자리는 제국에 충성하는 시민과 그의 자녀들로 채워지게 되는 것이다.

제국의 수도 바빌론은 불타버린 성도 예루살렘과 그 안의 성전에 비하면 위대한 마르두크 신의 영광으로 가득한 세계의 중심 그 자체였다. 야웨의 성전과 마르두크 신의 신전은 규모와 화려함에서 비교가 될 수 없는 두 세계의 상징과 같았다. 예루살렘 성전은 초라하고 보잘 것 없는 변두리의 성소에 불과했으며, 성전의 주인 야웨는 자기의 백성도 보호하지 못하는 힘없는 시골 사람들의 신들 가운데 하나처럼 보였다. 자신들이 믿던 하나님이 정말 천지와 사람을 창조하신, 신으로 불릴 수 있는 유일한 분인지, 과연 신들의 왕, 신들 가운데 최고의 존재인지 확신하기가 어려웠다.

예루살렘 성전의 하나님이 바빌론의 마르두크 신보다 정말 강하고 힘 있는 신인지, 왜 그 하나님은 예루살렘 성전에서 떠나시고, 자신의 처소를 불타게 내버려두었는지 바빌론의 포로 된 자들은 이해할 수 없었다. 과연 누가 참 신이고 어떤 사람들이 선택받은 민족인가. 우리의 선택받음은 아직도 유효하며, 우리의 하나님은 여전히 건재하신가. 성전도 헐리고 불타버린 지금, 이곳 바빌론에서 야웨 하나님께 번제를 드리는 것이 과연 옳은가. 가능한 일인가. 유효한가. 우리의 하나님은 지금 어디에 계신가. 포로 된 유다 사람들은 이러한 의문들에 휩싸인 채,

새 환경에 적응하고자 힘썼다. 새 삶의 터전에서 민족으로서, 공동체로서의 지표를 찾고자 애썼다.

에스겔은 의인의 의도 자기에게로 돌아가고, 악인의 악도 자기에게로 돌아가듯이 민족, 혹은 공동체와 하나님의 관계는 각각의 개인과 야웨의 관계의 연장선상에 있음을 말한다. 죽는 자의 죽는 것을 기뻐하지 않으며, 악인이 그 죄에서 돌이켜 사는 길에 들어서는 것을 바라고 기뻐하시는 야웨 하나님을 바라볼 것을 촉구한다. 성전은 야웨가 선택한 가시적인 처소였을 뿐이다. 천지를 창조하신 하나님은 세상의 어느 곳이든지 그분이 자신의 백성으로 삼은 자들이 머무르는 곳에 함께하신다고 선지자는 말한다.[35] 하나님은 여전히 그분을 신으로 믿고, 그분에 대한 신앙을 고백하는 사람들 속에 머무르신다고 확언한다. 문제는 바빌론의 포로 된 자이건, 그렇지 않은 자이건 유다 사람 각각이 자신과 하나님의 관계를 어떻게 인식하고 있는지, 실제 그분에게 진실한 신앙을 고백하고 있는지였다. 제의, 제의 절차와 방식, 제의 장소는 그 다음의 문제였다.

이스라엘과 유다가 당한 고난은 아시리아나 바빌론의 신들의 힘으로 이루어진 역사가 아니라 야웨 하나님이 당신이 선택한 백성들의 죄악으로 말미암아 그들에게서 얼굴을 돌렸음을 알리는 사건이었다. 마르두크 신이나 느보 신은 대장장이와 목수가 금속을 녹여 부어내고 나무를 잘라 깎아 만든 우상에 불과하다. 그림 71 그

---

[35] 바빌론 창조 설화 '에누마 엘리시'에 따르면 마르두크는 신선한 물(아프수 신)과 소금기 어린 물(티아마트 신)이 뒤엉키면서 창조된 일꾼신들 가운데 하나인 에아의 아들이다. 일꾼신들을 이끌고 창조신들과의 전쟁을 승리로 이끈 마르두크는 티아마트를 두 동강 내어 하늘과 땅을 만들고, 킹구 신의 몸을 잘라 일꾼신들의 일을 떠맡을 인류를 창조한 뒤 최고신의 자리에 올라 안식에 들어간다. 바빌론의 신년 축제는 이 마르두크 신의 대권을 해마다 갱신하고 재확인하는 절차였다. 에스겔은 창조된 뒤, 새로운 창조 세계를 연 바빌론의 마르두크 신과 처음부터 스스로 있는 신 야웨의 본질적 차이를 잘 인식하고 있었으며 이를 포로가 된 유다 사람들이 가슴에 담고 머리에 새기게 하려 애쓴 듯하다.

그림 71
바빌론의 드래곤, 복원 모형, 베를린 페르가몬 박물관

러나 하나님은 필요에 의해 이런 우상들을 받드는 자들로 하여금 자신의 백성들에게 연단의 채찍을 휘두를 수 있도록 하신다는 것이다. 제2의 이집트 탈출은 예정되어 있지만, 그전에 포로가 된 자들 가운데 여전히 남아 있는 우상을 숭배하려는 마음, 하나님으로부터 받은 규례를 지키지 않고 편의적으로 살아가려는 태도는 버려야만 한다. 죽은 자들의 마른 뼈가 다시 이어져 그 위에 힘줄이 생기고 살이 오르며 가죽이 덮인 뒤, 생기가 들어가 되살아나는 놀라운 역사를 하나님이 일으키시려 하지만, 포로 된 자들 가운데 이에 대한 소망이 없다면 의미도 없고, 실현될 필요도 없는 일이다. 바빌론에 붙잡혀온 자들 자신이 야웨께 새 마음, 새 영을 주실 것을 간절히 구하고, 하나님과 영원한 화평의 언약을 맺을 것을 꿈꾸며, 그 소망을 가꾸어 나갈 필요가 있었다. 이집트 탈출 과정에서도 그러했듯이 바빌론으로부터 해방되기에 앞서 유다 사람들은 새 백성, 새 공동체로 다시 태어나야만 했다.

3 — 허용된 귀환에 응한 소수

기원전 539년, 페르시아군이 바빌론을 무혈점령하면서 신바빌로니아 제국은 역사 지도에서 그 모습을 감추었다. 기원전 538년, 서부 아시아의 새로운 통치자 키루스 2세(키루스 대왕)에 의해 '유대인 해방'이 선언되었다.[36] 키루스의 포고령에 의해 자신의 땅에서 쫓겨나고, 고국으로부터 먼 이역으로 강제로 옮겨졌던 유다 사람들이 원하면 고향 땅으로 되돌아갈 수 있게 되었다. 예루살렘 성전의 기물들도 있던 곳으로 돌려 보내지게 되었다. 페르시아 제국의 지배 아래에서 국가 재건을 제외한 모든 것의 원상 복구가 가능하게 된 것이다. 그림 72

유다 왕 여호야긴의 아들 가운데 한 사람으로 추정되는 세스바살의 지도 아

---

[36] 페르시아는 아시리아나 바빌론과 달리 방대한 제국 전체를 민족 자율을 기초로 꾸려 나가려고 하였다. 제국의 창건자 키루스는 서아시아의 대부분을 정복하는 데에 성공하자, 바빌론에 의해 강제 이주되었던 모든 민족들로 하여금 자신들의 고향으로 돌아갈 수 있도록 허용하였다. 유다 사람들의 귀환도 페르시아 제국 전체에 적용되었던 '해방령'에 바탕을 둔 것이었지만, 포로 되었던 자들에게는 선지자 예레미야를 통해 선언되었던 심판을 통한 정화와 구원이었으며 그 행위의 주체는 하나님이었다.

그림 72
● 다리우스 1세(재위 기원전 521~기원전 486년), 이란 페르세폴리스 출토, 런던 대영박물관
●● 페르시아의 병사들, 이란 수사 출토, 다리우스 1세 시대, 베를린 페르가몬 박물관

래 한 무리의 유다 사람들이 성전의 기물들을 가지고 예루살렘으로 돌아왔다.[37] 3차 유배가 단행된 이후로도 수십 년이 흐른 뒤였고, 포로 된 자들의 첫 세대는 대부분 역사의 무대에서 사라진 상태였다. 하지만 여전히 해방과 귀환을 꿈꾸던 몇몇 사람들을 중심으로 1차 귀환이 이루어졌다. 옛 땅의 상당 부분이 주변의 이방 족속들에게 점유되거나 바빌론 제국이 옮겨 살게 한 이방 사람들의 삶 터로 바뀐 지 오래였다. 고국에 남은 자들이 어떤 생각과 방식으로 살아가는지도 알 수 없는 상태였다. 그럼에도 불구하고 제2의 이집트 탈출, 새 백성에 의한 새 공동체의 실현을 꿈꾸던 소수의 유다 사람들이 세스바살과 함께 유다를 향한 귀환 여행에 나섰다.

성도聖都 예루살렘은 성벽도 없고, 온전한 집 한 채 남지 않은 폐허 그대로였다. 유다는 가난한 소수의 유다 사람들이 여기저기 작은 촌락을 이룬 채 흩어져 사는, 사실상 버려진 땅 한 조각에 불과했다. 번영하던 남왕국 유다의 흔적은 어디에도 남아 있지 않았다. 북왕국 이스라엘의 옛 터 사마리아는 이미 완전한 이방이 되어 있었다. 요시야 개혁의 흔적은 찾아보기 어려웠으며, 혼혈에 의해 새로 탄생한 사마리아인이 벧엘의 성소에서 혼합되고 변형된 야웨에 대한 제의를 치르고 있었다. 유다 광야는 세일 산 주변 자신의 땅에서 밀려난 에돔 사람들의 땅이 되어 있었고, 해변 지역은 블레셋의 넘치는 인구로 채워진 지 오래였다.[38] 그나마 돌아온 자들이 지낼 수 있는 곳은 폐허로 남겨진 예루살렘과 그 주변 지역 일부에 불과했다.

---

[37] 세스바살은 에스라5:13~16에 등장하며, 키루스 대왕이 '예루살렘 성전 재건'을 허용하며 그 일의 책임자로 임명한 유다 지역의 첫 총독이다. 이에 대하여는 앞에 언급한 『이스라엘의 역사』 下 참조.
[38] 에돔 사람들이 살던 곳은 아라비아 사막에서 북상한 아랍 사람들에게 점유되었다.

그런 상황에서도 소수의 돌아온 자들은 그들이 바빌론으로부터 가져온 '성전 기물'을 본래 놓였던 자리에 다시 놓기 위한 첫 삽을 떴다. 야웨 하나님이 저들과 함께한다는 확신을 가지고 성전 재건 작업을 시작한 것이다. 키루스의 칙령에 의하면 성전 재건에 필요한 비용은 왕실 금고에서 제공하도록 되어 있었다.

그러나 재건 비용의 지속적 지원은 이루어지지 않았다. 돌아온 자들과 유다 땅에 살고 있던 자들, 북방 사마리아 사람들 사이에는 서로를 바라보는 다른 시각에서 비롯된 틈이 벌어졌고, 갈등이 일었다. 비록 유배 생활을 통해서였지만 바빌론에서 마련한 모든 것을 버리고 야웨에 대한 신앙, 새 공동체 실현을 향한 소망만을 지닌 채 험한 행로를 무릅쓰고 고국 땅으로 되돌아온 소수의 '정화된' 사람들. 폐허로 변한 땅에 남겨져 사마리아 귀인들의 지배 아래 근근이 소작으로 살아가던 가난한 유다 농사꾼들. 유다 멸망에도 불구하고 사마리아 땅을 지키며 야웨 하나님에 대한 신앙과 제의를 이어간다는 자부심을 간직하고 있던 사마리아 사람들. 이 세 부류의 사람들 사이에는 서로가 서로를 용납할 수 없는 자기 믿음에 대한 확신이 있었다. 포로 되었던 자, 남은 자, 혼혈이 된 자들은 각자가 겪었던 삶의 과정, 현재의 처지가 달랐으며, 그 상태를 바꾸어 이해할 수도, 그럴 필요도 거의 느끼지 않고 있었다. 틈은 더 벌어질 수밖에 없었고, 갈등은 충돌로 발전해갔다. 돌아온 자들 중심의 성전 재건 사업은 진척을 보지 못하다가 결국 중단되었다.

기원전 520년대 초, 또 한 무리의 유다 사람들이 페르시아 제국이 임명한 유다 총독 스룹바벨의 지도 아래 유배지로부터 고국으로 되돌아왔다. 스룹바벨은 유다 왕 여호야긴의 손자로 다윗 가문의 혈통을 이은 사람이었다. 총독 스룹바벨의 부임으로 예루살렘의 유다 공동체는 성전 재건 사업 재개가 가능해졌다고 여겼다. 실제 건축 작업은 다시 시작되었다. 선지자 학개와 스가랴의 예언과 설교에 힘입어 성전 재건 사업은 추진력을 지니게 되었다.

학개는 귀환한 유대인 공동체가 가뭄과 흉작으로 어려움을 겪은 것은, 하나님의 집은 황무한 상태로 남겨둔 채 자신의 집을 짓는 데에는 빨랐기 때문이라고 선언하였다.[39] 신앙 공동체로 재탄생해야 할 귀환한 유다 사람들의 삶의 우선순위가 바뀌었다는 것이다. 무엇이 먼저인지를 진지하게 살펴보라고 선지자는 권고한다. 선지자 스가랴도 자신이 본 이상들을 백성에게 전하면서 미래의 예루살렘의 중심일 수밖에 없는 성전을 시급히 재건할 것을 촉구한다. 지난 70년 동안의 정기적인 금식이 과연 무엇을 위한 것이었는지를 백성과 제사장들에게 묻는다. 회복된 예루살렘으로 나귀 새끼를 타고 올 평화의 왕을 맞을 준비를 해야 한다고 말한다.[40] 예루살렘 유대인 공동체의 반란, 역모를 암시하는 사마리아 귀족들의 탄원, 아바르-나하라(유프라테스 강 서안) 태수 타트네의 문의, 키루스 칙령의 확인과 다리우스 1세의 성전 건축 및 제의 유지 비용 보조 지시 등의 과정을 거쳐 기원전 515년, 성전은 완공된다.

---

39 학개1:4.
40 스가랴9:9.

유다 율법 공동체의 출현

1 ─ 불안이 지배한 공동체

성전은 다시 세워졌지만 도시의 폐허는 그대로였다. 다윗 가문에서 나온 '새순'으로 불렸던 스룹바벨은 역사의 지평에서 모습을 감추었고, 유다는 여전히 사마리아 주의 한 지방으로 남아 있었다. 어떠한 희망의 조짐도 없이 다시 수십 년의 세월이 흐르기 시작했다. 돌아온 자들도 남은 자들도 점차 지쳐갔다.

예루살렘 성전의 재건 과정에서 사마리아 사람도, 요르단 강 동편 땅의 사람들도 참여가 거절되었지만, 유다는 사마리아 총독의 관할 아래 있었다. 대부분의 유다 땅이 사마리아 귀족의 소유였다. 스룹바벨이 사라지자 유다 사람들에 대한 주변 종족의 위협과 약탈이 계속되었다. 아무런 방어 수단이 없고, 사태의 진행에 대해 호소할 곳도 없던 예루살렘의 귀환자들은 불안한 삶을 지속하거나, 예루살렘을 떠나 유다의 벽지로 흘러드는 수밖에 없었다. 아니면, 사마리아의 유력자가 내미는 우산 속으로 들어가 소나기와 우박을 피하는 길을 택해야 했다.

예루살렘을 중심으로 한 유다에서의 삶은 불안하게 이어졌다. 그럼에도 바빌론과 그 주변 지역으로부터 포로 되었던 자의 후손들이 하나님의 왕국이 있던 땅 유다로, 성전의 도시로 되돌아오는 현상은 그치지 않았다. 비록 큰 무리를 이루어 귀환한 것은 아니나 약속의 땅에 대한 소망은 여전히 유지되었다. 스스로를

★ 이 편의 기본 텍스트는 에스라7:1~10:44, 느헤미야1:1~13:31.

정화된 남은 자, 역사를 새롭게 시작할 씨앗 된 사람들로 여기는 자들의 용감한 여행, 모으고 쌓았던 것을 버리고, 오로지 꿈을 이루기 위한 고된 삶의 여정을 선택한 자들의 돌아오는 걸음은 계속되었다.

돌아온 자들과 남았던 자들의 간절한 기다림에도 불구하고 다윗 왕국 재건의 조짐은 보이지 않았다. 세계를 지배하는 페르시아 제국은 더욱더 번창의 길을 걸었으며, 사마리아 귀족과 이방 사람들의 압박은 더욱 강화되었다. 성전을 중심으로 한 유다 공동체는 서서히 균열의 징후를 보이기 시작했다. 성전의 제관들은 성전에서의 제의 집행에 조금씩 성의를 잃게 되었고, 규례와 율례를 집행하고 판단하는 과정에서 균형 감각을 상실하는 모습을 보였다. 야웨 하나님의 공의로운 간섭, 강한 역사가 과연 이 땅, 이곳 사람들에게 미치고 있는지에 대해 성전의 제관들조차 의심하게 된 까닭이다.

공동체의 중심으로 기능하던 제사장들의 자세가 흐트러지는 조짐을 보이자, 공동체 지도자들, 유력자들도 공동체 전체의 안전과 미래보다는 자신의 이익과 현실에 눈길을 돌리고 더 큰 관심을 쏟게 되었다. 가난한 자를 고용하여 임금을 제대로 지급하지 않는 사례, 가뭄으로 농사를 망친 자들에게 돈을 빌려주고 밭과 사람을 저당으로 잡았다가 자신의 재산으로 삼는 경우, 안식일에 장사를 하여 이익을 취하는 사태가 발생하고, 일상화하였다. 그럼에도 누구도 이를 문제 삼지 않았다. 일반 백성들조차 이런 풍조에 편승하여 십일조조차 성전에 바치지 않게 되었다. 이로 말미암아 생계를 꾸릴 수 없게 된 레위인들은 성전을 떠났다. 이들은 새 직업을 얻고자 유다 땅을 유리걸식하였다.

성전 재건 뒤, 수십 년이 흐르는 사이에 제2의 다윗 왕국을 꿈꾸던 유다 귀환 공동체는 안으로부터 해체되고 있었다. 야웨 하나님에 대한 신앙이 돌아온 유다 사람들의 현실에 아무런 도움이 되지 않는다는 생각이 공동체 안에 널리 번지게 되었다. 사람들은 현실을 지배하는 원리, 세속을 지배하는 일반적 질서에 더욱 충실할 필요를 느끼기 시작했다. 바빌론에서의 유배 생활 중에도 낯선 것으로 여겨지던 유다 사람들과 이방인들 사이의 혼인이 자연스럽게 이루어졌다. 뿐만 아니라 이들 사이에 난 2세들이 히브리 말을 제대로 하지 못하는 현상까지 나타났다. 유다 공동체가 그 독특한 순수성을 잃는 것은 이제 시간문제가 되었다.

2 — 파수를 보며 이룬 성벽 재건

기원전 440년경, 유다 사람 느헤미야가 유다의 총독 자격으로 한 무리의 귀환자들과 함께 예루살렘에 도착하였다. 느헤미야는 페르시아 왕 아르탁세륵세스 1세에게 술을 따라 올리는 측근으로 있던 사람이었다. 바빌론에 유배되었던 유다 사람의 자손 가운데에서도 페르시아 궁정에서 매우 높은 지위에 올랐던 인물인 셈이다.[41] 느헤미야는 기원전 445년이 저물 즈음 예루살렘으로부터 도착한 자신의 친척 하나니에게서 성도의 모습과 그곳에 사는 유다 사람들이 처한 상황을 전해 들었다. 이를 계기로 느헤미야는 왕에게 건의하여 예루살렘 성벽을 재건할 수 있도록 허가받고, 동시에 그 일을 시행할 권한을 가진 총독으로 임명받았다. 그런 인물이 폐허가 된 성도 예루살렘에 이른 것이다.

느헤미야의 부임과 함께 유다는 사마리아로부터 독립한 별개의 주가 되었고, 성벽 재건 공사는 빠른 속도로 진행되었다. 성전 재건 뒤, 70여 년 만의 일이다. 성벽은 공사가 시작된 지 52일 만에 재건되었다. 아무런 방비 시설을 지니지 못한 예루살렘에 남아 주변 이방 종족의 습격과 약탈을 견디내던 유다 사람들, 유다의 벽지에 흩어져 살던 남왕국 백성의 후손들이 너나없이 저들의 거룩한 도시로 모여들었다. 이들이 한 손에는 창을 들고, 다른 손으로는 성벽을 쌓아나가는 방식으

---

[41] 권력투쟁의 한 방편으로 독살이 자주 시도되었던 고대 중근동 사회에서 술 맡은 관원은 왕의 안전을 책임지는 존재이기도 했으므로 측근 중의 측근이라고 할 수 있었다.

로 예루살렘 성벽을 재건한 것이다.

　최소한의 방비가 가능할 정도의 성벽 공사를 마치자 곧이어 시설을 제대로 갖춘 성벽 쌓기가 시작되었다. 구간별로 책임자가 정해지고, 직업이나 출신 향리, 가문을 기준으로 나누어진 그룹들이 구간별 공사를 진행했다. 성벽 재건을 막으려는 주변 세력들과 긴장된 대치 상황이 지속되는 가운데 성벽 쌓기는 계속되었다.

　느헤미야로 말미암아 유다를 잃게 된 것으로 여긴 사마리아 총독 산발랏, 유다 주의 독립을 탐탁하지 않게 여기는 요르단 동편 지역의 관할자 암몬 총독 토비아, 유다 남부와 에돔, 시나이, 서북 아라비아에 지배력을 행사하고 있던 아라비아 사람 게셈 등이 한 패가 되었다. 이들은 유다 주의 독립을 무력화시키고 예루살렘 성벽 재건을 저지하기 위해 휘하의 무리들을 동원하여 유다의 성읍들과 예루살렘을 습격하도록 하였다. 총독 느헤미야의 암살을 시도하고, 혹은 자진 사퇴를 유도하기도 하였다. 이에 대응하여 자기 방어가 어려운 유다의 작은 성읍 거주자들이 예루살렘으로 이주되었다. 이들도 포함된 인력이 둘로 나뉘어 한 그룹이 성벽을 쌓는 동안 다른 그룹은 무장한 채 주변을 경비하는 가운데 성벽 쌓기는 차근차근 진행되었다. 마침내 방어 시설뿐 아니라 성문까지 달린 완전한 형태의 성벽이 느헤미야의 초대 총독 재임 기간 동안 준공되어 낙성식이 거행되었다. **그림 73**

　어려운 여건 아래에서 성벽 재건 공사가 진행되는 동안, 해체 직전의 유다 공동체는 스스로를 어느 정도까지는 추스를 수 있었다. 백 수십 년 동안 폐허로 남겨졌던 성도의 성벽을 다시 세우는 과정을 통해 유다 사람들의 상당수는 하나님의 백성으로서의 자신들의 정체성을 재확인할 수 있었다. 사실상 꺼져가는 상태였던 다윗 왕국 재건에 대한 소망의 불꽃도 미약하게나마 되살려낼 수 있었다.

　그러나 성전 재건 과정에도 그러했듯이 성벽의 재건도 사마리아와 요르단 동편에 살던 주민들, 이스라엘 사람의 후손을 자처하던 사람들의 참여를 배제한 채

그림 73
예루살렘 성벽 재건, 성경 삽화, 14세기

이루어졌다. 산발랏과 토비아로 대표되는 두 지역의 지배자, 유력자들은 자신들이 다윗 왕국의 역사를 계승하려는 사람들의 대열에서 제외된다는 사실에 대해 크게 반발하였다. 근래에 바빌론과 페르시아에서 돌아온 자들만이 하나님과 언약한 백성의 공동체에서 구심점 역할을 담당하려 하는 점을 견딜 수 없었다. 이들은 돌아온 자들을 유다에서 제거하거나 고립시키기를 원했다. 이를 위해 이들의 엄격한 삶의 태도에 불만을 품던 유다 공동체 안의 동조자들과 연계하여 '돌아온 자들'의 중심에 서 있던 총독 느헤미야에 대한 반대 운동을 꾸준히 펼쳐나갔다. 유다 공동체 안에서 일어난 작은 균열의 틈이 성벽 재건 공사를 거치는 동안 모르는 사이에 벌어져 가고 있었다. 성벽 재건 과정에서 유다 공동체의 정체성이 확립되는 것과 동시에 균열도 진행되고 있었던 셈이다.

3 ─ 공동체 재탄생의 끈이 된 율법

성전에 이어 성벽도 재건되었지만, 유다 공동체가 겪고 있던 위기는 계속되었다. 어떤 면에서는 더욱 심화되었다. 독립주 유다의 총독 느헤미야가 청렴한 삶으로 모범을 보였음에도 불구하고[42] 가진 자가 재산을 더 늘리기 위해 고리채를 미끼로 가난한 자를 억누르고 재산을 빼앗으며 노예로 삼는 것과 같은 악한 행위가 유다 공동체 안에서 버젓이 행해지고 있었다. 이방 종족과의 혼인이 제사장을 비롯한 유력자의 가문에서도 거리낌 없이 이루어졌다. 심지어 대제사장의 가문이 성벽 재건을 방해한 사마리아 총독의 가문과 혼인을 통해 인척 관계를 맺는 일까지 일어났다. 유다의 행정 책임자인 느헤미야로서는 손을 댈 수 없는 영역에서마저

---

42 느헤미야는 12년 동안 자신과 형제들이 받을 수 있는 총독의 급여도 요구하지 않았고, 자신의 종자從者들을 성벽 재건 작업에 투입하였을 뿐 아니라 자신의 재산으로 오랜 기간 다수의 유다 사람들과 민장民長들, 이방인들을 먹였다.(느헤미야5:14~19)

공동체는 혼란 상태에 이르고 있었다.

페르시아 궁정으로 되돌아갔던 느헤미야가 다시 유다 총독으로 부임한 지 얼마 되지 않아 '하늘의 하나님의 율법에 완전한 학사 겸 제사장'[43] 에스라가 또 한 무리의 귀환자들과 함께 예루살렘에 이르렀다. 에스라 역시 페르시아 궁정에서 파견된 인물이다. 페르시아 왕에게서 유프라테스 강 서안 지역에 사는 유다 사람들에게 하나님의 율법을 가르치고, 율법을 잘 지키는지 여부를 감독할 권한을 부여받은 사람이었다.

예루살렘에 도착한 뒤 여러 달이 지나, 초막절 기간에 맞추어 에스라 자신이 직접 주관하는 율법 공포식이 거행되었다. 에스라가 광장에 모인 백성들에게 새벽부터 밤늦게까지 율법을 읽어나가며 알기 쉽게 설명해주자 이를 들은 백성들은 감동하여 땅에 엎드려 울기까지 했다. 초막절 축제 기간 동안 율법을 읽고 설명해주는 일은 계속되었고, 청중은 기쁨으로 이를 받아들여 마음에 새겼다. 그림 74

그러나 초막절 율법 낭독은 이미 율법 공동체를 이루기로 마음의 준비가 되어 있던 사람들, 정화된 자로서의 삶에 가치를 부여하며 살던 사람들에게 영향을 미쳤을 뿐이었다. 그렇지 않은 자들에게는 한 차례 지나가는 종교적 행사 이상도 이하도 아니었다. 초막절의 감동에도 불구하고 유다 공동체를 위기에 몰아넣고 있던 폐습은 그치지 않았다. 제사장도 레위 사람도 일반 백성들도 자신들이 이방 사람들과 섞여 삶으로 말미암아 유다 공동체가 제 색깔을 잃고 있다는 사실에 대해서는 그리 주의를 기울이지 않았다.

---

43 페르시아 왕에 의해 부여된 에스라의 공식 직함이다. 율법을 중심으로 형성되고 유지되는 유다 공동체의 특성을 잘 파악하고 있던 페르시아 제국이 에스라로 하여금 이와 관련하여 발생되는 제반 문제에 대한 전권을 행사할 수 있도록 하였음을 짐작하게 하는 직함이라고 하겠다. 페르시아 궁정에서 일하고 있던 에스라 자신이 페르시아 왕이나 행정 당국에 이와 같은 직함을 내려줄 것을 요청했을 가능성이 높다.

그림 74
선지자 에스라, 산타 유라리아 교회 장식화, 페드로 베루게테, 1490년경

에스라를 중심으로 '이스라엘 하나님의 말씀을 인하여 떠는 자들'이 모여들어 사로잡혔던 자들의 죄를 고백하며 기도하는 과정이 시작되었다.[44] 이어 에스라가 하나님의 전 앞에 엎드려 울며 죄를 고백하고 회개하는 모습을 모여든 사람들에게 보이자, 마침내 백성들 사이에 회개 운동이 일어나게 되었다. 에스라의 뜻에 동조하는 방백과 장로들이 유다의 모든 백성들을 급히 예루살렘에 모은 상태에서 유다 공동체를 내부로부터 흔들고 있던 핵심적인 문제들, 특히 이방 사람들과의 무분별한 혼인으로 말미암아 야기되는 혼란이 거론되었다. 결론은 원인의 소멸, 곧 이방 사람들과의 혼인의 파기였다. 여러 달에 걸친 현황 조사와 논의 끝에 이 문제는 마무리되었다.

유다 공동체의 정체성과 관련된 핵심적인 사안이 해결되자, 에스라와 느헤미야의 지도 아래 공동체가 공동체로 남기 위해 지켜야 할 것들에 대한 논의가 진행되었다. 유다 공동체에 속했다는 사실은 하나님으로부터 말미암은 율법을 지킴으로써 확인될 수 있다는 원칙이 세워졌다. 지켜야 할 율법의 주요 사항들이 백성들에게 제시되었다. 이방인들과의 혼인은 금지되었고, 안식일은 철저히 지켜져야 했으며, 7년마다 안식년이 준수되어야 했다. 안식년에는 땅을 쉬게 하고 빚 준 것, 저당 잡은 것을 원래의 상태로 돌려야 했다. 성전 유지를 위한 성전세, 십일조, 계절의 첫 수확물, 제단용 나무를 율법에 정한 대로 내는 것도 강조되었다.

에스라와 느헤미야의 노력으로 유다 공동체는 율법을 중심으로 재조직되었다. 율법은 이제 유다 사람들이 하나의 공동체에 속한 존재라는 사실을 확인시키는 척도가 되었다. 페르시아가 국가 정책의 근간으로 내세운 종교 자결주의를 근거로 유다 사람들은 하나님의 법, 곧 율법을 중심으로 내부의 제반 문제를 처리할 수 있는 독립된 공동체를 형성할 수 있게 되었다. 국가라는 정치적 독립체가 재건

---

44 에스라 9:4, 10:1.

되지 못한다 하더라도 유다 사람들이 한 민족으로서의 독자성을 잃는 상황은 예방할 수 있게 되었다. 율법을 받아들이고, 삶의 전 영역에서 율법을 준수하고 있다면 그 사람의 국적이 무엇이든, 그 사람이 어떤 인종에 속했든, 그는 유다 사람으로, 유다 공동체에 속한 인물로 받아들여질 자격을 지니게 된 것이다. 당장은 아니더라도, 공동체의 재조직을 위해 율법을 바탕으로 한 엄격한 검증 절차가 마련되었다. 계보상 유다 사람으로 확인되지 않은 사람에게는 공동체 구성원의 자격이 곧바로 부여되지는 않았다. 그러나 당장은 아니더라도, 하나님의 율법을 받아들이고 지키는 자는 누구든 이 특이한 공동체에 속할 수 있게 되었다.

디아스포라 민족의 탄생

1 — 디아스포라

헤어지면 죽고, 모이면 산다는 말이 있다. 일정한 수 이하로 줄어든 종족은 종족으로서의 생존이 불가능해진다는 통계도 있다. 일정한 규모를 넘어서는 집단을 유지하는 것만이 특정 공동체나 민족이 살아남는 최소한의 조건임을 대부분의 사람들이 인정하고, 나아가 당연시한다. 역사가 이 사실을 증명하기 때문이다. 그러나 역사는 그렇지 않을 수도 있음을 보여주기도 한다. 유다 사람들의 경우가 바로 그런 매우 드문 사례이다.

기원전 722년, 마침내 북왕국 이스라엘이 멸망하였다. 가나안을 무대로 왕국을 세우는 데에 성공한 뒤, 한때 동서 교역의 이익을 독점하기도 했던 히브리 민족의 역사도 서서히 마침표를 찍기 시작하는 듯이 보였다. 메소포타미아와 이집트의 지식인들이 보기에 이미 수많은 종족과 민족이 명멸한 가나안에서 또 하나의 민족이 번영기와 쇠퇴기를 거쳐 그들의 신으로부터 부여받은 수명의 종착점에 다다른 것일 뿐이었다. 북이스라엘에 비해 영토도 좁고 인구도 적은 남유다의 멸망도 이제는 시간문제에 불과한 듯하였다. 아시리아의 군사력은 이집트군도 맞닥뜨릴 엄두를 내지 못할 정도로 강력하였다.

북왕국의 주민 가운데 지도자들, 유력자들, 기술자들은 나라의 멸망과 동시

★ 이 편의 기본 텍스트는 학개1:1~2:23, 스가랴1:1~14:21, 말라기1:1~4:6.

에 고향으로부터 뿌리 뽑혀 아시리아의 다른 정복지들로 옮겨졌으며, 흩어지고 뒤섞이도록 조치되었다.[45] 아시리아는 전통적인 민족 말살 정책에 따라 옮겨진 이스라엘 사람들이 독자적인 공동체를 이루며 살아가는 것을 허용하지 않았다. 아시리아의 관헌은 이스라엘 사람들이 저들의 하나님을 섬기기 위해 정기적인 제의를 거행하는 것조차 불온하게 보았다. 옮겨진 곳에서 많은 이스라엘 사람들은 다른 민족과의 혼인, 그로 말미암은 혼혈로 말미암아 한 민족으로서의 정체성을 잃어갔다. 전통적인 제의조차 자유롭지 않자 야웨 하나님에 대한 신앙도 잃게 되었다.

아시리아의 민족 혼혈 정책으로 말미암아 북이스라엘의 옛터로 옮겨져 온 이방의 민족들과 북왕국에 남은 자들 사이에도 혼혈이 일어났다. 마침내 북왕국의 수도였던 사마리아를 중심으로 사마리아인으로 불리는 새 민족이 탄생하였다. 이들이 부르는 야웨가, 여전히 국가라는 틀을 유지하고 있던 유다 사람들에게는 그들이 믿고 찾는 하나님과는 다른 신이었다. 유다 사람들은 이스라엘 사람으로서의 신앙과 정체성은 자신들에게만 남았다고 생각했다. 반면 사마리아인들은 이스라엘적 정통성은 여전히 자신들에게 있다고 믿었다. 남왕국 요시아 왕의 개혁과 통일이 결국 실패로 돌아간 뒤, 남북의 주민 사이를 잇는 정치적, 종교적 고리는 더 이상 존재하지 않게 되었다. 다시 시간이 흐르면서 남북 사이의 심리적, 문화적 거리는 점점 더 벌어졌다.

기원전 587년, 남왕국 유다마저 멸망하고, 지도층 인사와 기술자들이 바빌론으로 옮겨짐으로써 민족으로서의 이스라엘의 미래는 어둠에 휩싸이게 되었다. 유다의 옛터로 에돔과 블레셋족이 밀려들었다. 동시에 유다에 남겨졌던 주민들

---

[45] 열왕기하17:6에 언급된 고산은 메소포타미아 최북단 지역이며, 하볼 강은 유프라테스 강 상류의 지류이다. 할라는 니네베 북쪽 지방이며 메디아는 이란고원 서북부 일대이다. 이스라엘 사람들은 아시리아에 의해 지명조차도 생소한 북방 세계의 변경 곳곳으로 흩어짐을 당한 셈이다.

의 다수는 모압과 암몬, 시리아 아람, 서북아라비아, 이집트 등지로 흩어졌다. 피난할 능력조차 지니고 있지 않던 가난하고 병든 자들이 유다의 벽지에 남아 초근목피로 연명할 정도로 남왕국의 옛터는 줄어들었다. 버려지다시피 한 땅에 남은 주민은 더욱 희소해졌다.

이로써 민족으로서의 이스라엘은 더 이상 존재할 수 없는 듯이 보였다. 중근동을 지배하는 제국이 출현할 때마다, 많은 민족이 강제로 흩어진 뒤, 역사의 무대에서 사라졌다. 제국을 일으킨 민족조차 그들의 시대가 지난 뒤에는 오래지 않아 민족으로서의 역사에 마침표를 찍고는 하였다. 아시리아와 같이 제국을 세우고 이끌어 가던 종족조차 제국 안의 아람족과의 혼혈이 진행되면서 언어, 글, 혈연적 특징을 잃는 경우도 있었다. 더구나 중근동 변방 가나안에 둥지를 틀었던 약소민족의 하나인 이스라엘이 나라마저 잃고, 강제로 흩어진 상황에서 민족적 정체성을 유지할 수 있으리라고는 누구도 생각하기 어려웠다.

남왕국의 멸망을 계기로 유다 사람들의 흩어짐(디아스포라)은 당시에 알려진 전 세계에 걸쳐 이루어졌다. 이집트로 피난 갔던 무리들 가운데 일부는 왕조의 용병으로 고용되어 상부 이집트의 나일 강 제1폭포 근처까지 나아가 그곳에 터를 잡고 살았다.[46] 지중해 연변의 크레테 섬으로 달아났던 사람들 가운데 얼마는 그리스까지 삶 터를 옮긴 경우도 있었다. 에돔의 세일 산 근처로 옮겨갔던 유다 사람들 가운데에는 바빌론의 용병으로 취업하여 아라비아 반도의 메카 인근까지 내려간 이들도 있었다. 바빌론으로 사로잡혀갔던 사람들도 바빌론의 멸망, 페르시아의 서아시아 제패라는 정세의 변화를 틈타 동쪽으로 페르시아의 수사, 엑바타

---

[46] 유명한 엘레판틴 문서를 남긴 사람들이 이들이다. 아스완의 엘레판틴 섬 유다 신전 터에서 발견된 아람어 파피루스 꾸러미는 디아스포라 된 페르시아 시대 유다 사람들의 삶의 궤적을 이해하는 데에 좋은 자료가 되고 있다.

나 등지로 또 한 차례 옮겨가거나, 북으로 메디아의 도시들에서 새 삶 터를 구하기도 했다. 마치 더 이상 고향 땅으로 돌아가기를 기대하지도, 원하지도 않는 것처럼 유다 사람들은 유다 땅에서 더욱더 먼 곳으로의 흩어짐을 계속하였다.

2 ─ 정체성에 대한 물음과 답변

디아스포라는 계속되었지만 유다 사람들은 새 삶 터로 삼은 곳에서 오래전부터 터를 잡고 살아온 종족이나 민족이 꾸리고 있는 사회 속으로 흡수되어 들어가지 않았다. 바빌론에서도 그러하였지만, 이집트, 그리스, 페르시아같이 오랜 역사적 전통, 수준 높은 문화와 정교한 종교 신앙 체계를 과시하던, 당시까지 알려진 세계의 중심 지역에 들어가 살면서도 유다 사람들은 자그마한 유다 공동체를 유지하였다.

그러나 어떤 지역에서든지 공동체 바깥 세계의 사람들과 교류하지 않거나, 공동체를 외부 세계로부터 격리시키는 방식으로 유다 공동체의 독자성이 유지된 것은 아니었다. 유다 사람들은 새로운 삶 터의 환경과 조건에 가능한 한 빨리 적응하고자 애썼다. 실제 유다인은 이방의 세계에 비교적 성공적으로 정착하고, 안정된 생활 조건을 확보하는 데에 뛰어난 능력을 보여주는 민족 가운데 하나였다. 남왕국의 멸망과 함께 바빌론에 사로잡혀 간 유다인 가운데 궁정의 주요 인물로 발탁되거나, 상업 활동으로 부를 축적한 사람들이 드물지 않게 발견되는 것도 낯선 환경 속에서 유다 사람들의 생존력을 확인시켜주는 좋은 사례라고 할 수 있다. 페르시아 제국의 등장 뒤, 느헤미야나 에스라같이 페르시아 궁정의 고위직에 오른 영향력 있는 인물들은 모두 바빌론에 사로잡혀간 유다 사람들의 후손들이다.[47]

그런데 에스라, 느헤미야의 사례가 잘 보여주듯이 디아스포라 된 유다 사람들은 사로잡혀 옮겨지거나, 자진해서 옮겨간 곳에서 오히려 저들의 하나님 야웨에 대한 신앙을 강화시켰다. 하나님으로부터 받은 계명과 율법, 규례의 준수에 충실하고자 노력하였고, 공동체 안에서 이러한 태도를 서로에게 요구하고 스스로 지켜나가는 데에 힘을 쏟았다. 이들은 이스라엘과 유다의 멸망이 어떤 역사·신앙적 맥락에서 비롯되었는지를 이해하고자 애썼다. 이와 같은 심판과 고난을 겪는 자신들의 반응이 어떠해야 하는지에 대해서도 깊이 고민하였다. 선지자 이사야, 예레미야, 에스겔을 통해 저들에게 선포된 하나님의 말씀을 내면화시키기 위해 노력하였다. 그림 75

바빌론으로 사로잡혀간 자들의 모임 속에서, 이집트로 피난 간 자들의 공동체 안에서 이스라엘과 유다의 멸망은 피할 수 없는 심판의 결과로 인식되었다. 하나님의 심판은 새 역사를 꾸려나가기 위한 전제 조건으로 이해되었다. 새 하늘과 새 땅은 유다 공동체 구성원 개개인의 처절한 자기 성찰과 절절한 신앙고백, 이를 뒷받침하는 순결한 신앙생활로부터 시작되는 공동체에 속한 사람들 자신이 만들어내야 하는 새 세상이었다. 하나님의 계명과 율법에 충실한 자들로 이루어진 공동체만이 야웨와의 언약을 재확인할 수 있고, 야웨 하나님의 일방적인 은혜의 세계로 들어갈 수 있다고 생각하였다.

학개, 스가랴, 말라기로 이어지는 구약시대 마지막 선지자들의 예언 활동을 통해 이사야, 예레미야가 선포한 사로잡힌 자의 해방, 구속된 자의 자유, 새 하늘 새 땅의 열림이 어떻게 준비되고 실현되는 것인지가 설명되었다. 민족의 바다 속에 섬처럼 흩어져 살던 유다 사람들의 공동체 가운데 여전히 하나님의 백성으로

---

47 디아스포라 된 유다 사람들 사이에서는 그들이 터 잡고 살았던 나라나 사회에서 지도적 위치에 오른 사람들을 주인공으로 한 다양한 설화나 전승들이 성립되고 유포되었을 것이다. 역사적 사실이나 실존 인물 논쟁 여부에 관계없이 에스더나 다니엘서도 포로기의 유다인들 가운데 바빌론 및 페르시아 궁정의 중심인물이나 고위 관리로 활약했던 사람들에 대한 전승들을 바탕으로 쓰였을 것이다. 에스더서, 다니엘서는 성서 비평학자들에 의해 시리아 셀레우코스 왕조의 유다 공동체에 대한 종교적 박해가 한창 진행되던 기원전 2세기 중엽 즈음 '문서화' 된 것으로 여겨지고 있다.

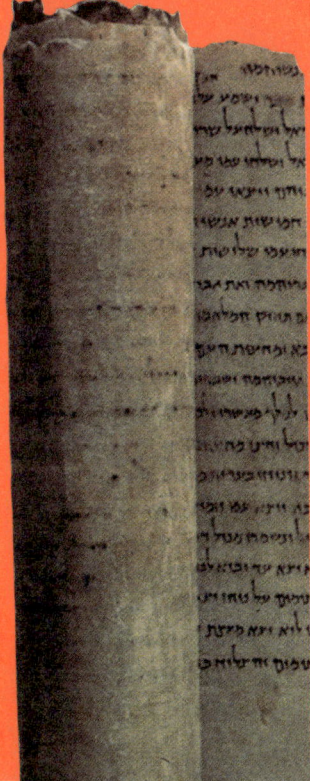

그림 75
- 사해 계곡의 동굴
- 사해 계곡 동굴에서 출토된 성경 사본 두루마리

남고자 하는 자들에게 요구되는 이와 같은 시각, 해석, 설명을 받아들인 곳은 그 모습을 유지하였고, 그렇지 못한 곳은 형태를 잃어갔다.

에스라, 느헤미야가 주도한 개혁의 물결이 예루살렘으로부터 주변으로 번져가면서 디아스포라 유다 공동체가 묻고, 답했던 문제가 다시 제기되고 토론되었다. 누가 유다 사람이고, 누가 하나님의 백성인가. 야웨와 하나님의 백성 사이의 계약은 여전히 유효한가. 유다 사람의 하나님에 대한 태도와 자세는 어떠해야 하고, 야웨가 하나님의 백성을 통해 실현하려 하는 것은 무엇인가. 야웨 하나님은 유다 공동체를 어떻게 하려 하시는가 등에 대한 공통의 인식과 관념이 형성되기 시작하였다.

새로운 공동체는 구성원 각자가 자신이 하나님의 백성이며, 하나님과 언약을 맺은 자라는 사실을 인식하고 받아들임으로써 성립한다. 야웨에 대한 신앙은 하나님이 주신 계명과 율법을 지킴으로써 확인된다. 율법의 준수를 통해 개개인은 하나님과의 언약을 유지할 수 있고, 공동체는 그 바깥의 세계와 구별된다. 말 그대로 율법을 중심으로 성립되고 유지되는 새로운 공동체, 새로운 개념의 민족이 예루살렘과 유다 사람들이 흩어진 세계 전역에 존재하게 된 것이다.

헬레니즘의 물결과
순교의 행렬

1 — 확장된 무대에 선 새 공동체

페르시아가 바빌론을 대신하여 중근동의 패자로 등장하면서 유대 사람들이 자유롭게 오갈 수 있는 세계는 크게 넓어졌다. 페르시아는 아프리카, 유럽, 아시아에 걸친 판도를 확보한 사실상 최초의 세계 제국이었다. 북아프리카의 카르타고 동편에서 시작되는 페르시아의 영토는 이집트와 아나톨리아, 흑해 연안을 지나 인도의 서편 인더스 강 언저리에 이르기까지 말 그대로 끝 간 데 없이 펼쳐졌다. 이 광대한 지역의 인력과 물자는 페르시아 제국 시기에 마련된 효율적인 교통 체계를 통해 한쪽 끝에서 다른 쪽 끝까지 쉽게 옮겨질 수 있었다. 중근동 사람들이 접촉하던 주요 문명 지역 가운데 그리스 본토만이 페르시아 제국 바깥에 있었다.

그림 76

페르시아의 종교 관용 정책과 유대의 유배된 자들에 대한 '귀환령'에 힘입어 유대 사람들은 예루살렘 성전을 재건하고, 성벽을 다시 세웠으며, 율법 공동체로 재탄생하는 데 성공하였다. 페르시아와 그리스 사이에 더 이상 전쟁이 벌어지지 않고, 두 세계 사이에 평화로운 내왕이 가능해지자, 이른바 헬라(그리스) 문화가 페르시아로 흘러들어 영향력을 높여가게 되었다. 자연 유대 사람들도 헬라 문

★ 이 편의 기본 텍스트는 『공동번역 성서』 마카베오 상1:1~4:61. 이 외 이 시기의 그리스 및 중근동 역사에 관한 일반적인 이해에 기초하여 서술. 이 장부터는 헬레니즘 시대의 헬라식 발음에 근거하여 유다인, 유다 공동체를 유대인, 유대 공동체로 기술.

그림 76-1
● 알렉산드로스 대왕, 모자이크, 폼페이, 1세기, 나폴리 국립고고학박물관

그림 76-2
●● 마케도니아 왕 알렉산드로스의 예루살렘 입성, 삽화, 플랑드르, 1388~1344년

화와 점점 자주 접하게 되었으며, 그 영향을 받기 시작하였다. 이미 디아스포라의 진행 과정에서 그리스 본토와 아나톨리아 연안 식민 도시들에는 유대 공동체가 자리 잡고 있는 상황이었다. 이 디아스포라 유대 공동체와 본토의 유대 공동체 사이에 형성된 유대 관계를 통해서도 헬라 문화의 파급은 진행되고 있었다.

기원전 334년, 헬라 세계의 통일에 성공한 마케도니아 왕 알렉산드로스의 원정군이 바다를 건너 아나톨리아로 진입하면서 마케도니아와 페르시아 사이의 전쟁이 시작되었다. 그림 76 페르시아의 지도자들은 알렉산드로스군의 움직임을 세계 제국에 대한 지역 왕국의 겁 없는 도전으로 여겼다. 페르시아 왕 다리우스 3세가 이것이 태풍의 눈과도 같은 것이었음을 깨달았을 때, 상황은 이미 돌이킬 수 없는 지경으로까지 진행되어 있었다. 오래지 않아 아나톨리아에 이어 유프라테스 강 서안과 이집트가 알렉산드로스군의 지배 아래 들어갔다. 뒤이어 메소포타미아 전역이 마케도니아군의 수중에 떨어지자, 페르시아 제국의 운명은 사실상 결정 나고 말았다. 기원전 331년, 패주하던 다리우스 3세가 부하에게 암살되면서 아케메네스조 페르시아는 제국으로서의 종말을 고하였다.

알렉산드로스 제국의 성립으로 동방과 헬라 세계 사이의 정치·문화적 경계는 사라졌다. 이제 헬라 문화의 세계화는 시대의 흐름이 되고 말았다. 잠깐 사이에 새로운 세계 제국은 분열되었지만, 네 조각으로 다시 세 조각으로 분할, 조정된 작은 제국들의 지배자는 모두 알렉산드로스의 막료 출신으로 헬레니즘이 지배하는 세계의 성립을 꿈꾸는 사람들이었다. 프톨레마이오스 왕조 이집트의 영역에 편입된 유대도 헬라 문화의 세례를 강하게 받을 수밖에 없게 되었다. 헬라와 동방 세계 전역에 흩어져 있던 유대 공동체 역시 같은 상황을 맞게 되었다. 율법 공동체로서의 존속이 국가권력에 의해 강제로 부인될 조짐은 아직 보이지 않았다. 그러나 깨어 있는 자들이 보기에 유대 공동체 위로 드리운 헬레니즘이라는 구름은 두터웠고 그로 말미암은 그림자는 짙었을지 모른다.

2 — 예루살렘의 아크라

프톨레마이오스 왕조 이집트가 유대 본토를 장악하는 과정에 유대 사람들 다수가 포로로 잡혀 이집트로 옮겨졌다. 이 왕조의 지배가 계속되는 동안 다른 많은 유대 사람들도 이집트로 흘러들었다. 이집트를 삶 터로 삼은 유대 사람들이 크게 늘었고, 알렉산드리아에는 이집트뿐 아니라 헬라 세계의 다른 지역에 있던 그 어떤 유대 공동체보다 큰 규모의 유대 공동체가 형성되었다.

알렉산드리아는 세계적 도시로 성장하는 과정에서 헬레니즘 전파의 중심지 역할을 담당하게 된 곳이기도 했다. 이런 까닭에 이 도시의 유대 공동체도 그러한 분위기로부터 자유로울 수 없었다. 이집트뿐 아니라 헬라 세계 전체에서 헬라어가 상용어가 되자, 대개의 경우, 상업 및 대외 교역을 통해 부를 축적하던 유대 사람들도 적극적으로 헬라어를 쓰게 되었다. 마침내는 헬라어를 일상어로 삼게 되고 히브리어는 제사장이나 율법학자들 사이에서 성경을 읽고 토론하기 위한 언어로만 쓰이게 되었다. 일반 유대 사람들과 개종한 이방인들을 위해 성경의 헬라어 번역 작업이 시작되고, 마침내 70인역본 헬라어 성경이 출현하게 되었다. 기원전 3세기의 일이다.[48]

이처럼 헬레니즘이 유대 사람들의 사고와 일상생활에도 영향을 미치는 가운데 유대 본토는 기원전 198년 마무리된 이집트 왕 프톨레마이오스 5세와 시리아 셀레우코스 왕조의 안티오코스 3세 사이의 전쟁의 결과, 새로이 셀레우코스 왕조의 지배를 받게 되었다. 지배 왕조는 교체되었지만 예루살렘 유대 공동체의 위상에는 큰 변화가 없는 듯이 보였다. 유대 공동체의 지도자들이 새 왕조의 지배를 적극 받아들이겠다는 의사를 표명하자 셀레우코스 궁정은 반대급부로 성전 제의에 대한 국가의 지원과 보조를 비롯한 몇 가지 특권과 혜택을 약속하였다. 오히려 예루살렘의 상황은 개선되는 듯이 보였다.

그러나 안티오코스 4세의 치세가 시작되면서 일찍이 유대 공동체에 드리웠던 헬레니즘의 구름은 거센 빗발을 뿌리기 시작했다. 마침내 장대비는 폭풍우로 바뀌어 유대 공동체의 안위를 걱정하게 만들었다. 느헤미야 및 하나니아가 총독으로 재임한 시기부터 페르시아 제국 존속 기간 내내 유대는 독립주로 존재했다. 그런데 유대계 총독이 더 이상 부임하지 않게 되자 유대 공동체 안의 질서는 언제인가부터 총독의 직접적인 통치의 영역에서 벗어나 대제사장의 관할 아래 들어가

---

48 70인역 그리스어 성경은 기원전 280년경 이집트 왕 프톨레마이오스 2세의 명령으로 예루살렘에서 알렉산드리아로 파견된 유대인 학자 72명에 의해 72일 동안 히브리어 구약성경이 번역되어 만들어졌다.

게 되었다. 알렉산드로스의 제국과 그의 후계자들이 세운 왕조가 지배하는 시대에 이르면 유대는 대제사장이 종교와 행정을 전담하는 일종의 신정 공동체처럼 여겨지게 된다. 별도의 민정 책임자가 필요하지 않은 국가 안의 준자치 지역이 된 셈이다. 문제는 이러한 상태의 공동체에서 대제사장의 판단과 행동거지는 공동체 전체의 앞날을 좌우할 정도로 큰 비중을 지니게 된다는 사실이다. 한 사람이 모든 사람의 운명을 손에 쥐게 된 것이다.

유대의 대제사장 자리를 놓고 다툼이 발생하고, 이의 해결에 국가권력을 개입시키려는 움직임이 나타났다. 이로 말미암아 유대 공동체는 혼란에 빠지기 시작한다. 안티오코스 4세의 개입 아래 대제사장이 바뀌었다. 새 대제사장 요수아는 왕의 헬레니즘화 정책에 적극 협력하겠다는 약속을 지키고자 예루살렘에 그리스식 경기장을 세우고, 이곳에서의 운동경기를 장려한다. 대제사장의 후원 아래 헬라의 시민권을 획득한 유대 사람들이 그리스식 의상을 입고 경기장에 입장하는 일들이 일어났다. 유대 공동체 구성원이 예루살렘에서 헤라클레스 신, 헤르메스 신에 대한 제의를 행한 뒤, 나체로 경기를 진행하는 사태가 일상적으로 벌어지게 된 것이다.[49] **그림 77**

대제사장직을 둘러싼 또 한 차례의 갈등과 충돌이 있은 다음, 치안을 확보하려는 왕의 군대가 예루살렘에 입성하였다. 셀레우코스의 군대는 성벽을 허는 등 도시 일부를 파괴하고, 성도 안의 한 언덕에 수비대 주둔을 위한 성채를 세운다. 아크라라 불리게 되는 이 도시 안의 요새는 이후 왕의 수비대뿐 아니라 유대 공동체에서 이탈한 유대 사람들, 헬레니즘화에 적극 협력하는 이방인들이 함께 모여 사는 예루살렘 안의 독립 폴리스로 기능하게 되었다. 예루살렘을 지배하기 위한

---

49 그리스의 운동경기는 신 앞에서 행하는 제의의 일부였다. 따라서 그리스식 경기장의 건립은 예루살렘의 유대 공동체가 헬라의 신앙과 제의를 받아들임을 뜻했다.

일종의 식민 센터가 된 셈이다. 그림 78

3 ─ 순교의 행렬과 독립운동의 불길

새 대제사장 메넬라오스를 포함한 상당수의 유대 종교 지도자까지 아크로에서 살게 되었지만, 유대 사람들의 다수는 율법 공동체로서의 유대의 정체성을 유지하는 데에 더 큰 의지와 관심을 보였다. 전면적인 헬레니즘화에 한계를 느낀 안티오코스 4세는 마침내 유대 공동체의 종교적 관습을 금지하는 칙령을 공포하였다. 정기적 제의가 중단되었을 뿐 아니라, 안식일을 지키는 것, 어린이들의 할례, 전통 축제의 거행 등이 금지되었다. 율법의 사본을 파기하라는 명령도 내려졌다. 율법을 지키지 않을 것이 요구되었고, 우상숭배 의식에 참가하도록 강제되었다. 왕의 칙령을 어기는 사람은 사형에 처해졌다.

돼지고기 먹기를 거부함으로써, 아이에게 몰래 할례를 받게 하였다는 이유로, 숨어서 안식일을 지켰다는 사실로 말미암아 많은 유대 사람들이 사형에 처해졌다. 예루살렘 성전에 제우스 신을 위한 제단이 세워졌고, 돼지고기가 제물로 바쳐졌다. 주신酒神 디오니소스를 위한 축제에 참가할 것이 유대 사람들에게 요구되었으며, 왕의 생일을 기념하는 월례 제의에 나오도록 모든 유대인이 명령받았다. 대제사장을 비롯한 헬라주의자 유대 사람들은 이와 같은 내용을 담은 왕의 칙령과 정책에 적극 호응하였다. 유대의 일부 종교 지도자들은 야웨 하나님과 제우스 신이 같은 신이며, 셀레우코스의 왕은 제우스가 사람의 모습으로 이 세상에 온 것이라는 인식을 유대 사람들에게 심어주고자 애썼다.[50]

하시딤(경건한 자들, 율법에 충실한 사람들)으로 불리는 사람들은 이 사태에 대한 하나님의 적극적인 개입을 간구하며 '순교'로 박해에 저항했다. 율법을 지키기 위해 유대 광야의 동굴 지대로 도망쳤던 자들은 안식일을 골라 저들의 거처에 대한 공격을 시작하는 적군의 공격에 대해 율법의 규정에 따라 아무런 저항도

그림 77
● 레슬링, 적화식 도자기의 외면 장식화, 기원전 490년경, 피렌체 고고학박물관
●● 원반던지기 선수, 적화식 도자기의 내면 장식화, 기원전 500년경

그림 78
- 헬라인 전사, 흑화식 접시 내면 장식화, 베를린 알테 박물관
- 헬라인 전사, 흑화식 사발 내면 장식화, 베를린 알테 박물관

하지 않은 채 집에서 안식을 취하던 그 상태로 죽임을 당하였다. 안식일 규정을 지키는 한 적에 대한 효과적인 저항은 불가능했다. 마침내 모데인의 제사장 마타디아의 가족들, 곧 하스몬 가문의 사람들을 중심으로 박해에 대한 적극적이고 현실적인 저항이 시작되었다. 자신을 방어해야 하는 경우에 한해, 성전과 공동체를 지키기 위한 전쟁이 진행되는 동안에는 안식일 규정을 지키지 않기로 결심하고, 이에 동조하는 유대 사람들의 항전 참여를 촉구한 것이다.

무장 봉기를 주도했던 마타디아가 죽자, 그의 다섯 아들이 항전의 의지를 이어갔다. 셋째 유다가 지도자의 자격으로 항전군을 이끌어갔다. 마카베오(쇠망치)라는 별명이 말해주듯이 유다는 의지가 굳고, 두려움을 모를 정도로 용감한 인물이었다. 게릴라전으로 시작된 항전이 유대군에 참여하는 자가 급증하면서 얼마 안 가 셀레우코스군과의 전면전으로 성격이 바뀌었다. 유다가 이끄는 군대는 규모와 장비의 절대적인 열세에도 불구하고 수차례의 전투에서 셀레우코스군을 패퇴시켰다. 드디어 유대군의 예루살렘 진입이 이루어졌고, 성전의 정화 작업이 진행되었다. 이교적 제의로 더럽혀진 성전의 제단은 해체되고 그 자리에 다듬지 않은 돌로 새 제단이 세워졌다. 이전 제단에 사용되었던 돌무더기는 '진정한 선지자'가 나타나 그 처리 방법을 말할 때까지 성전 한 구석에 두도록 조치되었다. 기원전 164년 12월, 정화된 성전이 다시 야웨 하나님께 봉헌되었다. 이로써 유다 마카베오가 이끈 '마카베오 전쟁'은 유대 공동체의 종교적 독립성 확보라는 열매를 거두며 전면 항쟁의 서막을 내리게 된다.

50 백성들로 하여금 왕이나 정치 지도자를 현인신으로 숭배하게 하려는 시도는 정도의 차이만 있을 뿐 고대사회 어디에서나 찾아볼 수 있는 현상이었다. 그리스에서는 폴리스의 지도자들이 자신들을 신의 후손이라고 주장하고, 이를 인정받으려는 것이 일반적이었다. 헬라 세계 통일에 이어 페르시아 정복까지 꿈꾸던 마케도니아의 알렉산드로스는 이러한 일반적인 흐름에서 더 나아가 여러 차례 자신이 신의 화신이라는 주장을 펼치기도 했다. 셀레우코스 왕들이 제우스로 여겨지기를 원했던 것도 이러한 앞에서의 흐름에서 비롯된 것이다.

로마의 속주 유대

1 — 마카베오 항쟁의 부산물 하스몬 왕조

성전의 재봉헌이 이루어지자 하시딤의 대부분은 유대 공동체가 처했던 위기에 대한 하나님의 개입은 소기의 목적을 이루었다고 보고, 무장을 풀고 일상적인 삶의 현장으로 되돌아가고자 하였다. 반면, 유다 마카베오를 비롯한 하스몬 집안의 지도자들과 이들의 추종자들은 유대뿐 아니라 갈릴리와 트란스요르단에 흩어져 있는 유대 공동체들도 종교적 자유를 확보하고 누릴 수 있어야 한다고 보았다. 그들은 이를 위해 항쟁은 계속되어야 한다고 믿었다. 두 갈래로 나뉜, 서로 다른 판단과 의지가 무력 항쟁의 대열 안에 보이지 않는 골을 만들어내고 넓혀갔다. 이 무렵 트란스요르단과 갈릴리의 유대 사람들이 헬라주의자들, 헬라화한 이방 사람들의 박해와 공격에 시달리는 일이 실제 일어났다. 변방의 유대인들로부터 도움을 요청하는 소리들이 예루살렘에 이르게 되었다.

항쟁은 이제 해방 투쟁으로서의 성격을 띠면서 대상과 지역을 크게 넓히게 되었다. 유다 마카베오가 지휘하는 유대군이 갈릴리와 트란스요르단으로 파견되어 헬라 도시들을 공격하고, 이들 도시에 살던 유대 사람들을 구하여 유대 땅으로 옮겨와 살도록 돕는 작업이 진행되었다. 정치적으로는 여전히 셀레우코스 왕조

★ 이 편의 기본 텍스트는 『공동번역 성서』 마카베오상5:1~마카베오하15:39. 이외 이 시기의 그리스 및 중근동 역사에 관한 일반적인 이해에 기초하여 서술.

의 지배 아래 있는 유대에서 독립적인 무장 세력이 나타나 팔레스티나 전역의 유대 사람들에 대한 보호자 역할을 자임하고 나선 것이다. 이와 같은 사태에 접한 이들 지역의 비유대 주민들은 자신들에 대한 국가의 보호 능력, 유대 사람들에 대한 국가의 통제력에 의문을 품게 되었다.

유대군에 의한 성전 언덕의 요새화, 아크라 요새의 셀레우코스군에 대한 공격을 계기로 유대군과 셀레우코스군 사이의 전쟁이 재개되었다. 유대군은 벧-스가랴 전투에서 무장한 코끼리를 동원한 셀레우코스군에 패했다. 이어 성전 언덕의 요새가 포위되었다. 유대에서의 계속된 소요를 우려한 셀레우코스 정부군과 정치적 독립의 달성이 현실적으로 어렵다고 본 유대 지도부 사이에 강화 협상이 시도되었고, 결국 타협이 이루어졌다. 성전 언덕에 세워진 요새는 파괴되었고, 대신 유대에서의 종교적 자유는 보장되었다. 대제사장은 아론 가문의 제사장 알시무스로 교체되었으며, 헬라화한 유대 사람들과 이방인들, 정통파 유대 사람들 사이의 공존이 약속되었다. 이로써 하스몬가 사람들의 유대 내외에서의 정치·군사적 지위는 확고해졌다. 반면, 유대 공동체의 존립을 위협하던 헬레니즘의 영향력은 유대 안에 그대로 남게 되었다.

하스몬가 사람들과 셀레우코스 정부 사이의 타협으로 말미암아 유대를 포함한 팔레스티나 전역에 그림자를 드리웠던 헬레니즘과 히브리즘의 전면적인 충돌, 그로 말미암아 초래될 수 있는 비극적인 상황은 예방되었다. 그러나 유다가 이끄는 무력 항쟁 대열 안에서는 다시 한 번 균열이 일어났다. 하시딤 안의 온건주의자들은 셀레우코스 왕조의 지배 아래 종교적 자유가 보장되는 상황을 받아들이기로 하였다. 이와 달리 급진주의자들은 헬라주의자들의 유대 공동체에 대한 위협이 타협 이후에도 계속될 것이라고 보았다. 이들은 하스몬가 사람들의 현실주의적 태도를 종교적 자유를 획득하기 위해 시작된 무력 항쟁의 본래의 취지에서 벗어나는 징조로 판단하였다. 급진주의자들은 하스몬 집안이 투쟁의 전면에 계속서 있기를 요구하면서 셀레우코스 정부와의 타협이 포기되지 않는 한 하스몬가의 지도력 아래 남아 있지 않겠다는 의사를 나타냈다.

새로운 대제사장 알시무스의 취임식을 둘러싼 충돌을 계기로 유다군과 셀레우코스군 사이에 다시 전투가 벌어졌으며, 유다군은 승리를 거두었다. 그러나 제국의 북부에서 일어난 메디아 총독 티마르쿠스의 반란이 진압될 경우, 셀레우코스 대군의 팔레스티나 진입은 불을 보듯 뻔한 사실이었다. 유다의 항쟁 세력은 로마를 보호관으로 삼기로 결심하고 대표단을 지중해 건너로 보냈다. 기원전 161년경의 일이다.

우려했던 대로 기원전 160년 벧-호른에서 벌어진 전투에서 유다군은 대패하였다. 항쟁 세력의 지도자 유다 마카베오도 전사하였다. 예루살렘은 다시 한 번 헬라주의자들의 세상이 되었고, 항쟁에 참여하였던 유대 사람들은 붙잡혀 죽음을 당하거나, 유대 광야의 깊숙한 곳으로 달아나 몸을 숨겼다. 하스몬가의 요나단이 유다의 뒤를 이어 항쟁 세력의 지도자로 추대받은 뒤, 항쟁 세력의 재결집이 이루어지고 유대군과 셀레우코스군 사이에 충돌이 다시 시작되었다.

셀레우코스 왕조로 하여금 긴 쇠퇴의 길을 걷게 만든 왕위 계승 투쟁은 기원전 2세기 중엽에도 마치 처음 일어나는 사건처럼 일어났다. 요나단은 이러한 상황을 이용하여 제국의 새 지배자 발라스로부터 유대의 통치자 겸 대제사장으로 임명받았다. 기원전 142년, 불의의 죽임을 당한 요나단을 대신하여 하스몬가 다섯 형제의 맏이인 시몬이 유대의 새 지도자가 되었다.[51] 시몬의 외교적 노력에 힘입어 유대는 로마로부터 외세에서 보호되어야 할 독립국으로 승인되었다. 다음

---

51 일반적으로 하스몬 왕조(기원전 142~기원전 63년)는 시몬이 유대인들로부터 '유다인의 대사제이자 사령관이며 지도자 시몬'으로 인정받아 이를 공문서 계약서에 명기하면서 시작된 것으로 이해되고 있다.(마카베오상13:41,42) 그러나 팔레스티나 정세에 간섭하던 셀레우코스 왕조가 유대의 독립을 정식으로 인정한 해는 기원전 128년이다.

해 예루살렘의 아크라가 유대군에 의해 함락됨으로써 유대 안에는 더 이상 셀레우코스 주권의 흔적이 남지 않게 되었다. 기원전 139년, 시몬은 유대 사람들 자신에 의해 유대의 대제사장 겸 통치자, 군사령관으로 추대되었다.

시몬은 이스라엘에서 왕을 세우고, 제사장을 임명하는 전통적인 절차를 거치지 않았다. 하나님의 말씀을 전하는 선지자의 예언에 근거하여 머리에 기름이 발리고, 신 내림을 입는 과정을 거쳐 하나님 백성의 지도자로 세워진 인물이 아니었다. 때문에 시몬은 진정한 선지자가 다시 나올 때까지 잠정적으로 종교, 행정, 군사의 모든 권한을 행사할 수 있는 자로 여겨졌다.

내부 쿠데타에 의해 암살된 시몬을 대신하여 기원전 134년, 시몬의 아들 요한 히르카누스가 유대 통치자의 자리에 올랐다. 셀레우코스 왕조가 파르티아와의 전쟁에서 다시 한 번 패함으로써 팔레스티나에 대한 통제력을 더 이상 행사할 수 없게 된 기원전 128년, 요한은 공식적으로 대제사장 겸 왕의 자리에 올랐다. 이로써 유대가 독립국임이 다시 한 번 내외에 선포된 것이다. 비록 다윗 가문이 아닌 하스몬 가문에 의한 것이기는 하나, 기원전 587년, 바빌론에 멸망당한 뒤, 540여 년 만에 이루어진 유대 왕국의 재건이다.

2 — 공동체의 분열과 외세의 개입

하스몬 왕가의 출현은 안티오코스 에피파네스(안티오코스 4세)의 종교 박해, 이에 대한 유대 공동체의 저항이 빚어낸 결과물이었다. 이 왕가의 등장을 바라보면서 유대 사람들 가운데 일부는 당혹감을 감출 수 없었다. 하스몬 왕가의 등장은 저들이 바라고 기다리던 하나님이 친히 이끄시는 나라의 출현과 거리가 멀었다.[52] 뿐만 아니라, 새로 세워진 유대 왕국이 하나님의 계명이 존중되고 율법이 준수되는 순수한 유대 율법 공동체의 세상을 지향할 것 같지도 않았다. 하시딤의 소수 급진주의자들은 하스몬 가문이 지배하는 유대 왕국 안에서의 삶을 거부하고

그림 79
사해 계곡

예루살렘 성전 제의 참여조차도 거부한 채, 유대 광야로 삶 터를 옮겨버렸다. 후에 엣세네파로 불리는 사람들이 이들이다. 사해 남단 쿰란 동굴의 두루마리들은 불모지 한가운데의 동굴에 거처를 마련하고 최후의 날에 대비하면서 기도에 몰두하던 엣세네 계열의 사람들이 남긴 것이다.[53] **그림 79**

---

52 하스몬 가문은 다윗 가문과도 관련이 없었을 뿐 아니라, 아론 계열의 제사장 가문도 아니었다. 왕이 제사장을 겸하는 것도 유대인들에게는 낯설고 받아들이기 어려웠던 부분이다.
53 쿰란에 엣세네파 유대인 공동체가 자리 잡기 시작한 것은 기원전 130년경부터이다. 쿰란 근처의 동굴들에서는 1947년부터 1956년 사이에 엣세네파 유대인들이 남긴 다수의 구약성경 사본 두루마리들과 양피지 조각들이 발견되었다. 이 두루마리들과 양피지 조각은 흔히 사해사본으로 불린다.

329
디아스포라와 메시아 운동

하시딤에 속한 또 다른 한 무리의 사람들 역시 헬라주의자들과의 공존을 택한 하스몬가의 유대 지배를 거부하지만, 유대를 떠나지는 않는다. 이들은 유대 사람들에게 성문화된 율법뿐 아니라 구전되는 율법까지 세세하게 준수함으로써 하나님의 거룩한 백성으로서의 자격을 갖추고 지켜나갈 것을 강조하였다. 이들은 자신들이 앞장서 진지하게 율법을 지켜나가는 모습을 보여줌으로써 일반 백성들에 대한 영향력을 증대시켜갔다. 이들이 뒤에 분리주의자, 곧 바리새인으로 불리는 사람들이다. 바리새인들은 율법에 대한 지식을 보존하고 전달하며, 풀이하고 가르치는 율법 연구자 및 교사 역할을 담당함으로써 유대교의 성립과 전파를 실제 가능하게 한 사람들이다.[54]

40년에 걸친 마카베오 항쟁의 원인 제공자라고도 할 수 있는 헬라주의자들, 헬레니즘에 물든 제사장들과 귀족 계층, 부유한 상인들은 하스몬가의 '현실주의'로의 전환 과정을 예의 주시하였다. 항쟁 주도 세력이 공존을 전제로 한 왕국 체제 수립을 시도하자 이를 적극 환영하였다. 기존의 사회질서가 부정되지만 않는다면 이들은 시리아 셀레우코스 왕조의 지배가 계속되건, 하스몬가가 비록 이 작은 땅 덩어리만을 지배하는 새 왕국을 세우건 이에 대해 이의를 제기할 생각이 없었다. 이들은 하스몬가가 세운 유대 왕국의 의회 역할을 하면서 왕가에 충성을 바친 산헤드린 구성원의 대다수를 차지하고 있었다. 이들이 유대 사회 안에서 사두개인으로 불리던 사람들이다.

사두개인들은 성문화된 율법인 토라 이외의 것은 그 권위를 인정하지 않았으며, 성전을 중심으로 한 제의의 유지를 중시하였다. 이들은 안티오쿠스 에피파네스의 박해 시대에 특별히 강조되면서 유대 민중들에게 광범위한 호응을 받았던 부

---

54 바리새인들은 주로 회당을 중심으로 활동하였으므로 유대의 일반 백성들과 접촉이 쉬웠다.

활 신앙, 사후의 상벌, 유배 시대 이래 정리가 진행된 마귀론, 천사론을 부정하거나 받아들이기를 거부하였다.[55] 사두개인들은 모세오경에 바탕을 둔 제의를 율법의 핵심으로 생각했다. 유대 공동체를 제의 공동체로 유지시킬 수만 있다면 그 이외의 것에 대해서는 어떤 양보나 타협도 가능하다고 생각하는 사람들이었다.

하스몬가를 가장 강력하게 떠받친 사람들은 유대 민족주의자들이었다. 이들은 정치적 독립이 성취되지 않는 한 종교적 자유는 보장되지 않는다고 믿는 사람들이었다. 또한 유대 공동체가 존재하는 곳이면 어디에서든 종교적 자유는 보장되어야 하며, 이를 위한 지원이 가능하다고 판단되면 유대 영역 바깥에서의 군사 행동도 마다하지 않아야 한다고 주장하는 사람들이었다. 이들 유대 민족주의자들은 유대 왕국이 옛 통일 이스라엘의 영역을 회복할 필요가 있으며, 다윗과 솔로몬 왕국 안의 모든 백성들이 하나님의 율법이 지켜지는 세계 안으로 들어와야 한다고 믿었다. 하스몬가의 유대 왕국을 로마가 점령하고 지배하는 사태가 일어나자 열광자들을 뜻하는 젤롯이라는 당파를 형성하여 유대 사람들에게 세계 제국 로마에 대한 전면적인 항쟁을 촉구하며 이에 앞장선 사람들도 이들의 후예들이다.

요한 히르카누스와 유대 민족주의자들은 왕국 시대의 도래가 현실이 되자, 통일 이스라엘 영역의 회복을 눈앞의 과제로 삼게 되었다. 에돔 사람들의 땅이 되어버린 유대 남부, 곧 이두메아에 대한 정복이 이루어졌다. 하스몬가의 유대 왕국은 이두메아 백성들에 대한 할례를 강행하여 정복된 영토와 그 주민들을 유대로 합병, 흡수하였다. 트란스요르단이 정복되고, 사마리아가 유대에 합병되었다. 그리심 산의 성소는 파괴되었으며, 사마리아 사람들은 유대의 2류 국민으로 취급되

---

55 사두개인들이 성문 토라에 보이지 않는 종교적 사상이나 관념의 수용을 거부한 것과 달리 구전 토라를 인정하는 바리새인들은 이를 받아들였다. 유대의 대 로마 항쟁이 실패로 돌아가고 기원 70년 예루살렘 함락으로 제2성전 시대가 끝나면서 사두개인들은 존재 근거를 잃고 사라졌다.

었다. 갈릴리도 유대의 영역이 되었고, 갈릴리에서도 비유대계열 주민을 강제로 유대화시키는 작업이 진행되었다. 유대 주변 지역의 정복과 주민의 할례는 요한의 후계자 아리스토불루스 1세, 알렉산더 얀네우스에 의하여 유대 왕국의 정책으로 계승되었다.

바리새인들이 보기에 하스몬가의 이와 같은 대외 정책은 유대 공동체의 정체성에 오히려 혼란을 초래하고, 율법 공동체의 순수성을 해치는 행위였다. 군사적 정복과 강제적 할례는 이미 헬라화한 이방 주민들의 증오심을 불러일으켜 왕국이 통제력을 잃는 순간 흩어져 있는 유대 공동체의 존립을 위협하는 근본 원인으로 작용할 수도 있었다. 강제적 할례가 이스라엘인이라는 정체성을 지니지 않은 사람들로 하여금 유대 사람들이 역사적 경험을 바탕으로 이루어낸 독특한 율법 공동체에 귀속감을 느끼게 할 수는 없었다. 바리새인들에게 하스몬가 통치자들은 정치적 동기를 종교적 명분으로 포장한 채 유대 사람들의 피를 강요하는 정복 전쟁을 계속하는 자들에 불과하였다. 하스몬가 사람들이 왕이자 대제사장으로 유대에 군림하는 것은 율법에 위반되는 것이며 명백히 이교적이며, 배교적인 행위였다.

결국 하스몬가 통치자들이 더 이상 대제사장을 겸해서는 안 된다고 주장하는 사람들을 중심으로 반란이 일어났다. 알렉산더 얀네우스는 이방인들로 이루어진 용병을 동원하여 이를 진압했다. 반란 세력은 시리아 셀레우코스 왕조의 개입을 요청했으며, 셀레우코스군의 유대 진입이 다시 유대 민족주의를 자극했다. 기원전 88년경, 반란을 주도했던 바리새파 유대 사람들 800여 명이 왕궁 광장에서 십자가형을 당했고, 그들의 가족들도 처형되었다.

알렉산더 얀네우스에 의해 다윗과 솔로몬 시대의 영토에 비견되는 영역의 확장이 이루어졌다. 그러나 이런 외형적 성과에도 불구하고 하스몬가의 유대 왕국이 유배 시대 이래 유대 사람들이 꿈꾸었던 다윗의 나라, 하나님이 친히 메시아적 존재를 통해 다스리는 새 이스라엘이 아님은 명백해졌다. 바리새인들을 포함한 진지한 유대 사람들이 보기에, 하스몬가의 통치자들은 헬라주의자들이 다스리는 주변 이방 국가의 왕들과 그다지 다르지 않은 자들이었다. 현실의 이익을 위해 율법을 편의적으로 해석하고, 필요에 따라서는 율법의 진정한 의미와 기능을 왜곡하기도 하는 율법 공동체 바깥에서 사는 자들이었다. 이를 거듭 증명이라도 하려는 듯이 알렉산더 얀네우스의 뒤를 이은 살로메 알렉산드라의 화합 정치가 꽃필 틈도 없이 살로메의 두 아들 사이의 왕위 계승 투쟁이 벌어졌다.[56] 이 와중에 동방세계로의 지배영역 확장에 깊은 관심을 보이던 로마가 유대 왕가 권력투쟁의 조정자로 초대되었다. 기원전 63년, 왕권을 다투던 두 세력 가운데 한쪽이 열어준 예루살렘 성문으로 로마군이 쏟아져 들어왔다. 540여 년 만에 되찾은 유대의 독립이 70년도 제대로 채우지 못한 채 종말을 고하고 만 것이다. 그림 80

3 — 로마가 허용한 헤롯 가문의 유대 지배

유대는 시리아 총독의 관할 아래 있는 로마의 속주가 되었다. 하스몬가의 왕들에 의해 병합되었던 이방의 땅들은 유대로부터 해방되었고, 유대는 다시 다섯 개의 행정 지역으로 쪼개졌다. 로마는 로마군에 성문을 열어주었던 세력이 떠받드는 대제사장 히르카누스 2세와 그의 후견인이자 실권자인 이두메아 출신의 안티파테르를 통해 유대를 다스렸다. 로마는 이들을 통해 유대 사람들에게서 세금을 징수해갔다.

기원전 40년, 로마 원로원은 유대 총독 안티파테르의 아들 헤롯을 유대의 왕으로 임명하였다. 이로써 이두메아를 지배하던 안티파테르 가문이 100여 년 동안

---

[56] 알렉산더 얀네우스의 왕비 살로메 알렉산드라는 바리새인과의 화해를 통해 유대 사회를 안정시키는 데에 주력하였다. 그러나 살로메가 죽자 두 아들 아리스토불루스 2세와 히르카누스 2세 사이에 벌어진 권력투쟁이 외세를 끌어들이면서 하스몬 왕조 시대는 막을 내리게 된다.

그림 80
로마의 장군 폼페이우스 마그누스의 예루살렘 성전 모독, 장식화, 장 푸케, 15세기

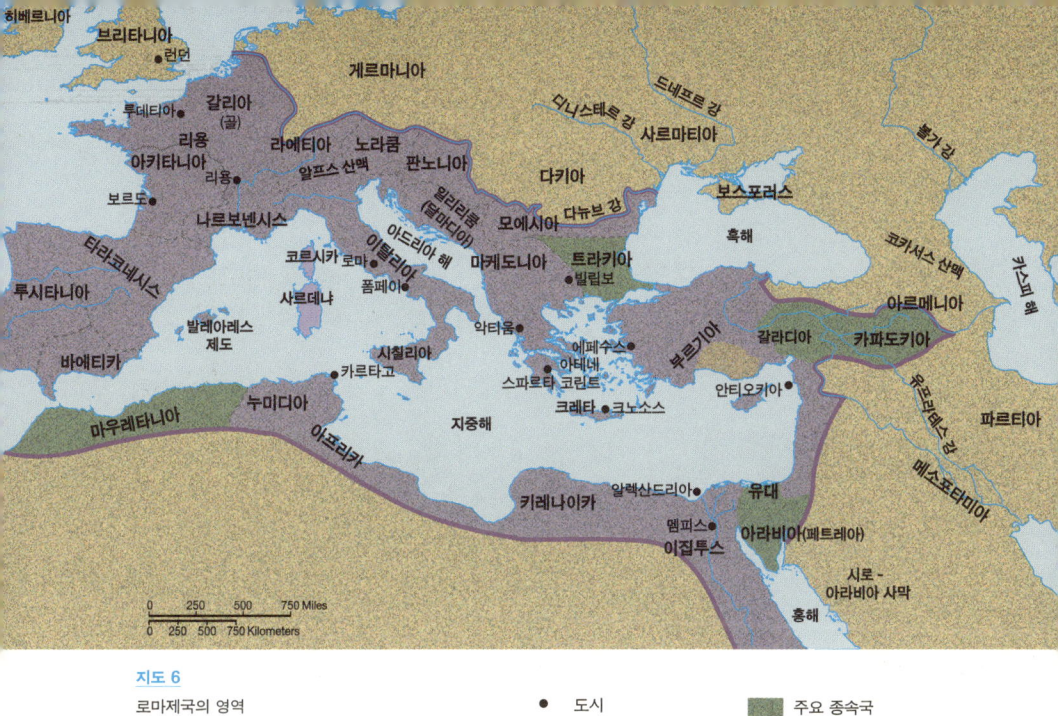

지도 6
로마제국의 영역

● 도시
로마 지배 하의 영토
주요 종속국
정복하지 못한 영토

유대의 통치자로 군림할 수 있는 길이 열렸다.[57] 바리새인들로서는 상상하고 싶지도 않은 일이 현실이 되고 만 것이다. 반면, 사두개인들로서는 로마인 총독이 아닌, 저들의 성전 제의의 역사와 종교적 의미를 이해할 수 있는 통치자를 맞게 된 것이 오히려 다행스러운 일이었다.

후에 대왕으로 불리게 되는 헤롯은 팔레스티나와 트랜스요르단 외에 갈릴리 동북으로 펼쳐진 고원지대 이두래와 드라고닛까지 영토에 편입시킴으로써 유대의 영역을 다시 한 번 크게 확장시킨다. 하지만, 하스몬 가문의 왕들이 행했던 것

[57] 안티파테르 가문의 유대 통치는 이 지역에 대한 로마의 지배를 받아들인 상태에서 이루어진 일이다. 로마 원로원의 결정에 따라 유대는 언제든지 총독 파견지나 분봉왕 통치 지역으로 바뀔 수 있었다. 로마의 입장에서 유대는 다양한 유형의 지방 행정단위의 하나에 불과했다. 대왕으로 불린 헤롯의 지대한 업적으로 말미암아 안티파테르 가문은 이후 헤롯 가문으로 불리게 된다.

디아스포라와 메시아 운동

그림 81
에페수스 대극장 유적, 터키

과 같은 헬라 도시들의 기념물 파괴, 이방 주민의 강제적 할례 등은 행하지 않았다. 사실상 로마의 지배 아래 있는 상황에서 그러한 정책은 시행이 불가능했을 뿐 아니라, 유대 사람들 다수의 지지를 받을 수도 없는 행위였기 때문이다.

이두메아 출신이라는 약점을 극복하고, 자신도 유대 공동체의 진정한 일원이라는 점을 알리고 인정받기 위해 헤롯은 예루살렘 성전을 대대적으로 수리하고 확장하는 작업에 착수한다. 사실상 새로운 건축이라고도 할 수 있는 이 작업은 기원전 19년에 시작되어 기원후 63년에 최종 마무리될 정도로 세부적인 데에 이르기까지 정성이 기울여졌다. 12년이라는 건축 기간이 소요된 지중해 연안의 항구도시 카이사리아와 스트라토의 탑, 유명한 예루살렘의 헤롯 궁전 역시 헤롯 대왕의 통치기에 세워진 수많은 건축물 및 신도시들 가운데 하나이다. 그림 81

    기원전 4년 헤롯 대왕이 죽은 뒤, 그의 왕국은 로마 황제의 승인 아래 헤롯의 세 아들 아켈라오, 안티파스, 빌립에 의해 분할, 계승된다. 아켈라오는 사마리아와 유대, 안티파스는 갈릴리와 베레아(트란스요르단 남부), 빌립은 갈릴리 동북 고원지대 이두래와 드라고닛의 통치자로 임명되었다. 그런데 이들 가운데 어느한 사람도 헤롯이 누렸던 왕의 지위와 칭호는 받지 못한다.

    로마군이 예루살렘에 진입할 당시, 유대 저항군을 뒤쫓아 성전에 들어서서 제사장들을 포함한 다수의 유대 사람을 죽이고 대제사장만 출입할 수 있는 지성소까지 더럽힌 뒤부터 일반 유대 사람들의 눈에는 로마에 협력하는 모든 사람이 로마 사람과 동일시되었다. 더욱이 이두메아의 세력자 안티파테르가 유대의 총독으로 임명되자 유대 사람들의 증오는 안티파테르 및 그와 함께한 사람들에게 쏠렸다. 유대 공동체가 자리 잡고 있는 여러 지역에서 반反로마, 반안티파테르 항쟁이 일어났다. 헤롯이 갈릴리의 군대 장관으로 임명되었을 즈음 갈릴리를 휩쓴 히즈기야 무리의 폭동도 이러한 성격의 민중 항쟁에 가까웠다.

    철권통치로 민중 항쟁을 잠재웠던 헤롯 대왕이 죽자, 그의 왕국 전역에서 다시금 크고 작은 항쟁이 일어났다. 이 가운데 헤롯에 의해 처형당했던 갈릴리 히즈기야의 아들 유다와 그의 추종자들이 일으킨 항쟁은 갈릴리 전역을 무정부상태에 빠트렸다. 시리아에 주둔하고 있던 로마 군단이 진압에 나설 때까지 헤롯의 후계자들은 갈릴리 봉기의 확산을 막는 데에 급급할 뿐이었다. 항쟁은 진압되었고, 로마는 2,000여 명의 갈릴리 사람들을 십자가에 못 박았다. 로마의 지배에 대한 저항이 어떤 결과를 가져올 수 있는지를 팔레스티나 전역의 주민들에게 보여주기 위한 조치였다.

하스몬 왕가의 지배가 끝나면서 왕이 대제사장을 겸하는 문제는 자연스럽게 풀렸다. 그러나 로마의 지배를 헤롯 가문이 대행하는 체제가 성립하면서 또 다른 과제가 유대 공동체 앞에 던져지게 되었다. 유대 사람들에게는 이방인에 불과한 이두메아의 헤롯이 대제사장을 임명하는 사태가 발생한 것이다. 유대 공동체를 사실상 대표하는 존재인 대제사장, 예루살렘 성전 제의의 주관자의 자리에 이두메아 사람 헤롯의 꼭두각시가 앉게 된다는 것은 경건한 유대 사람들로서는 참을 수 없는 사태였다. 사두개인들은 이러한 상황 전개에 개의치 않았을 뿐 아니라 정치권력자와 대제사장이 구분될 수 있다는 점으로 말미암아 오히려 환영했다. 이에 비해 바리새인들은 전혀 다른 입장에 서 있었다. 성전 제의의 신성성조차 지켜지지 못하게 되었으므로 회당을 중심으로 일반 백성들에 대한 율법 강해가 더욱 적극적으로 이루어질 필요를 느끼게 되었다. 이제 유대 공동체 안에서 바리새인들을 중심으로 한 일반 백성들의 삶과 대제사장 및 성전 귀족들을 둘러싼 사두개인들의 세계는 더욱더 멀어지게 되었다.

메시아 운동의 새로운 지평
― 광야에서 외치는 자의 소리

1 ― 로마 총독이 다스리는 유대

로마로부터 유대와 사마리아의 지배자로 임명받은 아켈라오는 헤롯 대왕과 달리 당근을 버리고 채찍에만 의존하는 통치에 매달린다. 그러자 예루살렘의 산헤드린조차 헤롯 가문에 대한 지지를 재고하게 된다. 결국, 사마리아와 유대 귀족 대표들은 로마에 들어가 아켈라오의 억압적 통치로 말미암은 이들 지역에서의 전면적인 민중 반란의 가능성을 내비친다. 황제 아우구스투스는 아켈라오의 지위를 박탈하면서 유대와 사마리아를 로마 총독이 다스리는 직접 지배지에 포함시키기로 결정하였다. 유대 사람들 자신이 로마의 직접 지배를 부른 것이다. 그림 82

유대와 사마리아는 기사 계층의 인물이 총독으로 부임하는 로마의 3급성으로 편제되었다. 총독의 공관은 지중해 연안의 카이사리아에 설치되었으며, 카이사리아의 헤롯 궁이 총독부의 기능을 담당하게 되었다. 조공은 로마에 직접 바쳐야 했다. 이를 위해 기원전 6년 전면적인 인구조사가 이들 지역에서 이루어졌다.[58] 유대 사람들 자신이 불러들인 이방의 직접 통치이지만, 막상 조공액을 결정하기 위한 호적 조사가 시행되어 상황의 변화가 현실이 되어버리자 유대 안에서는 격렬한 반발이 일어났다. 야웨 하나님만이 이스라엘의 왕이며, 어떤 세금도 하

★ 이 편의 기본 텍스트는 마태복음1:1~14:12, 마가복음1:1~6:29, 누가복음1:1~9:9. 이 외 이 시기의 그리스 및 중근동 역사에 관한 일반적인 이해에 기초하여 서술.
58 요셉과 마리아가 베들레헴으로 여행하는 것도 로마의 호적 조사에 응하기 위한 것이었다.

그림 82
로마군인, 2세기, 베를린 알테 박물관

나님에게만 바쳐져야 한다고 주장하는 갈릴리의 유다와 사둑이 민중 봉기를 일으킨다. 이 봉기는 얼마 안 가 로마군에 의해 진압되었다. 그러나 갈릴리 사람들이 제시한 이방 통치로부터의 해방, 하나님 왕국 도래의 꿈은 유대 민중의 마음 깊이 새겨진 채 로마 지배를 불안하게 하는 주요한 원인으로 남게 되었다.

두 지역의 상급 지방 행정단위 책임자인 시리아 총독이 직접 실시한 인구조사가 마무리되자 초대 총독 코포니우스가 사마리아가 포함된 유대성에 부임하였다. 짧게는 3년, 길게는 10년을 단위로 유대의 총독은 교체되었고, 새로 부임한 총독은 대제사장의 임면권을 미끼로 부유한 제사장 가문들과 흥정을 하고는 하였다. 점차 총독에게 거액의 재물을 건넬 재력을 지닌 몇몇 가문만이 대제사장직을 차지할 수 있게 되었다. 이로 말미암아 대제사장직에 대한 과점 체제가 성립되었다. 유대의 일반 백성들뿐 아니라 평범한 제사장 가문들과 예루살렘 성전 대제사장 가문들 사이에도 매울 수 없는 골이 파이게 되었다. 민중들은 종교 지도자로서의 대제사장들에 대한 최소한의 존경심마저 잃어갔다. 언제부터인가 유대의 일반 백성들 사이에서는 공동체를 이끌 새로운 지도자, 진정한 선지자의 출현이 임박했다는 소문이 돌기 시작하였으며, 많은 사람들이 이를 믿고 기다리게 되었다.

유대에는 로마로부터 총독이 파견되고, 갈릴리, 베레아를 비롯하여 주변 지방은 헤롯 가문의 자손들이 분봉왕이라는 이름으로 다스렸다. 이와 같은 행정적인 분할과 통치에도 불구하고 팔레스티나 전역에 흩어져 있던 유대 공동체는 성전과 회당을 중심으로 특유의 종교적 자치 상태를 유지하였다. 정치적으로는 분봉왕 체제를 통하여 로마의 지배를 받기도 하고, 로마 총독을 통해 제국의 직접적인 통제 아래 있기도 했지만 유대 공동체의 종교와 관습은 존중되었다. 유대인들에게 로마나 헤롯 가문은 세금을 징수하며 기본적인 사회질서를 관리하는 세속적 지배 체제에 불과했을 뿐이다. 유대 공동체 구성원들에게는 율법 교사와 장로들에 의해 꾸려지는 지방 단위의 회당, 제사장들이 관리하는 성도 예루살렘의 성전, 제사장, 장로, 율법 교사들을 구성원으로 한 유대 공동체 최고 회의인 산헤드린의 율법적 삶에 대한 판단과 권유를 받아들이고 따르는 것이 무엇보다 중요했다.

문제는 계속된 전쟁과 지배 세력의 교체, 황폐해진 국토, 무거워지는 세금 등으로 유대 공동체를 포함한 팔레스티나 어느 곳에서나 가난한 자, 병든 자가 넘쳐

났고, 사람들 사이가 어그러졌다는 사실이다. 더욱이 주변의 정치·사회·문화적 환경이 혼란스러워지고 악화되자 유대 공동체는 율법을 중심으로 굳건히 뭉치려고 애쓰면서 유대와 이방 세계를 나누려는 의식을 더 강하게 드러내게 되었다. 이로 말미암아 유대인과 이방인, 특히 유대인과 사마리아인 사이는 더욱 벌어졌다. 갈릴리의 유대인이 성도 예루살렘을 순례하고자 할 경우, 사마리아를 거치는 가까운 길을 외면하고 요르단 강 동편 베레아를 거치는 먼 우회로를 택하여 여행할 정도로 두 민족 사이의 갈등의 골은 깊어졌다.

유대 공동체 안에서도 헤롯 가문과 로마를 지지하는 사람들, 현재의 세속 지배 체제를 받아들이는 데에 그치지 않고 이를 위한 여러 기구나 조직에 참가하여 로마와 헤롯 가문의 유대 공동체 지배가 계속되는 데에 도움을 주는 사람들과 그렇지 않은 사람들 사이에 서로를 의심하고, 괴롭히고 죄인처럼 여기는 사태도 계속되었다. 로마 제국의 지배를 받던 기원전 1세기의 팔레스티나는 산야뿐 아니라 사람들 사이도 극히 황폐해져 있었다. 그림 83

2 — 광야에서 외치는 자 세례 요한의 등장

갈릴리를 중심으로 빈번히 일어났던 민중 봉기가 강력한 로마 군단의 힘에 눌려 진압되고 많은 사람들이 십자가형을 당한 뒤, 유대 산골 출신의 청년 요한에 의해 팔레스티나 민중을 대상으로 일면 전통적이면서도 다른 한 면으로는 새로운 형태의 사회 개혁 운동이 시작되었다. 이른바 회개 세례 운동이다.

세례를 통한 하나님 앞에서의 새로운 인격으로의 탄생을 역설했던 청년 요한은 이 운동으로 말미암아 세례 요한으로 불리게 된다. 낙타 털옷을 입고 허리에 가죽 띠를 띠고 메뚜기와 석청을 먹으며 광야를 거처로 삼았던 세례 요한의 '회개하라. 천국이 가까웠느니라' 는 외침은 많은 유대의 백성들로부터 반향을 얻는다.[59] 요르단 강 강줄기를 따라가며 진행된 요한의 회개 세례 운동은 예루살렘과

그림 83
무대용 가면 장식, 대리석, 기원전 3세기경, 베를린 알테 박물관

유대와 요르단 강 사방의 온 백성들에게 호응을 받는다. 이를 본 바리새인과 사두개인들까지 세례 현장에 나아온다. 바리새인과 사두개인들은 스스로를 유대 사회의 지도층으로 여겼고 실제 그 역할을 해내던 사람들이다. 한 유대 청년의 움직임이 유대 공동체 안에 새 흐름을 만들어낸 것이다.

세례 요한은 자기들의 죄를 인정하고 고백하는 자들에게 물로 세례를 주면서 유대인 특유의 선민의식, 곧 아브라함의 자손만이 구원을 받는다는 의식을 앞세우기보다 회개에 합당한 열매를 맺음으로써 임박한 하나님의 진노를 피할 것을

59 마태복음3:1~6.

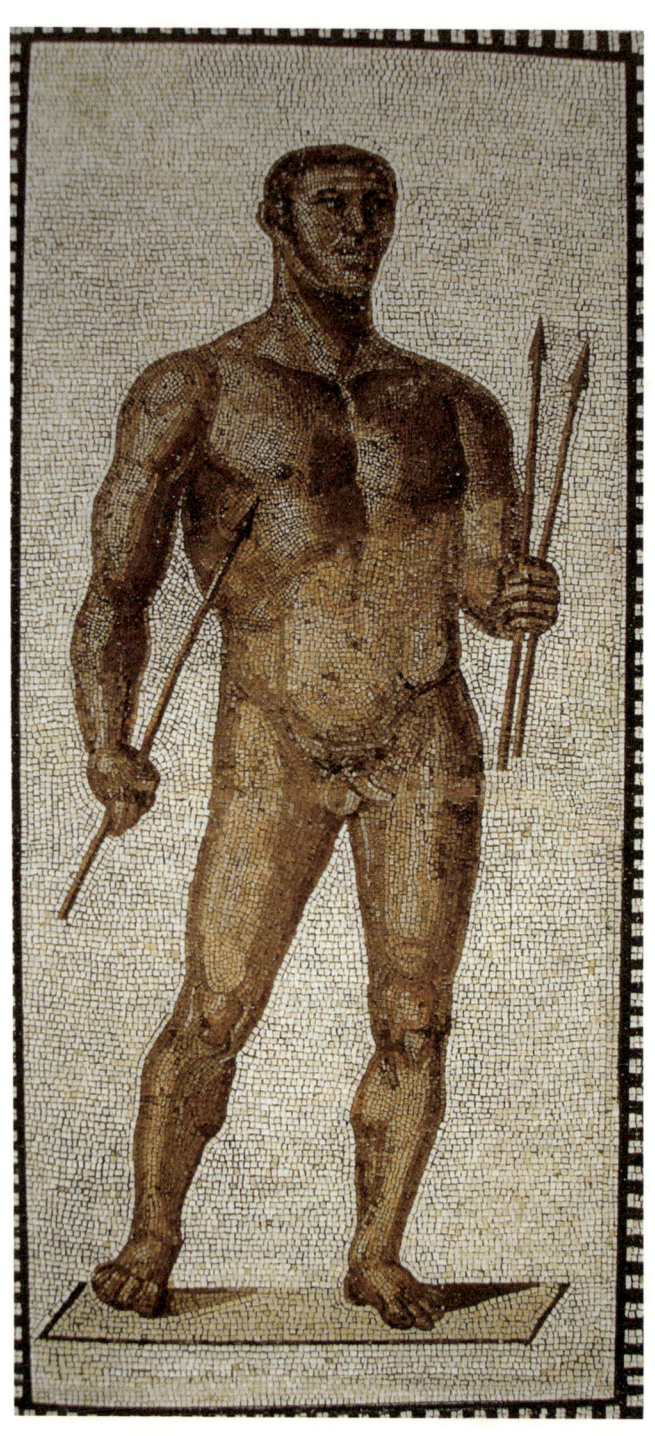

그림 84
로마검투사,
카라칼라 목욕장 모자이크,
2세기,
바티칸 박물관

강조한다. 모든 유대인이 바라고 바라던 하나님의 임재, 메시아의 오심이 어떤 이들에게는 천국의 도래이지만, 다른 이들에게는 심판의 시간이라는 사실을 확인시킨 것이다. 요한의 세례는 또 한 사람의 청년, 갈릴리 나사렛의 젊은 목수 예수에게도 행해진다. 요한은 물로 세례를 받으려 한 청년 예수에게 하나님의 성령이 비둘기같이 내려오는 모습을 본다.

요르단 강을 중심으로 이루어지는 요한의 회개 세례 운동, 이에 대한 일반 백성들의 적극적인 호응은 헤롯 가문의 사람들과 로마 당국, 유대의 최고 지도자들 모두를 긴장시킨다. 팔레스타나를 지배하던 이들 서로 다른 세력들 사이에는 긴장과 갈등이 그치지 않았지만, 세 세력 모두 이 지역에서의 정치적 안정이 유지되어야 한다는 점에서는 이해가 일치하고 있었기 때문이다. 이들 모두는 요한의 회개 세례 운동이 예기치 않은 순간 유대 민족주의를 자극할 가능성을 우려하였다.

왕국 시대의 선지자 엘리야를 연상시키는 세례 요한의 삶의 태도와 방식, 회개로부터 출발하라는 민중들을 향한 외침의 내용으로 볼 때, 요한의 회개 세례 운동과 유대와 갈릴리에서 일어나곤 하던 민중 봉기 사이에는 명백한 차이점이 있었다. 그러나 지배자들은 백성들이 모이는 것 자체에 의심과 불안의 눈길을 주고 있었다. 세례 요한이 갈릴리와 베레아의 분봉왕 헤롯 안티파스가 동생 빌립의 아내 헤로디아를 취한 것이 유대의 전통과 관습에 위배됨을 지적하자 헤롯은 즉시 요한을 구금시킨다.

헤롯 안티파스의 잘못에 대한 요한의 지적은 다윗이 부하 우리아를 전쟁터에서 죽게 만들고 그 아내 밧세바를 취하자 선지자 나단이 지적하여 왕으로 하여금 자신의 잘못을 깨닫고 회개시킨 것과 같은, 이스라엘의 오랜 선지자적 전통을 부활시킨 행위였다.[60] 유대인의 종교와 관습을 지키는 자로 자임하던 헤롯 가문의

---

60 사무엘하11:2~12:1.

일관된 입장이 있었음에도 불구하고 갈릴리의 헤롯은 세례 요한을 옥에 가둔 것이다. 헤롯 안티파스는 백성들이 세례 요한을 선지자로 인식하고 있음을 잘 알고 있었다. 그 자신도 광야의 외치는 소리, 낙타 털옷을 입은 선지자 요한에 대해 외경심을 지니고 있었다. 그럼에도 불구하고 헤롯은 세례 요한이 민중 봉기의 지도자로 추대될 가능성에 좀 더 주의를 기울였다. 아마 주변으로부터도 그러한 부분에 대한 우려를 지속적으로 강하게 전달받았을 것이다. 세례 요한은 결국 분봉왕의 잔치 자리에 나와 춤을 춤으로써 좌중을 기쁘게 한 헤로디아의 딸 살로메의 요청으로 옥중에서 죽음을 당한다. 관례에 따른 정당한 재판의 절차도 거치지 않은 채 옥에서 목이 잘려 그 머리가 소반에 올려진 채 살로메에게 건네진 것이다.

스스로를 유대인의 역사적 소망, 곧 메시아의 오심을 예비하는 자로 일컬었던 유대의 선지자 요한의 생은 광야로부터 오는 생생한 외침, 회개와 세례로 새 공동체를 이루어내려던 꿈에 대한 세속 지배자들의 반발을 받으며 막을 내렸다. 세례 요한의 소망은 그 자신이 예견했듯이 물이 아닌 성령과 불로 세례를 줄 이, 요한으로서는 그 신의 들메끈 풀기도 감당하기 어렵다고 말한 그리스도를 통해 성취될 수밖에 없게 되었다. 이미 요한이 요르단 강에서 세례를 주던 그 순간부터 요한과 그 제자들이 꿈꾸었던 새로운 역사는 갈릴리의 청년 목수 예수를 통해 시작되고 있었다.

부록

역사 이전의 기억들

천지창조

1 ― 창조의 시간과 공간

시간은 공간을 전제로 한 개념이다. 공간이 없다면 시간은 성립하지 않는다. 태초는 하나님이 천지를 창조하시기 시작한 시간이다. 천지창조 이전에는 시간과 관련된 '태초'를 상정할 수가 없는 것이다. 우주의 시작이 우리의 인식 영역 바깥에 있다면 우주의 끝도 마찬가지가 아닐까.[01] 불교에서 말하는 인식하는 것은 존재하며, 인식하지 못하는 상태에서는 나도, 너도, 만물도 없다는 개념이 현대 물리학에서의 우주론과 일정하게 닿고 있음을 알 수 있다.

하나님이 천지를 창조하셨다면, 하나님은 시간과 공간이라는 피조물의 일상적인 경험을 넘어서 존재하는 분이다. 때문에 하나님이 스스로를 특별한 방법으로 피조물에게 드러내지 않으신다면 피조물은 그분을 인식할 수 없다. 하나님이 만물을 창조하신 뒤, 마지막으로 하나님의 형상을 본으로 삼아 '흙'으로 지으시고, 그 속에 '생기'를 불어넣으셔서 사람을 세상에 있게 하신 것은 자신이 만든 세계에 들어오시고자 함이다.

흙은 피조물의 바탕을 이루는 기본 재료에 해당한다. 만물은 흙에서 나고 흙

★ 이 편의 주 텍스트는 창세기 1:1~3:24이다.
01 시간과 공간이라는 개념은 '우주'라 불리는, 물리적으로 실재하는 세계 안에서만 유효한지도 모른다. 인간은 실재와 '그 너머'의 경계에 있는 존재라는 생각이 든다.

으로 돌아간다. 동아시아의 전통적인 사고를 참고로 하면, 하늘과 땅의 기운을 받아 나고 지는 셈이다. 사람은 이 흙으로 지음을 받은 존재이다. 곧 사람의 몸은 흙이라는 피조 세계의 기본 성분으로 말미암은 시간적 한계를 안고 있는 셈이다. 일반 피조물에서는 당연하다고 해야 할 소멸, 부스러짐, 원 상태로 돌아가려는 힘이 사람에게 작용할 수 있는 것이다.

생기生氣는 하나님으로부터 직접 나온 '살아 있는 인격'이라고 할 수 있다. 종교학에서 말하는 '불멸의 기운'과 가깝다고 할 수 있지만, 실제 일정한 인격이 전제된 생명의 기운이라는 점에서 오히려 하나님의 본질의 한 부분, 바로 하나님 자신이라고 이해해야 한다. 기독교에서 말하는 성부, 성자, 성령의 삼위일체 가운데 성령이 흙으로 만든 하나님 형상의 피조물 속에 들어와 생명이 있는 존재, 피조물 가운데 단 하나 '영혼'을 지닌 존재인 사람이 되게 한 것이다. 하나님에 의한 천지창조의 마지막 작품인 사람에게는 이처럼 하나님 자신이 들어오셔서 사람으로 하여금 피조물 세계에서 '소멸'을 강요받지 않는 특별한 존재로 자리 잡게 하셨다.

하나님은 자신이 창조한 '보시기에 좋은' 매우 아름답고 조화로운 세계 속에 들어오셔서 만물과 함께하시기 위해 사람을 지으셨다. 에덴의 세계 속에서 하나님은 사람과 함께 계셨다. 아담은 자신의 뼈 중의 뼈, 살 중의 살로 지어진 하와와 함께 하나님의 동산에서 하나님과 함께 지냈다. 그는 만물에 이름을 지어줌으로써 피조 세계의 생명들이 서로 구별되면서도 함께 살 수 있게 하였다. 첫 사람 아담은 하나님이 허락하고, 또 부여하였던 피조 세계의 관리자, 만물의 청지기 역할과 의무를 충실히 수행했던 하나님의 대리자였다.

2 — 의심과 희생

『장자莊子』에는 혼돈에게 항상 도움을 받던 숙과 홀(매우 짧은 시간들)이 신세를 갚는다고 혼돈의 몸에 일곱 개의 구멍을 뚫어주자 그만 죽어버렸다는 우주론적인 비유가 나온다. 혼돈, 곧 카오스적 상태는 시간이라는 개념의 개입을 받으면 코스모스적 상태로 바뀐다는 뜻이다. 혼란과 무질서를 상징하는 카오스는 소멸하고 질서와 조화를 뜻하는 코스모스가 생성되는 것이다. 『장자』의 비유는 카오스caos에서 코스모스cosmos로의 전환에 대한 긍정적 판단은 내리지 않고 있다.[02]

아담과 하와가 창조 세계의 관리자로 첫 번째 한 일은 피조물의 이름을 짓는 일이었다. 이름으로 말미암아 만물이 스스로를 또한 서로를 알 수 있게 한 것이다. 피조물 세계에서의 코스모스가 아담을 통해 성립한 것이라고 하겠다. 많은 경우, 코스모스는 조화로운 질서가 성립, 유지되는 상태를 뜻한다. 조화로운 상태가 깨지면, 코스모스는 소멸하고 카오스가 출현하였다고 한다. 균열은 작게 시작된다. 그러나 조화와 균형이 깨지고 이지러지기 시작하면 멈추기 어렵다. 멈추지 못한 균열의 결과는 크고 무겁게 다가와 기존의 질서를 완전히 무너뜨릴 수도 있다.

하와에게 던진 뱀의 첫 질문은 작지만 무서운 균열의 씨앗을 담은 것이었다. '하나님이 참으로 너희더러 동산 모든 나무의 실과를 먹지 말라고 하시더냐.' 반드시, 꼭, 정말, 누구나, 어느 것이나, 아무도 등의 단어로 상대의 판단과 의지에 혼란을 가져오려는 질문을 던지는 것이 적절한 인간관계 유지에 바람직하지 않은 것과 마찬가지이다. 하와는 뱀과의 대화를 통해 하나님과 사람 사이를 의심하게 되었고, 남편 아담과 함께 하나님의 낯을 피하는 자가 되었다. 아담은 아내 하와에게, 하와는 뱀에게 선악과를 따먹은 자신들의 행위에 대한 책임을 떠넘겨 사람과 사람, 사람과 만물 사이의 조화와 공존을 깨는 자가 되었다.

---

[02] 노장적 사고와 관념에서 '혼돈'은 인간 차별의 원인이 되는 문명적 질서 이전의 세계로 이상적인 삶의 세계에 가깝다.

만물의 청지기인 사람이 자신의 마음 앞에 놓인 의심의 덫을 피하지 못함으로써 하나님과 사람, 만물 사이의 코스모스적 상태는 깨지게 되었다. 믿음 위에 성립한 조화롭고 적절한 관계가 무너짐으로 말미암아 하나님이 창조하신 우주는 고통스러운 혼란을 경험하게 되었다. 하나님이 말씀하신 '저주'는 관계의 상실에서 비롯된 것이다. 카오스와 코스모스가 서로를 대신하는 관계인 것과 마찬가지이다. 더 이상 사람과 하나님은 동행할 수 없게 되었으며, 사람과 사람은 그리워하거나, 다스리는 사이가 되었고, 사람과 땅은 서로를 거부하고 괴롭히게 되었다. 여자는 해산의 고통을 겪게 되었고, 남자는 땀을 흘려 먹을 것을 마련하여야 하게 되었으며, 이제는 사람도 흙으로 돌아가도록 '예정'된 존재가 된 것이다.

먹음직도 하고 보암직도 하고 지혜롭게 할 만큼 탐스럽기도 한 나무의 열매를 따먹고 눈이 밝아 자기들의 몸이 벗은 줄을 알게 된 첫 사람 아담과 그 아내 하와로 말미암아, 창조된 만물 가운데 처음으로 생명의 피가 땅 위를 흐르게 되었다. 하나님이 무화과나무 잎으로 몸을 가린 두 사람을 위하여 한 생명의 피를 흘려 그 가죽으로 옷을 지어 그들에게 입히신 것이다. 자신의 벗은 몸을 볼 수 있게 된 피조 세계의 청지기를 위하여 생명이 '희생'되었다. 창조된 만물의 관리자로 지음을 받았지만 하나님과 자신과 만물 사이의 조화를 깨뜨리고 저주 상태에 빠트린 두 사람을 대신하여 피조 세계의 생명이 죽어 피를 땅에 흘리고 흙으로 돌아가게 된 것이다.[03] 자신들을 위한 '희생'의 흔적을 몸에 지닌 채 첫 사람 아담과 하와는 하나님의 동산에서 쫓겨나 자신들로 말미암아 저주받은 세계의 한가운데로 나아가게 되었다.

03 아담과 하와로 말미암은 한 생명의 희생은 신약시대에 일어난 예수 그리스도의 십자가 달리심이라는 사건과 대비된다. 피조된 생명의 첫 희생은 첫 남자와 여자의 '잘못된 행동의 결과'를 가리키는 데에 쓰였지만, 십자가 위에서의 예수의 죽음은 죽음의 힘 아래 있던 인류를 근본적으로 해방시키고 자유롭게 만들었다는 것이 사도 바울을 비롯한 크리스천들의 해석이자 신앙고백이다. (로마서5:12~21)

타락이 가져온 재앙, 진화

생명체에게 진화는 판도라 상자 속의 '희망'과 같은 것이다. 판도라가 열었던 상자 속에서 빠져나가지 못한 '희망'은 때로 인간에게 아쉬움, 미련, 헛된 바람으로 읽혀지기도 하고 삶을 지탱시켜주는 한 가닥 소망의 끈이 되기도 한다. 진화는 본질적인 의미에서는 하나님의 만물에 대한 저주의 증거이다. 아담과 하와로 말미암은 타락이 하나님과 사람과 만물의 정상적인 관계를 깨뜨리면서 시작된 만물 속에서의 불신과 투쟁적 생존의 결과이다.[04] 생존과 번식에 대한 의지는 하나님의 문화 명령의 수행이라는 의미를 지닌다. 진화는 이 문화 명령 수행 의지의 표현이자 결과라는 점에서 구원을 향한 소망을 담은 행위를 증거하는 것이기도 하다. 진화는 저주이자 구원이며, 희망의 선한 얼굴이자, 어두운 그늘이기도 하다.

 하나님이 창조하신 세계의 조화와 아름다움은 아담의 한마디, '당신이 내게 주신 여자가 주기로 내가 먹었나이다'로 완전히 깨지고 말았다.[05] 자신의 가장 귀중한 지체, 실제적 의미의 본질에 해당하는 존재를 부정하는 순간, 생명체들 사이의 균형과 조화, 신뢰는 깨지고 말았다. 이제 만물은 서로가 서로를 부정하게 되었다. 공존의 가치와 의미가 부정된 자리에 '나의 생존'이 들어서게 된 것이

★ 이 편의 기본 텍스트는 창세기3:7~19 '하나님의 저주'.
04 필자들이 언급하는 진화는 창조론자와 진화론자 사이의 논쟁 주제라고 할 수 있는 '대진화'가 아니라 '종'의 하위 분류 체계 안에서 일어나는 세대 및 개체 중심의 '소진화'이다.
05 창세기3:12.

다. 나의 생존이 보장될 때에만 나의 가족, 혹은 나의 지체의 생존을 고려하고 도울 수 있는, 어느 순간에도 '나'를 떠나지 못하는 존재로, 하나님이 주신 타자의 생명의 가치조차도 나를 위해서는 부정할 수 있는 상태로 만물의 자아 인식과 존재 방식이 바뀌게 되었다.

진화의 드러난 얼굴에는 어둡고 그늘진 부분이 많다. 숲에서는 나무와 나무, 나무와 풀, 풀과 곤충, 곤충과 곤충, 짐승과 짐승, 짐승과 곤충과 풀과 나무 사이의 투쟁이 끊임없이 펼쳐진다. 먹고 먹히며, 굶주림과 두려움이 생명 세계 전체를 지배한다. 물을 마시거나 풀을 뜯다가도 재빨리 눈치 채고 달아날 수 있는 사슴만이 살아남는다. 어떤 짐승이라도 조금이라도 주의가 흐트러지거나, 어리거나 노쇠한 기운이 보일 때에 그 순간을 놓치지 않고 달려들어 물어뜯지 못하면 표범은 서서히 지쳐 굶어죽을 수밖에 없다. 물총새나 피라미, 무당벌레나 거머리, 그 어느 것도 순간 순간의 생존에 소홀할 수 없다. 건강하지 않은 동물이나 식물은 한 순간에 곰팡이와 박테리아, 바이러스의 제물이 된다. 진화는 이러한 환경 조건에서 살아남는 기술과 정보의 전승 과정, 원리, 산물, 종합적 결과를 뜻한다.

하나님의 동산에서 쫓겨난 아담과 하와가 땀 흘리는 노동으로 양식을 얻고, 해산의 고통 속에 아이를 낳고 기름으로써 '저주 속의 구원'을 실현시켰듯이 만물 역시 진화적 투쟁을 거친 생존과 번식을 통해 타락한 세계에서의 희망을 유지시켜나갔다. 창조가 사실이듯이 진화는 현실이다. 예수 그리스도의 십자가를 통해 성소를 가리던 막이 찢어지고, 부활로 말미암아 죽음의 그늘이 걷혔듯이 예수를 향한 신앙고백으로 창조 질서로의 복귀는 허용된다.

그러나 사도 바울의 고백에서 읽을 수 있듯이 흙으로 만들어진 몸의 관성, 진화적 삶의 습관을 '날마다 죽이지 않으면', [06] 새 사람으로의 창조적 부활은 불가

---

06 고린도전서15:31.

능하다. 이전의 사람, 저주받은 자의 삶, 죽음이 예정된 자로서의 생활을 죽이지 않는 한, 죽음을 피하기 위해 투쟁적으로 살아가다가 죽어야 하는 진화적 존재로서의 삶은 넘어설 수 없다. 내가 죽지 않으면 죽음으로 마무리되는 타락과 저주 속의 삶 역시 끝마쳐지지 못하는 것이다. 진화는 지금도 우리 속에 남아 있는 마지막 가능성이자 버려야 할 미련이 아닐까.

버려진 바벨탑

1 ─ 하나님의 후회

바벨은 하나님의 심판을 받은 곳, 이로 말미암아 사람들이 극도의 혼란에 빠진 곳이다. 심판은 도전에서 말미암았으며, 혼란은 언어 혼잡에서 비롯되었다. 첫 사람 아담과 그 아내 하와가 하나님의 동산에서 쫓겨나 에덴 바깥의 세상으로 나온 뒤, 아담의 후손들 가운데 하나님을 경외하는 극소수를 제외한 대다수는 사람들만의 세계를 만들어 나가기 위해 애썼다. 카인은 하나님에 대한 순수하지 못한 제사가 받아들여지지 않은 데에서 비롯된 불만, 양치기 동생에 대한 질투를 이기지 못하고 들에서 아벨을 죽여 그 피를 땅에 흘렸다.[07] 선한 자의 억울한 피를 받은 땅은 피를 흘리게 한 자를 저주하였고, 살인자 카인은 땅에서 피하여 떠도는 자가 되었다.

땅을 거칠게 만들고, 거친 땅 위에서 살 수밖에 없게 된 카인의 후손들은 더

★ 이 편의 기본 텍스트는 창세기 4:1~12:9.

07 성경에 담겨 전하는 일화들 가운데 다수는 고대 중근동 사회에서 널리 회자되던 설화적 전승에서 비롯된 것들이다. '양치기와 농민 사이의 갈등' 역시 양치기 두무지를 주인공으로 한 다양한 설화에서 잘 확인되듯이 고대 메소포타미아에서 즐겨 선택되던 문학적 소재이자 주제 가운데 하나였다. (조철수, 『메소포타미아와 히브리 신화』, 길, 2000) 문제는 이 잘 알려진 이야기들에 대한 성경 기자의 인식, 곧 이를 보는 시각과 해석하는 방식이다. 카인과 아벨의 이야기를 통해 전달하려는 메시지는 하나님께 신앙고백을 한 사람은 땅에 매달린 자와 자연조건에서 상대적으로 자유로운 자, 모르는 사이에 땅으로 대표되는 자연을 신격화한 자와 그렇지 않은 자를 구별할 필요가 있으며, 이와 관련된 자신의 자세와 태도를 재확인할 준비가 되어야 한다는 사실이다.

욱더 거친 삶을 즐기게 되었다. 유명한 '라멕의 노래'는 싸움을 즐기고, 그 과정에서 쉽게 사람을 죽이는 시대의 풍조를 읽게 한다.[08] 살인이 쉽게 이루어지는 사회에서 구리와 철로 만들어진 갖가지 날카로운 기계가 널리 쓰이게 된 것은 당연한 일이다. 사람의 죄악이 세상에 가득 차고, 사람의 생각과 마음에 계획하는 것이 온통 악하여 하나님이 땅 위에 사람 지은 것을 슬퍼하고, 그로 말미암아 고통받게 된 것이다. 피조물인 사람의 삶이 창조주 하나님을 괴롭게 하고, 하나님으로 하여금 스스로 창조한 세계의 생명들을 거두시기로 결심하게 한 것이다.[09]

대홍수를 통한 피조 세계의 심판과 관련하여 노아의 역할은 매우 중요하다. 창조되어 번성하던 온갖 생명의 완전한 소멸이 그 시대를 살고 있던 수많은 사람 가운데 단 한 사람의 의인義人으로 말미암아 유보되고, 창조 세계 안에서의 정화가 추구되게 되었기 때문이다. 그 시대의 완전한 자, 하나님과 동행한 자인 노아로 말미암아 그의 세 아들을 포함한 가족뿐 아니라 혈육 있는 모든 생물의 씨가 지면에서 다시 전해지게 되었다. 타락한 사람들로 인해 땅과 하늘에서 번성하던 수많은 생물들이 사람과 함께 생명을 잃게 되었지만, 한 사람의 의인으로 말미암아 수많은 생물의 씨가 그 종류대로 지면에 남게 된 것이다. 한 사람이 창조 세계를 빛내던 갖가지 생명들을 살리게 된 것이다.

하나님이 시키는 대로 모두 행한 노아와 그의 손길 안에 있던 존재들은 심판의 대홍수에서 살아남았지만, 방주 바깥의 세계는 흙으로 되돌아갔다. 큰 깊음의

---

08 성경에 실린 최초의 노래가 '증오, 보복, 살인'을 내용으로 한다는 사실은 에덴에서의 추방 이후 인간의 삶과 역사가 어떤 방향으로 나아갈지를 짐작하게 하는 중요한 단서라고 할 수 있다.
09 메소포타미아에 전하는 홍수 설화와 성경에서 언급되는 대홍수는 전개상의 유사성에도 불구하고 계기에서 특히 뚜렷한 차이를 드러낸다. 수메르 신화에서 홍수는 수로 바닥을 파내는 노역에 대해 사람들이 불만을 터뜨리고 시끄럽게 떠들자 신들의 왕 엔릴이 '떠들어대는 인간들을 모두 없애버리기' 위해 일으킨 인간 세계의 커다란 재앙이다. 이와 달리 노아가 겪는 대홍수는 인간의 죄로 가득한 세상에 대한 하나님의 심판이다.

샘들이 터지고, 하늘의 창들이 열리자 천하의 높은 산들이 모두 물에 잠겼고, 땅 위에 있어 코로 생물의 기식을 호흡하는 모든 것이 목숨을 잃었다. 공중의 새조차 깃들 곳 없이 죽어버린, 심판의 물로 가득한 세상에 노아와 그와 함께 방주에 있던 존재들만 생명을 부지하였다.

2 ― 두 번째 심판의 흔적, 바벨탑

대홍수 심판 뒤 세상에 다시 씨를 퍼트린 것은 노아와 그의 가족, 방주 속으로 피난할 수 있었던 생명들이다. 이들은 하나님과 동행하던 의인 노아에 의해 선택된 존재들이다. 이들에게는 대홍수를 통해 정화된 피조 세계에서 생육하고 번성하여 하나님이 창조하신 세계의 아름다움을 드러낼 의무와 역할이 주어졌다. 물론 첫 사람 아담과 하와의 타락으로 말미암아 사람을 포함한 우주 만물에 드리워진 저주의 효력은 여전히 유효한 상태에서이다.

무지개로 확인되는 계시를 통해 하나님은 이 세계에서 더 이상의 전면적인 '소멸'은 일어나지 않을 것임을 약속하셨다. 사람의 악함이 대홍수와 같은 물리적 심판을 통해서는 없어지지 않기 때문에 사람으로 말미암아 만물까지 지면에서 쓸어버리는 행위를 반복하시지는 않겠다는 것이다. 과연 대홍수로 온 땅이 물에 잠기고 모든 생명이 죽는 방주 바깥 심판의 현장을 방주 속에서 두 눈과 온 몸으로 확인했음에도 불구하고, 노아의 후손들 가운데에는 하나님과 동행하지 않는 삶, 사람 중심의 세상, 대홍수 이전의 세계로 회복하는 것을 꿈꾸는 사람들이 생겨났다. 바벨탑은 홍수 심판을 가져온 사람의 악함이 구원의 방주 안 노아의 후손들 사이에 씨앗을 남기고 있었음을 짐작하게 한다.

흙으로 돌아가도록 운명 지어지고 하나님의 동산에서 쫓겨났음에도 불구하고 사람은 하나님의 형상으로 지음 받은 존재, 하나님의 생기를 받은 특별한 피조물이다. 땅이 거부하고, 만물의 도전과 위협을 받는 자가 되었음에도 불구하고 사람은 여전히 하나님이 창조하신 세계의 청지기 역할을 감당할 능력을 잃지 않은 존재이다. 바벨탑은 하나님의 모습을 하고, 하나님의 인격과 기운을 자기 안에 담고 있는 사람이 그로 말미암은 능력을 '타락하여 죄악을 부끄러워하지 않는' 상태에서 어떻게 쓰는지, 그 결과는 어떠한지를 보여준다.

사람이 시날 평지에 이르러 바벨탑을 쌓기 시작한 것은 저들의 이름을 내고 지면에 흩어지지 않기 위해서이다. 탑의 꼭대기를 하늘에 닿게 함으로써 하나님이 아닌 사람들 자신의 능력을 확인하고 우러르고자 함이다. 탑은 하늘을 향해 치솟기 시작했고, 사람들은 스스로 자신들이 지닌 능력의 위대함을 신격화하게 되었다. 자기 자신이 신앙의 대상이 되었을 뿐 아니라, 나아가 자신이 만들어낸 것 앞에 무릎 꿇고 우러르게 된 것이다.[10] '우리의 이름을 내고'란 바로 이러한 '자기 우상화'를 말한다.[11] 하나님과 이어지지 않은 상태로 사람의 안에 숨어 있는 능력과 속성들이 만나 어우러질 때에 어떤 모습으로 드러나는지를 알게 해주는 부분이다.

하나님의 두 번째 심판은 대홍수 심판보다도 오히려 본질적이고 지속적이며, 궁극적인 성격을 지닌다. 하늘에 닿을 듯이 솟아오르며 그 허리에 구름을 거느리던 거대한 탑이 어느 순간 성장을 멈춘 것이다. 거대한 벽돌과 역청 덩어리, 주변의 땅과 식물, 광물을 탐욕스럽게 삼키며 한없이 부풀어오르던 기괴한 모습의 생

---

10 고대 메소포타미아의 지구라트를 비롯한 대형 건조물들은 본래 하늘 세계의 신이 내려와 머무르는 자리, 사람과 신이 만나는 장소였으며, 사람과 신 사이를 중개하는 사제가 관리하는 신전으로서의 기능과 역할을 담당하는 곳이었다. 해당 도시나 지역에서 가장 높은 장소였으므로 지구라트는 땅에서 하늘에 가장 가까운 곳, 종교학적으로는 땅과 하늘, 사람과 신의 세계를 잇는 우주 산, 우주 기둥, 우주 사다리에 해당했다. 우주 산의 모형이라고 할 수 있는 지구라트가 결국은 왕과 사제의 권위를 드러내는 상징물로 여겨진 것은 바벨탑에 부여된 의미의 본질, 기능의 변화 과정을 이해하는 데에 좋은 시사가 된다고 하겠다.
11 창세기11:4.

명체가 어느 날 호흡을 멈추고 그 자리에 화석처럼 굳어진 채 서 있게 되었다. 다른 모든 생명체들이 걷던 길, 시간의 손길을 받으며 스러져 흙으로 되돌아가게 된 것이다.

언어의 혼란은 지금도 사람들로 하여금 작게 무리 지어 흩어지게 만든다. '말이 안 통한다'는 말을 할 정도가 되면 두 사람, 혹은 두 집단 사이의 대화나 협상은 더 이상 진행되기가 어렵다. 하나님께서 서로 알아듣지 못하게 하시자 사람들은 온 땅에 흩어져버렸다. 의사소통이 중단되자 벽돌을 굽고, 역청을 바르는 일은 고사하고 재료를 마련하는 기본 과정마저 원활히 이루어지지 못하게 되었다. 서로 다른 말과 뜻으로 말미암아 오해, 외면, 다툼과 알력이 잇따르게 되었고 사람들은 '말이 통하는 무리'들로 나뉜 채, 말 그대로 제 갈 곳으로 가게 되었다. 하나 된 힘과 능력의 상징이던, 그 자체가 신앙의 대상으로 격상되고 있던 거대한 탑은 이제 분열과 혼란, 실패와 좌절의 표본이 되었다. 하나님과 당당히 맞서는 자리가 될 것으로 기대되었던 위대한 건축물이, 사람이 하나님의 심판을 받아 큰 혼란에 빠진 무모한 도전의 흔적으로 남게 되었다. 바벨에서 시작된 '서로 다른 말'은 사람이 하나님으로부터 받은 능력을 함부로 쓸 수 없게 하는 근본적인 제약 조건으로 작용하게 되었다.[12]

---

12 수천 갈래로 나누어진 말을 하나로 이어가는 과정, 언어의 통일을 향한 노력은 좋은 의미에서든, 나쁜 의미에서든 피조 세계의 종말과 심판을 향해 걸음을 내딛는 과정이라고 할 수 있다.

도판 목록

그림1 — 시리아 안티오키아 일대

그림2 — 야웨 하나님의 말씀을 듣는 아브라함, 성경 삽화, 13세기

그림3 — 피라미드, 이집트 기자, 기원전 18세기경 / 무너지는 바벨탑, 네덜란드 화파, 17세기

그림4 — 이집트 파라오의 포로가 된 바다 민족의 후예 블레셋 병사들, 이집트 카르나크, 람세스 3세 신전 벽 부조, 기원전 12세기

그림5 — 풍요의 신 / 풍요의 여신, 시리아 일원 출토, 베를린 페르가몬 박물관

그림6 — 어깨에 양을 멘 병사, 이라크 자말 출토, 기원전 8세기, 베를린 페르가몬 박물관

그림7 — 이삭을 희생 제물로 바치려는 아브라함, 유화, 살바토르 로사, 17세기, 런던 내셔널갤러리

그림8 — 시나이의 오아시스 마라 / 시나이의 우물

그림9 — 사해

그림10 — 죽어가는 사자, 이라크 니네베, 기원전 7세기, 런던 대영박물관 / 사자 사냥, 이라크 칼라(님루드), 아슈르나시르팔 2세 시대(재위 기원전 883년~기원전 859년), 런던 대영박물관

그림11 — 요르단 주변 지역

그림12 — 이삭의 축복, 성경 삽화, 15세기

그림13 — 얍복 강가에서 야곱이 본 환상 속의 하늘사다리, 유화, 프랑스 아비뇽 화파, 16세기

그림14 — 나일 강 유역의 평원 / 이집트의 풍요, 이집트 테베 출토, 기원전 12세기, 베를린 알테 박물관

그림15 — 7년 풍년과 7년 가뭄, 모자이크

그림16 — 미라의 관, 이집트 테베 출토, 베를린 알테 박물관 / 관의 내부, 이집트 테베 출토, 베를린 알테 박물관

그림17 — 적과 육박전 중인 이집트 전사, 이집트 룩소르 람세스 2세 신전 부조, 기원전 13세기 / 이집트 파라오에게 포로로 잡힌 누비아인들, 이집트 룩소르 람세스 2세 신전 부조, 기원전 13세기

그림18 — 나귀를 모는 사람들, 이집트 룩소르 람세스 2세 신전 부조, 기원전 13세기

그림19 — 하비루들의 노역으로 지어졌을 나일 강 연안의 신전 유적, 이집트 룩소르, 기원전 12세기

그림20 — 태양신 아텐의 손길 아래 있는 파라오 아켄아텐과 왕비, 이집트 출토, 기원전 13세기, 베를린 알테 박물관

그림21 — 모세를 건져내는 파라오의 공주와 시녀들, 바티칸 시스틴 성당 장식화, 라파엘로 화파, 16세기

그림22 — 시나이 반도 남부의 산악 지대 / 하나님과 대면하는 모세, 유화, 도메니코 페티, 18세기

그림23 — 신전 유적, 이집트 룩소르, 기원전 13세기

그림24 — 점성술사들이 모시던 지혜의 신 토트, 이집트 룩소르 신전 부조, 기원전 12세기

그림25 — 따오기와 비비원숭이 모습으로도 표현된 신 토트, 이집트 출토, 베를린 알테 박물관 / 파피루스에 그려진 이집트의 신들, 이집트 출토, 베를린 이집트 박물관

그림26 — 악질 재앙과 우박 재앙, 성경 삽화, 14세기

그림27 — 메뚜기 재앙과 흑암의 재앙, 성경 삽화, 14세기

그림28 — 태양신 아문-라의 보호를 받는 파라오와 왕비, 이집트 룩소르 왕의 계곡 출

토, 기원전 13세기, 카이로 박물관

그림29 — 죽은 자의 몸을 장식하는 자칼 머리의 신 아누비스, 목관 칠화, 이집트 룩소르 출토, 기원전 10세기, 카이로 박물관

그림30 — 이집트의 풍요, 귀족 세네젬 묘실 벽화, 이집트 테베, 기원전 15세기

그림31 — 반석에서 물을 내게 하는 모세와 만나를 줍는 백성들, 체코 회화, 1480~1490년

그림32 — 하나님의 계명이 새겨진 돌판을 깨트리려는 모세, 유화, 귀도 레니, 1620년

그림33 — 아론과 백성들이 만든 금송아지를 연상시키는 청동 소, 베를린 페르가몬 박물관

그림34 — 가나안 정탐, 성경 삽화, 프랑스, 12세기

그림35 — 기마 전사, 시리아 텔-할라프 출토, 기원전 9세기, 베를린 페르가몬 박물관

그림36 — 병사들과 전차, 이라크 우르 출토, 기원전 2000년경, 런던 대영박물관 / 백병전을 벌이는 두 병사, 이라크 자말 출토, 기원전 9세기, 베를린 페르가몬 박물관

그림37 — 여리고의 함락, 바티칸 궁전 장식화, 라파엘로 화파, 16세기

그림38 — 번개와 천둥을 일으키는 전쟁의 신, 이라크 자말 출토, 기원전 9세기, 베를린 페르가몬 박물관

그림39 — 야엘의 시스라 살해, 하나님의 뜻을 확인하는 기드온, 성경 삽화, 프랑스, 1250년경

그림40 — 가자 성문을 지고 가는 삼손, 스테인드글라스, 12세기, 슈투트가르트 뷔르템베르크 주립박물관 / 잠든 삼손의 머리카락을 자르는 들릴라, 유화, 카를로 시그나니, 1628~1719년

그림41 — 성궤의 회수, 번제로 바친 소와 수레, 성경 삽화, 프랑스, 1250년경

그림42 — 기름 부음 받는 다윗, 성경 삽화, 13세기 / 수금을 타는 다윗, 성경 삽화, 15

세기

그림43 — 엔돌의 신접한 여인이 불러낸 선지자 사무엘의 혼과 왕 사울, 유화, 살바토르 로사, 17세기

그림44 — 블레셋 가드의 전사 골리앗을 죽인 다윗, 베네치아 산타마리아 대성당 천장화, 티치아노, 1543년

그림45 — 다마스커스, 성경 삽화, 12세기

그림46 — 왕 다윗과 선지자 나단, 비잔틴 성화, 950년경

그림47 — 솔로몬의 심판, 바티칸 궁전 장식화, 라파엘로, 1508년

그림48 — 솔로몬 성전으로도 불린 예루살렘 성전, 유화, 오귀스트 칼메, 1727년

그림49 — 시리아, 앗시리아의 신들, 이라크 자말 출토, 기원전 9세기, 베를린 페르가몬 박물관 / 이집트의 신들, 이집트 룩소르, 기원전 13세기, 베를린 알테 박물관

그림50 — 바빌론 이슈타르 문 벽에 장식된 황소, 기원전 6세기, 베를린 페르가몬 박물관

그림51 — 이집트군의 포로가 된 이스라엘인들, 이집트 룩소르 신전 부조, 기원전 10세기

그림52 — 풍요의 여신들, 시리아 일원 출토, 기원전 1000년경, 베를린 알테 박물관

그림53 — 전차에 탄 아시리아 왕 아슈르바니팔, 이라크 니네베 아시리아 궁전 벽 부조, 기원전 650년경

그림54 — 홍해로 나아가는 길목에 있는 시나이의 누에바

그림55 — 호렙 산에서 기도하는 선지자 엘리야, 불가리아의 아이콘, 18세기

그림56 — 예후의 쿠데타, 삽화, 기욤 필라스트, 14~15세기

그림57 — 바빌론의 신 아다드, 이라크 출토, 기원전 9세기, 베를린 페르가몬 박물관 / 아시리아의 신 압칼루, 이라크 칼라(님루드) 출토, 아슈르바니팔 2세 신전

부조, 기원전 9세기, 베를린 페르가몬 박물관

그림58 — 전차에 탄 아시리아 전사들, 이라크 니네베 출토, 티글랏 빌레셀 2세 시대, 기원전 744년~기원전 727년, 베를린 페르가몬 박물관

그림59 — 실로암 수로 완성을 기뻐하는 내용을 담은 비문의 일부, 이스라엘 예루살렘, 기원전 702년

그림60 — 적의 성을 공격하는 아시리아군, 이라크 님루드 출토, 기원전 730년~727년, 런던 대영박물관

그림61 — 아시리아 왕 에살하돈의 자비를 구하는 귀족 포로들, 에살하돈 왕의 이집트 원정 기념비, 이라크 자말 출토, 기원전 671년, 베를린 페르가몬 박물관

그림62 — 니네베 성벽의 수호신 세두-라마수, 이라크 니네베 출토, 기원전 9세기, 베를린 페르가몬 박물관

그림63 — 바빌론 성 복원도, 요한 베른하르트 피셔, 1721년

그림64 — 바빌론 유배, 성 엘리자베스 성시집 삽화, 튀링겐-색슨 화파, 1200~1217년

그림65 — 이사야, 바티칸 궁전 장식화, 라파엘로, 1512년

그림66 — 아시리아의 신 우갈루, 이라크 니네베 출토, 기원전 645~기원전 640년, 런던대영박물관

그림67 — 예루살렘 구성벽 지역

그림68 — 폐허가 된 이집트의 신전 유적, 이집트 룩소르

그림69 — 바빌론 이슈타르 문 모형, 베를린 페르가몬 박물관

그림70 — 에스겔, 바티칸 시스틴 성당 장식화, 미켈란젤로, 1512년

그림71 — 바빌론의 드래곤, 복원 모형, 베를린 페르가몬 박물관

그림72 — 다리우스 1세(재위 기원전 521~기원전 486년), 이란 페르세폴리스 출토, 런던 대영박물관 / 페르시아의 병사들, 이란 수사 출토, 다리우스 1세 시대, 베를린 페르가몬 박물관

그림73 — 예루살렘 성벽 재건, 성경 삽화, 14세기

그림74 — 선지자 에스라, 산타 유라리아 교회 장식화, 페드로 베루게테, 1490년경

그림75 — 사해 계곡의 동굴 / 사해 계곡 동굴에서 출토된 성경 사본 두루마리

그림76 — 알렉산드로스 대왕, 모자이크, 폼페이, 1세기, 나폴리 국립고고학박물관 / 마케도니아 왕 알렉산드로스의 예루살렘 입성, 삽화, 플랑드르, 1388년 ~1344년

그림77 — 레슬링, 적화식 도자기의 외면 장식화, 기원전 490년경, 피렌체 고고학박물관 / 원반던지기 선수, 적화식 도자기의 내면 장식화, 기원전 500년경

그림78 — 헬라인 전사, 흑화식 접시 내면 장식화, 베를린 알테 박물관 / 헬라인 전사, 흑화식 사발 내면 장식화, 베를린 알테 박물관

그림79 — 사해 계곡

그림80 — 로마의 장군 폼페이우스 마그누스의 예루살렘 성전 모독, 장식화, 장 푸케, 15세기

그림81 — 에페수스 대극장 유적, 터키

그림82 — 로마군인, 2세기, 베를린 알테 박물관

그림83 — 무대용 가면 장식, 대리석, 기원전 3세기경, 베를린 알테 박물관

그림84 — 로마검투사, 카라칼라 목욕장 모자이크, 2세기, 바티칸 박물관

참고 문헌

필자들은 이 글을 쓰는 과정에서 대한성서공회 발행, 『한글판 개역성경전서』 1996년판과 『국한문간이 관주 성경전서』 1964년판을 기본 텍스트로 삼았다. 이 외에 필요에 따라 대한성서공회 발행, 『공동번역 성서』 1977년판, 『KJV English Bible』 1977년판, 『NSV English Bible』 1977년판을 비롯한 여러 종류의 한글 및 영어 성경, 아가페성경사전편찬위원회 편 『아가페 성경사전』(아가페, 1991) 등을 참고하였다. 히브리어 및 헬라어 성경 읽기는 필자의 능력 밖이어서 시행하지 못하였다. 이 글의 각주에서 간간이 언급한 히브리어 및 헬라어 성경 원전에 관한 견해 가운데 일부는 다음 페이지들에 제시한 몇몇 영어 논문 및 저서, 각종 외국어 연구서의 한글 번역본에서 직간접적으로 도움받았다. 그러나 대부분의 각주 내용은 인문학자로서의 필자들의 입장과 해석에 바탕을 두고 제시된 것이다. 이 글을 쓰는 도중 필자들이 구하여 읽고 정리하면서 내용에 교감하기도 하고 이견을 느끼기도 했던 선학 제현의 논저는 다음과 같다.

한글 및 한글 번역 논저

김성, 『김성 교수의 성서고고학 이야기』, 동방미디어, 2002.
김정준, 『역사와 신앙』(만수 김정준 전집1: 논문집1), 한국신학연구소, 1987.
노세영·박종수, 『고대 근동의 역사와 종교』, 대한기독교서회, 2000.
로날드 드 보 지음, 이양구 옮김, 『구약시대의 생활풍속』(개정판), 대한기독교서회, 1993.
문희석 편저, 『구약성서 배경사』, 대한기독교출판사, 1973.
맥스 디몬트 지음, 김재신 옮김, 『이스라엘 역사 사천년』, 크리스챤다이제스트, 2001.
비르기트 브란다우·하르트무트 쉬케르트 지음, 장혜경 옮김, 조철수 감수, 『히타이트』, 중앙M&B, 2002.

S. 헤르만 지음, 방석종 옮김, 『이스라엘 역사』, 나단, 1989.

오토 카이저 지음, 이경숙 옮김, 『구약성서 개론』, 분도출판사, 1995.

R. R. 윌슨 지음, 최종진 옮김, 『고대 이스라엘의 예언과 사회』, 예찬사, 1991.

이스라엘 핑컬스타인·닐 애셔 실버먼 지음, 오성환 옮김, 『성경: 고고학인가 전설인가』, 까치, 2002.

임태수, 『구약성서와 민중』, 한국신학연구소, 1993.

에드먼드 리치 지음, 신인철 옮김, 『성서의 구조인류학』, 한길사, 1996.

A. H. J. 군네벡 지음, 문희석 옮김, 『이스라엘 역사』, 한국신학연구소, 1975.

N. K. 샌다즈 지음, 이현주 옮김, 『길가메시 서사시』, 범우사, 1978.

장영일, 『구약신학의 역사적 기초』, 장로회신학대학교출판부, 2001.

조셉 캠벨 지음, 이윤기 옮김, 『세계의 영웅신화』, 대원사, 1989.

정중호, 『이스라엘 역사』, 대한기독교서회, 1994.

조철수, 『메소포타미아와 히브리 신화』, 길, 2000.

존 브라이트 지음, 김윤주 옮김, 『이스라엘 역사』上·下, 분도출판사, 1978.

J. F. 비얼레인 지음, 현준만 옮김, 『세계의 유사신화』, 세종서적, 1996.

제임스 파커 편저, 노광우 옮김, 『구약성서시대의 세계』, 성광문화사, 1993.

프레데릭 F. 카트라이트·마이클 비디스 지음, 김훈 옮김, 『질병의 역사』, 가람기획, 2004.

P. A. 클레이턴 지음, 정영목 옮김, 『파라오의 역사』, 까치, 2002.

헬머 린그렌 지음, 김성애 옮김, 『이스라엘의 종교사』, 성바오로출판사, 1990.

영문 논저

Albertz, R. *A History of Israelite Religion in the Old Testament Period*.

Louisville, 1994.

Berquist, J. L. *Judaism in Persia's Shadow*. Minndapolis, 1995.

Coote, R. B. and Whitelam, K. W. *The Emergence of Early Israel in Historical Perspective*. Sheffield, 1987.

Dothan, T. and Dothan, M. *People of the Sea*. New York, 1992.

Freedaman, D. N. (editor). *The Anchor Bible Dictionary*. New York, 1992.

Fritz, V. and Davies, P. *The Origins of the Ancient Israelite States*. Sheffield, 1996.

Keel, O. and Uehlinger, C. *Gods, Goddesses, and Images of God in Ancient Israel*. Edinburgh, 1998.

Knight, D. A. (editor). *Ethics and Politics in the Hebrew Bible*. Atlanta, 1994.

I. and Naaman, N. (editor). *From Nomadism to Monarchy: Archaeological and Historical Aspects of Early Israel*. Jerusalem, 1994.

McKenzie, S. L. and Graham, M. P. (editor). *The History of Israel's Traditions : The Heritage of Martin North*. Sheffield, 1994.

Meyers, E. M. (editor). *The Oxford Encyclopedia of Archaeology in the Near East*. New York, 1997.

Redford, D. B. *Egypt, Canaan and Israel in Ancient Times*. Princeton, 1992.

Shanks, H. (editor), *Ancient Israel: From Abraham to the Roman Destruction of the Temple*. Washington, D. C. 1999.

Sterm, E. (editor), *The New Encyclopedia of Archaeological Excavation in the Holy Land*. Jerusalem, 1993

찾아보기

인명

ㄱ

갈렙 110-111, 121
갓 54
갓 지파 139, 146, 155
골리앗 111, 170, 177, 179
그달리야 258, 283
그모스 227, 235, 251
기드온 139, 141-142, 147, 149, 151

ㄴ

나단 184-185, 345
나답 116, 211
나봇 222, 228
납달리 54
납달리 지파 139, 146
네코 2세 254-255, 278
노아 356-357
느부카드네자르 257
느헤미야 300-301, 303-304, 306, 311, 314

ㄷ

다리우스 3세 317-318
다말 187
다윗 43, 111, 167-168, 170-172, 176-181, 183-185, 187-189, 345
단 54
단 지파 135-136, 139, 145-146, 150, 153, 155
돌라 139, 142
드보라 139, 148

ㄹ

라반 48-50
라합 122
라헬 49, 50, 54, 57
레아 49, 57
레위 53, 54
레위 지파 115, 145
룻 13-14, 27
르우벤 54, 60
르우벤 지파 115, 139, 155
르호보암 200, 202, 206-207, 213
리브가 45, 48, 50

ㅁ

마르두크 246, 290-291

마아가 213, 215

마타디아 324

말라기 312

메넬라오스 321

메사 227

모세 70-76, 85, 87, 89, 91, 95, 99, 101, 103-104, 107-110, 115, 117-118, 121, 203-204

므낫세 62, 247, 249

므낫세 반지파 139, 145

미가 145-146, 240

미가야 227

미리암 110

밀곰 23, 25, 235, 251

ㅂ

바락 139, 148

바리새인 330-332, 338, 343

바아사 211, 215

바알 23, 25, 89, 107, 141, 157, 196, 205, 209, 213, 224-225, 235-236

바알-멜카롯 195, 223-224, 235-236

밧세바 185, 187-188, 345

베냐민 54

베냐민 지파 139, 143-144, 162, 166-167, 207, 212

벤-하닷 216, 221, 228

보디발 57-59

보디베라 62-63

빌하 49, 54, 57

ㅅ

사도 바울 351, 353

사두개인 330-331, 338, 343

사라 14, 27-28, 32

사무엘 156-157, 160-164, 167-168, 170, 176, 179

사울 135, 162-168, 170-174, 176-179

산헤립 243-246, 268

살로메 알렉산드라 333

삼갈 139

삼손 41, 139, 151-155

샬만에세르 3세 221

샬만에세르 5세 231

세례 요한 342-343, 345-346

세스바살 293, 295

셀레우코스 왕조 319, 325-328

솔로몬 188-190, 192-193, 195-196, 198-200, 212-213

스가랴 231, 237, 239, 296-297, 312

스룹바벨 296, 298

스마야 202, 206

스바냐 251

스블론 54

스블론 지파 139, 141
시드기야 227, 257-258, 281
시몬 327-328
시므온 53, 54
시므온 지파 138-139, 150
시삭 199-200, 202, 207-208, 212
실바 49, 57
십보라 76, 81

ㅇ

아기스 178
아담 349-353, 355, 357
아도니람 202
아도니야 189
아론 80-81, 83-84, 101, 103-104, 107, 110, 115-117, 203
아리스토불루스 1세(알렉산더 얀네우스) 332-333
아리스토불루스 2세 333
아마지야 237-238
아모스 231
아몬 250
아문-라 70, 91
아벨 355
아브라함 12, 20, 27-29, 32-33, 35, 45, 48, 66-67
아브람 12-19, 21, 26
아비멜렉 35-37, 142, 147

아비아달 179
아비야 161, 163, 213, 215
아사 213, 215
아세라 141, 213-214, 223, 224, 235-236, 247, 249
아셀 54
아셀 지파 139
아슈르-나시르-팔 2세 216
아슈르바니팔 250
아스낫 62
아스다롯 23, 25, 157, 195, 213, 235, 251
아우구스투스 황제 339
아탈리아 220, 235-236
아텐 65-66
아하스 239-241, 263, 266
아하시야 227, 235
아합 219-223, 226
아합(선지자) 281
아히야 199, 209, 211
안티오코스 4세(안티오코스 에피파네스) 319, 328
안티파테르 333, 337
알렉산드로스 대왕 317-318, 324
알시무스 326-327
암논 187
압돈 139
압살롬 187, 189
야곱 51, 55, 57, 60, 66

371
찾아보기

야웨　17, 37, 74, 77, 81, 83, 85, 91, 94-95, 101, 104, 113, 115, 117, 129-130, 135, 137, 141, 147, 156-157, 161, 163, 167-168, 174, 179, 181, 183-184, 188, 190, 193, 196, 198, 209, 225, 247, 249, 270-271, 280, 283, 290

야일　139, 142, 148

에브라임　62

에브라임 지파　139, 149, 200

에서　45-47, 51, 54

에스겔　287, 291, 312

에스라　304, 306, 311, 314

에훗　139

엘라　211

엘론　139

엘르아살　134

엘리　156-157

엘리사　168, 228

엘리야　224-225

엣바알 1세　223

엣세네파　329

여로보암　199-200, 203, 205, 209-211, 215

여로보암 2세　230-231

여호람　168, 177, 220, 227, 235

여호사밧　220, 235

여호수아　110-111, 121-122, 127, 134-135, 143

여호아하스　230, 255, 278

여호야긴　256-257

여호야김　255-256, 278-280

여호야다　236

예레미야　274-285, 289, 312

예수 그리스도　351, 353

예후　211, 228, 230, 235

오므리　211, 219, 221-222

오바댜　258

오시리스　59

옷니엘　138-139

요나단　165, 173, 327

요담　239

요셉　45, 54-55, 57-59, 62-63

요수아　320

요시아　250-255, 274-276, 278, 285

요아스　230, 236

요엘　161, 163

요한 히르카누스　328, 331

우리아　185, 187, 345

웃시야　238-239

유다　54

유다 마카베오　324-325, 327

유다 지파　124-127, 139, 153, 155, 167-168, 171-172, 176, 178

이사야　240, 263, 265, 267-268, 270-273, 312

이삭 27-29, 32-33, 35-37, 45-47, 54
이새 168, 176
이세벨 219, 223, 227-228
이스마엘 28-29, 32
이스보셋 176
입다 139, 142, 146-149, 151
입산 139
잇사갈 54
잇사갈 지파 139, 211

ㅈ

제우스 23, 107, 321, 324

ㅋ

카인 355
키루스 2세 293

ㅍ

프톨레마이오스 왕조 318

ㅎ

하갈 27-28
하나냐 281
하나니아 319
하박국 256
하사엘 228, 230
하스몬 왕조 325, 327, 333
하와 349-353, 355, 357

학개 296, 312
헤롯 335-338
헤롯 빌립 337, 345
헤롯 아켈라오 337, 339
헤롯 안티파스 337, 345-346
호루스 59, 91
호세아 231
호프라 258
히람 195, 235
히르카누스 2세 333
히브리인 58-59, 66, 67, 69, 71-72, 75-77, 79, 80-81, 83, 89, 93, 95, 99, 109, 113, 117-118
히스기야 242-243, 245-246, 266, 268, 270, 273
힉소스 왕조 71

지명

ㄱ

가나안 14, 16, 18-23, 26, 32-33, 35-38, 40, 50, 54, 62, 108, 109-110, 113-114, 117, 121-127, 129-131
갈대아(칼대아) 14-15
갈릴리 325, 332, 337
고센 58, 62, 69, 72, 85, 87, 91, 95
구스 267

그랄 35
기브온 126-127, 129, 143
길르앗 120, 142, 144, 147, 149, 176
길르앗 라못 226-228,

ㄴ
남유다 왕국 200, 202, 205-207, 210, 215- 216, 218

ㄷ
다마스커스의 아람 왕국 206, 219-221, 225, 226, 230, 238, 240

ㄹ
라마 156-157
라이스단 146, 203

ㅁ
마케도니아 317-318, 324
메소포타미아 13-15, 17, 41
모리아 산 29, 32
모압 117-118, 121, 139, 155, 206, 227, 230, 258-259
미디안 74-76, 79, 138-139, 141
미스바 147, 157, 160, 162-163

ㅂ
바빌론 243, 246, 250-259, 281-283, 286-287, 290-291, 293
바산 118, 120
벧엘 49, 51, 53, 203-205, 209, 215
북이스라엘 왕국 200, 202-208, 212, 215-216, 218
브엘세바 36, 48-49, 161
블레셋 136, 138, 146, 150-157, 161, 164-168, 170-173, 206

ㅅ
사마리아 227-228, 298-299, 230-231, 309, 331, 339, 342
사해 41, 43
세겜 53, 135, 142-144, 146, 200, 202
세일 산 51, 54
시글락 176, 178, 180
시나이 광야 75, 98, 104, 113-114
시나이 반도 109, 113, 209
시나이 산 103, 144, 148, 162, 164-165
시날 평지 17, 358
실로 156, 160, 211

ㅇ
아나톨리아 14, 23, 41
아람 12-17, 19
아말렉 138-139, 165, 180
아모리 21, 23
아바리스 71-72

아스돗 43

아시리아 216-218, 221, 231, 239-240, 247-255, 263, 265-268, 270-271

아이 126-127

암몬 138, 147, 155, 206, 230

얍복 강 51

에돔 51, 117-118, 199, 206, 227, 237, 240, 258

엘람 35

여리고 43, 120-126

예루살렘 181, 184, 192-193, 196, 203, 205, 212-214, 247-249, 281, 290, 300-301

온 62-63

이스라엘 132-139, 141, 143-149, 153-154, 181, 183

ㅌ

트란스요르단 117-118, 120-121, 325

티레 192, 195, 206, 235

ㅍ

팔레스타인 14, 21-22, 38-39, 41, 43-44

팔레스티나 278, 326-328, 335, 337, 341-342, 345

페르시아 14, 293, 299, 304, 306, 315, 317-318

ㅎ

하란 13-16, 48-49

하솔 139

헤스본 118, 120

헷(히타이트) 21, 23

호렙 산 101, 108-109, 121, 203, 225

히위 21, 53, 126-127

고대 이스라엘 2000년의 역사

2009년 2월 10일 1판 1쇄

지은이 : 전호태 · 장연희

펴낸이 : 柳炯植
펴낸곳 : (주)소와당笑臥堂
신고번호 : 제313-2008-5호
주소 : (121-819) 서울시 마포구 동교동 198-20 한사스튜디오 701호
전화 : (070)7585-9639
팩스 : (050)5115-9639
전자우편 : hansan@sowadang.com

저작권자와 맺은 협약에 따라 인지를 생략합니다.
값은 뒤표지에 적혀 있습니다.
잘못 만든 책은 서점에서 바꾸어 드립니다.

ISBN 978-89-960638-9-6 03230